两产品捆绑销售的供应链冲突与协调研究

刘卫华 著

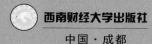

西南财经大学出版社

中国·成都

图书在版编目(CIP)数据

两产品捆绑销售的供应链冲突与协调研究/刘卫华著.—成都:西南财经
大学出版社,2023.11
ISBN 978-7-5504-5959-5

Ⅰ.①两… Ⅱ.①刘… Ⅲ.①供应链管理—研究 Ⅳ.①F252.1

中国国家版本馆 CIP 数据核字(2023)第 199981 号

两产品捆绑销售的供应链冲突与协调研究
LIANG CHANPIN KUNBANG XIAOSHOU DE GONGYINGLIAN CHONGTU YU XIETIAO YANJIU

刘卫华 著

策划编辑:王 琳
责任编辑:刘佳庆
责任校对:植 苗
封面设计:张姗姗
责任印制:朱曼丽

出版发行	西南财经大学出版社(四川省成都市光华村街55号)
网 址	http://cbs.swufe.edu.cn
电子邮件	bookcj@ swufe.edu.cn
邮政编码	610074
电 话	028-87353785
照 排	四川胜翔数码印务设计有限公司
印 刷	四川五洲彩印有限责任公司
成品尺寸	170mm×240mm
印 张	12.5
字 数	310 千字
版 次	2023 年 11 月第 1 版
印 次	2023 年 11 月第 1 次印刷
书 号	ISBN 978-7-5504-5959-5
定 价	68.00 元

前言

　　面对产品结构中新产品和成熟产品并存、滞销品和畅销品并存的现实，供应链中供应商和零售商可以采用的销售策略大致可分为两类：单独销售和捆绑销售（本书界定的捆绑销售是供应商和零售商之间，基于供应链上的共同利益的考量，对多个产品线产品形成互补效应，从而分散单产品带来的滞销风险，与传统意义上的"强买强卖"不同）。单独销售模式因其简单易操作、运作成本低的特点被供应链上的商家广泛使用，但也存在两大缺点：一是双重边际效应，二是无法分散产品线的风险。

　　事实上，分散产品线风险、使多个产品同步发展是供应链上的商家面对竞争的必然选择，因此业界早已开始捆绑销售的实践。然而，学术界对产品捆绑的研究并未取得太大进展。特别是在供应链环境下考虑供应商与零售商博弈时，不同的捆绑政策带给供应链的利与弊如何？两产品分别为滞销品和畅销品时，不同的捆绑政策对滞销品、畅销品的销量有多大影响？当供应链对滞销品付出促销努力时，不同的捆绑政策会带来什么影响？两产品为新产品和成熟产品且有互补性时，不同的捆绑政策影响如何？如此种种，都需要我们给出回答。基于对相关文献的梳理和企业实践的总结，本书的主要研究工作如下：

　　第一，在需求侧，从信息的角度研究了零售商对新产品和成熟产品纯捆绑的情形，指出了纯捆绑策略下成熟产品对新产品的销售带动作用。此时，零售商仅知消费者对新产品支付意愿的均值方差信息、成熟产品的全部信息，且具有两产品捆绑权。研究表明，当两产品捆绑后具有一定互补性时，"捆绑上市+部分信息"策略下零售商的利润完美地逼近"捆绑上市+完全信息"策略，远高于"单独销售+完全信息"策略，凸显了产品合作的价值，使得零售商无须获得新产品的所有信息，就能有效推进新产品成功上市。

第二，在供给侧，从供应链权力分配的角度研究了供应商占主导且具有捆绑权，滞销品和畅销品均为确定性需求的供应链结构，分析了供应商的纯捆绑策略引起的供应链冲突，并给出了两类协调手段。冲突方面：一是利润冲突，供应商纯捆绑销售降低了零售商尤其是供应商自身的利润，不利于整个供应链发展；二是订货量冲突，供应商纯捆绑销售在提高滞销品订货量的同时降低了畅销品的订货量。协调方面：首先，供应商在纯捆绑销售的同时进行促销努力以缓解两类冲突，使扭曲的纯捆绑型供应链得到协调；其次，供应商可以采用混合捆绑策略，以实现供应链中供应商和零售商的双赢。

第三，在供给侧，从供应链契约协调的角度构建了滞销品需求同时受到零售价格和零售商促销努力的影响、供应商拥有捆绑权的供应链随机模型。通过对比纯捆绑型供应链的各类契约发现：传统的回购契约、收益共享契约不能协调纯捆绑型供应链，SRP（销售目标和惩罚）契约能够协调纯捆绑型供应链。SRP 契约协调使供应商通过改变销售目标从而实现供应商、零售商双赢，同时使得零售商努力水平和订货量均显著提高，而畅销品零售价的降低也能让利于消费者。

同时，本书考虑了线上销售的退货难题，从运营层面构建了"产品+退货运费险"的理论模型。通过对单独销售、部分混合捆绑、纯捆绑三种销售策略的对比、研究，发现：第一，竞争对手的捆绑销售策略对零售商采用不同销售策略下利润的影响较为复杂，与消费者对产品以及捆绑产品的估值有关，同时也与零售商本身采用何种销售策略有关；第二，当零售商采用单独销售策略时，其总利润会随着退货运费险的提高先增加后减少；第三，在产品退货率适中时，零售商1与零售商2的最优销售策略均为部分混合捆绑策略，部分混合捆绑销售策略的价值凸显。同时，当产品存在高退货率时，捆绑策略是不利的，此时独立销售反而获利更大。

刘卫华

2023 年 6 月

目录

1 绪论

1.1 研究背景与问题提出

1.1.1 研究背景

1.1.1.1 纵向一体化到专业化分工

纵向一体化模式在现代企业制度实施以前非常流行。特别是在家族企业中，集中控制的股权结构、战略理念使得企业更容易传承和延续。现代企业的建立源于科斯关于交易成本的论述，其大意是：当制造某产品的成本低于从市场上购买同一产品的成本时，企业就诞生了。在20世纪早期供不应求的市场环境下，企业考虑问题更多是从供给者角度，探讨如何节约成本。20世纪中晚期，随着竞争加剧和"顾客就是上帝"理念的兴起，传统的家族式运作模式在资本、技术、市场等领域都显得捉襟见肘，无法获取更多的竞争优势，专业化外包势在必行。

事实上，从亚当·斯密提出劳动分工以来，劳动分工的重要性已经被企业所认识。分工使得企业通过专业化获得相对优势，导致了越来越多的外包行为。在企业重要的领域如采购、制造、分销、人力资源、财务等，几乎都可以实现外包。只是在设计和制造环节的部分关键技术领域，外包可能会导致技术泄密，因此此类领域的外包较少。

1.1.1.2 专业化外包到供应链合作

事实上，从亚当·斯密提出的"分工带来专业化"与彼得·德鲁克提出的"经济链"，到迈克尔·波特提出的"价值链"，一直到今天的"供应链"，一脉相承。专业化要求公司的部分职能外包，但会造成"母子分家""兄弟分家"，基于竞争的需要又要求整合这些外包的业务，而不是坐视不管，于是供应链诞生了。

专业化外包的最大好处是集成优秀的上下游企业加盟，形成强势的供应链条，在核心企业的主导下实现对竞争对手的超越。然而，上下游企业作为独立的运营个体，往往有着独立的企业文化、发展战略、运营理念、盈利模式，特别是承担生产与营销职能的企业一旦独立外包，便会使得核心企业面临供应链管理的困难。因为企业的部分职能外包以后，供应链成员间关系会发生重大改变。由过去单一企业内部的行政命令方式转变为多个企业之间的市场机制，由不注重利润转变为利润最大化为导向，造成供应链成员间目标不一致。

比如在分销环节，采用供应链渠道最大的好处是迅速提高铺货率，增加产品与消费者见面的机会；但面临的最大困难是供应商与零售商各自的利润最大化带来的供应链效率降低（比如确定性需求下供应链效率为75%）。双重边际效应的理论研究表明，供应链中集中决策显然优于分散决策，例如实践中海澜之家要求加盟店老板只负责出资，运营方面由总部总管的模式类似于集中决策，而美特斯邦威实行加盟店独立运作的模式类似于分散决策。因此从目前的效果上看，仅从供应链层面上来说，海澜之家更具优势。

1.1.1.3 供应链企业合作到供应链产品合作的必要性

当前，企业竞争已经从简单的"单打独斗"深入到供应链之间的竞争上，供应链企业合作变得越来越重要，企业之间在技术、研发、生产、渠道等层面进行了广泛合作。然而，双重边际效应使得供应链企业合作的成本高企，协调成本成为核心企业不得不考虑的因素，加上信息系统共享的风险、技术泄露的风险、供应链成员模仿核心企业生产替代品的风险等因素，造成了供应链企业合作的意愿较低。

事实上，企业决胜的法宝最终只能是产品。日本无印良品社长松井忠三指出，以产品本身去说话，以产品本身去和别人竞争，这是无印良品的哲学。这种产品本位主义只做真正的产品本身，不做任何虚无缥缈的东西。他甚至主张消除所谓的"品牌附加值"，让商品定价回归基本价值和属性。无印良品提供和百货店一样的品质，但是只卖70%的价格，淡化品牌，可以创造有理由的低价。

企业运营中的关键决策是产品决策。因为企业在竞争压力下，其产品结构中总是滞销品和畅销品并存、新产品和旧产品并存。因此，分散产品线风险，使多个产品同步发展成为企业面对竞争的必要选择。事实上，产品层面合作的重要性早已被企业界真正认识到，而学术界对产品合作的研究却未取得太大进展，供应链合作与多产品合作的交织并没有被充分挖掘，因此有进一步深入研究的必要。

1.1.2 问题提出

1.1.2.1 产品捆绑的界定

从供应链运作和营销的视角，本书认为产品合作主要有两方面的含义：第一，对于消费者来说，如何权衡自己的支付意愿（willing to pay，WTP）、选择适当的商品组合，以满足效用或消费者剩余最大化。事实上，消费者的购买过程一直在回答："在当前环境下，在此时此刻，我应该为该产品支付多少钱是合适的？"问题的核心是消费者的WTP，消费者对产品价值的判断、消费者偏好最终都来自于WTP。很显然，WTP越高，需求实现的概率就越大。第二，对于企业来说，必须重新审视消费者的感知过程，并基于这些market basket数据，选择适当的营销策略，通过满足顾客需求实现利润最大化。

为了简化分析，本书从供应链运作和营销的视角，把产品合作定义为产品的捆绑，分为产品之间的捆绑、产品和服务的捆绑两类。捆绑（bundling）是产品合作的主要形式，是指厂商把几种商品或服务搭配在一起，按一定的价格成套出售，这些产品之间可能有相关性，也可能不相关。产品之间的捆绑，主要分为相同产品和不同产品捆绑两类，见表1.1。

表1.1　产品之间的捆绑

捆绑类型	产品1	产品2
相同产品捆绑	相同产品	相同产品
不同产品捆绑	新产品	成熟产品
不同产品捆绑	滞销品	畅销品
不同产品捆绑	高价值产品	低价值产品
不同产品捆绑	替代品1	替代品2
不同产品捆绑	互补品1	互补品2
不同产品捆绑	……	……

1.1.2.2 学术界对产品捆绑的分类

从具体的捆绑模式看，在以往的研究中，我们能够观察到四类策略：

单独销售、纯捆绑（Adams 和 Yellen[1]，1976）、部分混合捆绑（Eckalbar[2]，2010）、完全混合捆绑（Bhargava[3]，2013），各类捆绑模式见表 1.2。后来单独销售又被称为不捆绑（unbundling）（Schmalensee[4]，1984；Stremersch 和 Tellis[5]，2002）或分开定价（separate pricing）（Simon 和 Wuebker[6]，1999）。纯捆绑也被称为搭售（tie-in sales）（Guiltinan[7]，1987）。

表 1.2　两种产品的营销策略

营销策略	产品 1	产品 2	两产品分开销售	两产品捆绑销售
单独销售	√	√	√	
纯捆绑				√
部分混合捆绑	√			√
部分混合捆绑		√		√
完全混合捆绑	√	√	√	√

事实上，每一种选择代表了一种消费者偏好。纯捆绑假设消费者偏好是相同的，因此只提供捆绑产品出售。部分混合捆绑假设消费者有两类偏好（产品 1 或产品 2，捆绑产品），其中一种产品不单独销售。纯捆绑和部分混合捆绑的本质是搭售，需要较高的技巧，捆绑以后消费者总体评价要不低于单个商品的评价之和，纯捆绑最典型的是服装、化妆品的搭配，搭配后的效果整体上要更好。部分混合捆绑则必须有一种具有较高吸引力的产品带动顾客购买，价值高的产品不单独出售。这两类捆绑模式一般适用于互补产品。

---

①　ADAMS W, YELLEN J. Commodity bundling and the burden of monopoly [J]. The Quarterly Journal of Economics, 1976, 90（3）：475-498.

②　ECKALBAR J C. Closed-Form solutions to bundling problems [J]. Journal of Economics & Management Strategy, 2010, 19（2）：513-544.

③　BHARGAVA H K. Mixed bundling of two independently valued goods [J]. Management Science, 2013, 59（9）：2170-2185.

④　SCHMALENSEE R. Gaussian demand and commodity bundling [J]. The Journal of Business, 1984, 57（1）：S211-S230.

⑤　STREMERSCH S, TELLIS G J. Strategic bundling of products and prices: A new synthesis for marketing [J]. Journal of Marketing, 2002, 66（1）：55-72.

⑥　FUERDERER R, HERRMANN A, WUEBKER G, et al. Optimal bundling: marketing strategies for improving economic performance [M]. Springer, 1999.

⑦　GUILTINAN J P. The price bundling of services: A normative framework [J]. The Journal of Marketing, 1987: 74-85.

单独销售和完全混合捆绑分别假设消费者有三类、四类偏好。完全混合捆绑是指企业同时提供产品1、产品2、捆绑产品12（按一定比例捆绑）在市场上销售。消费者有四种购买决策：只购买产品1、只购买产品2、分别购买产品1和产品2，购买捆绑产品12。完全混合捆绑首先由Bhargava（2013）提出，他第一次把混合捆绑分为完全混合捆绑和部分混合捆绑两种类型，这种区分具有重大意义。

1.1.2.3　对产品捆绑的实证调研

2015年3月-4月，笔者在重庆市沙坪坝区三峡广场商圈，对永辉超市、卜蜂莲花、家乐福等线下卖场进行了有关捆绑销售的实地调研，见表1.3。

表1.3　线下捆绑营销案例

营销策略	产品1	产品2	产品1、产品2捆绑销售
纯捆绑			韩都衣舍女士套装
部分混合捆绑	曼秀雷敦微米劲炭100g		曼秀雷敦微米劲炭100g +能量保湿洁面膏100g
完全混合捆绑	海飞丝丝质柔滑洗发露400ml	海飞丝清爽200ml	海飞丝丝质柔滑洗发露400ml +海飞丝清爽200ml

同时，笔者在京东商城、淘宝、天猫、1号店等网店进行线上调查。由于线上渠道的产品陈列受空间、场地影响较小，因此捆绑案例十分丰富，本书选取其中的典型案例见表1.4。最后，笔者在专卖店、加盟店、批发市场与店主以访谈的形式，了解了供应商对零售商的捆绑销售情况。

表1.4　线上捆绑营销案例

营销策略	产品1	产品2	产品1、产品2捆绑销售
纯捆绑			安踏女子天鹅绒套装
部分混合捆绑	TCL空调		TCL空调+延保服务
完全混合捆绑	奥克斯KFR-51LW/M-2 大2匹立柜家用冷暖空调	亚都SC-M023超声波加湿器	奥克斯KFR-51LW/M-2 大2匹立柜家用冷暖空调 +亚都SC-M023超声波加湿器

实证调研发现，线上线下渠道两产品的捆绑策略主要有以下特征：

（1）线下渠道中，销售类型为单品1、单品1的n个，这种部分捆绑模式最多，类似于批发销售。

（2）线下市场的捆绑，主导者是供应商，因此往往将同一供应商的不同产品或服务进行捆绑。

（3）线上渠道中，捆绑形式多样化，各种捆绑模式都有，但不同行业有不同特征。服装类以纯捆绑为主，电子电器以完全混合捆绑为主，日用品、食品等快消品以部分混合捆绑为主，耐用品以产品和服务的捆绑为主。

（4）线上市场由于竞争压力较大，捆绑的主导者是零售商，因此往往将同一零售商代理的不同产品或服务捆绑。

（5）供应商对零售商的捆绑。在专卖店和加盟店，供应商对零售商搭售产品的现象较多，有些为新产品，有些为滞销品。

1.1.2.4 研究问题的提出

现实中，产品捆绑的原因众多，归纳起来主要有五点：一是企业借助自身的垄断地位实现产品捆绑销售，比如微软把 Windows 和 IE 浏览器、佳能把单反相机和卡片机、利乐公司把机器设备与包装材料的捆绑，等等。二是消费者自己不会捆绑或不愿意花心思研究如何捆绑。最典型的是服装的搭配，需要技巧，同时主观评价较强。家具、旅游、培训班、化妆品、药品等领域的产品捆绑也非常普遍。三是同一企业为了提升产品销量或提高市场占有率。捆绑后的产品价格相对来说比单件之和要便宜一些，这样在产品品质、功能都差不多的情况下，就会使本来打算购买相似产品的消费者转而购买该产品。而本来打算买单件该产品的消费者购买了捆绑产品，从而使商家达到提高市场占有率、增加销量的目的。四是产品本身具有关联，比如替代品和互补品。特别是互补品，由于存在基础客户（比如4S 店车主），企业实施捆绑策略更加有效（汽车消费和维修保养捆绑）。五是供应商为了分散产品线风险、促进滞销品销售，借助在供应链的主导地位和畅销品经销权，对零售商实施捆绑搭售。

对拥有捆绑权的一方来说，其初衷是通过捆绑销售实现更大利益。因为在一定时期内，市场是有限的，捆绑销售的产品市场占有率提高势必会造成相似产品的市场占有率降低，销售额下降。由于消费者预支了消费，在以后的一段时间内对相似产品的购买力就会下降，这必然会导致相似产品生产企业的产品积压，资金周转困难。如果企业承受力不大，很可能因此走向破产。同时，虽然随着技术的更新，许多产品的成本降低了，但商家并不降低产品售价，而是采用附送赠品的形式捆绑销售，以维持更高的利润。

同时，随着第三产业的发展，供应链中产品和服务的捆绑也日渐增多。比如产品和物流服务的捆绑、产品和维修服务的捆绑、产品和信息更新的捆绑，等等。由于服务的数量、质量、价格、事故率等具有较强的不确定性，本书尝试研究产品与物流服务的捆绑，其他类型的模式研究待后续开展。

在两产品捆绑领域，本书主要关注以下问题：

第一，从供应链的角度看，如何区分供给侧（供应商捆绑）和需求侧（零售商捆绑）不同的捆绑行为？二者有哪些区别？

第二，不同的产品之间该如何捆绑？比如新产品和成熟产品，替代品、互补品和无关品，滞销品和畅销品。

第三，不同捆绑策略的效果如何？对供应链整体及其参与方有何影响？

第四，需求不确定时，捆绑行为面临哪些困难？如何有效解决？

1.2 研究目标与研究意义

1.2.1 研究目标

作为去库存的重要手段，捆绑销售模式在供给侧少有关注，从供应链视角诠释捆绑型供应链的文献研究几乎是空白的。在产能过剩的背景下，借鉴国内外需求侧捆绑销售的最新成果，本书重点为供给侧捆绑销售模式提供理论支撑。

总体研究目标是：基于纯捆绑、混合捆绑两种销售形式，立足于通过模型研究为企业捆绑运营提供决策支持，从理论上阐明两种捆绑销售模式相对于单独销售的优势和劣势，最终阐释产品合作的价值所在。把捆绑问题从营销学的定价视角拓展到供应链运作管理上，为多产品捆绑打下基础，为商业实践提供支撑，为我国企业运作管理提供启迪。

1.2.2 研究意义

1.2.2.1 理论意义

供应链中捆绑机制一直存在，但捆绑销售的研究一直处于零散状态，成果较少且缺少系统性。本书在需求侧采用鲁棒（Robust）分析方法，在仅知道新产品需求和方差、而不知道具体的分布类型时，探讨了新产品和成熟产品的捆绑问题，探索了捆绑研究新的方法。同时，本书较早地探讨了供给侧捆绑策略在供应链中的价值和冲突所在，发现了捆绑机制的供应链研究新领域。

面对网上购物退货问题，本书结合淘宝等购物平台推出的运费险业务，发现了"产品+退货运费险服务"捆绑的价值，相比于消费者支付退货费用，该模式更能够提升消费体验，使平台和零售商共同分担退货风险，解决消费者退货的后顾之忧。尤其对服装鞋帽这种匹配难度较大、需要试穿使用的产品，"产品+退货运费险"捆绑运营的价值凸显。

1.2.2.2 现实意义

在需求侧，新产品的上市推广一直困难重重，零售商往往难以获得新产品的全部信息。本书提出把新产品和成熟产品纯捆绑销售的方法，规避了新产品信息缺失的风险，有利于新产品推广，可以成为企业提高产品竞争力的重要手段。

在供给侧，本书从企业的微观层面洞察捆绑销售对去库存的积极作用，特别是对滞销品销量的影响。同时，分析捆绑销售对供应链的消极作用，特别是对供应商、零售商利润的影响。最终，找出协调纯捆绑型供应链的政策手段。可以预见，本书的成果必将为企业的产品运营决策提供一定的帮助。

同时，本书把捆绑问题延伸到产品与服务的捆绑领域，不同于产品具有替代品、互补品、无关品的三分法，服务的分类更加错综复杂，服务对供应链的依赖更强，服务需要更多的人员参与，服务更贴近下游顾客，服务更加追求满意度评价。因此，本书对产品与服务结合的研究具有更多的现实意义。

1.3 研究内容

本书共有 5 部分，各部分的主要内容如下：

第一部分，包括 1~2 章，总论。第 1 章首先介绍了本书的研究背景，然后总结了需要研究的问题，接着把研究问题浓缩为研究目标，并从理论意义和现实意义两方面探讨本书的价值。随后，对本书的具体研究内容进行了介绍，并分析了研究方法和技术路线，最后着重强调了本书的创新之处。绪论较为详细地概括了本书的全貌。

随后，第 2 章介绍了国内外文献综述。由于本书重点研究的是捆绑销售的运作策略，因此文献主要从策略角度进行梳理。首先回顾了单独销售下的供应链运作及带来的双重边际效应，然后总结了需求侧捆绑销售的研究现状，包括纯捆绑和混合捆绑两类，接着分析了供给侧捆绑销售的前沿研究，最后对现有文献进行了总结评述，为后续的研究奠定了基础。

第二部分，纯捆绑模式研究。分别从需求侧、供给侧进行了研究，包含第 3 章、第 4 章、第 5 章、第 6 章。

第 3 章，成熟产品和新产品需求侧纯捆绑上市的鲁棒定价策略。基于需求侧纯捆绑的现有研究思路，结合成熟产品和新产品的互补替代关系，采用鲁棒分析方法，在仅知新产品需求的均值和方差时，研究了纯捆绑销售的模型构建和求解过程，并通过数值仿真对比了纯捆绑策略和单独销售策略下零售商的利润差异。

第 4 章，滞销品和畅销品供给侧纯捆绑销售的供应链冲突。基于企业产品结构中滞销品和畅销品共存的现实，在确定性需求和批发价契约下，从集中决策和分散决策两个角度，探讨了供应商实施单独销售的传统供应链、纯捆绑销售的新型供应链在利润、订货量、批发价、零售价等方面的差异，探讨了纯捆绑型供应链带来的新冲突，并通过引入供应商促销努力缓解这种冲突和扭曲。

第 5 章，滞销品确定需求下供给侧纯捆绑型供应链协调。基于第 4 章纯捆绑销售策略的弊端，借鉴现有文献对需求侧捆绑销售模式的分析，把供给侧的捆绑销售模式也分为纯捆绑和混合捆绑两类。对于混合捆绑策略，分析了滞销品价格不变（依据原需求定价）、滞销品价格变化（依据新需求定价）两类模型。研究发现，供给侧混合捆绑销售策略在价格、订货量、利润方面均高于单独销售策略。

第 6 章，滞销品随机需求下供给侧纯捆绑型供应链协调。考虑了滞销品随机需求时，纯捆绑型供应链如何通过契约改进实现协调。根据前几章的分析，批发价契约恶化了纯捆绑型供应链，而收益共享、回购契约虽能协调传统供应链，但不能协调纯捆绑型供应链。研究发现，只有 SRP（the sales rebates and penalty）契约能协调纯捆绑型供应链。

第三部分，介绍完全混合捆绑（价格捆绑）模式，分析了两产品、三产品下价格捆绑，包含第 7 章、第 8 章。

第四部分，介绍产品与服务捆绑模式。主要为第 9 章内容。

第五部分为结论与展望，包含第 10 章。该部分对全文所做的工作做出了系统性的总结，并给出了一定的管理启示。同时，对本书的不足之处和未来的进一步研究做出思考和展望。

1.4 研究方法与技术路线

1.4.1 研究方法

1.4.1.1 文献整理法

通过查阅知网、万方、Web of Science、Informs 等网络数据库资源，并重点查阅了 MS、OR、EJOR 等管理类权威期刊有关供应链、捆绑机制等方面的文献，总结归纳了现有的研究视角、研究内容、研究方法，确定了本书的研究主体和框架。

1.4.1.2 模型构建法

（1）鲁棒优化方法。第 3 章针对新产品信息缺失的特点，基于消费者对新产品支付意愿的均值方差信息，构建了自由分布下的新产品需求函数，并用 Worst-case 方法构造了零售商决策的目标函数。

（2）行为量化建模。第 4 章、第 5 章基于供应商要求零售商 1∶1 采购的现实，在确定性需求下构建了供给侧供应商纯捆绑销售的理论模型。第 6 章进一步分析了滞销品随机需求时供给侧供应商纯捆绑销售的相关问题。

1.4.1.3 模型求解与数值分析

对于鲁棒模型，利用对偶理论将决策者的鲁棒优化转变为线性优化问题，进而使求解简化，得到鲁棒优化下的最优解。对于确定性模型，求一阶、二阶导数，在利润最大化目标下通过判断海赛阵负定获得必要或充分条件，得到最优解。对于随机性模型，主要通过联立多个一阶条件，获得必要条件，并分析某种契约是否能够达到该必要条件，以判断该契约是否能协调供应链。

为了直观说明模型解的特征，采用 Matlab 软件对模型中的结论进行验证，并通过图表的形式展现出来，使图表中的趋势更加清晰，从而为提炼管理意义、揭示管理策略奠定基础。

1.4.2 技术路线

从总体上看，本书技术路线见图1.1。

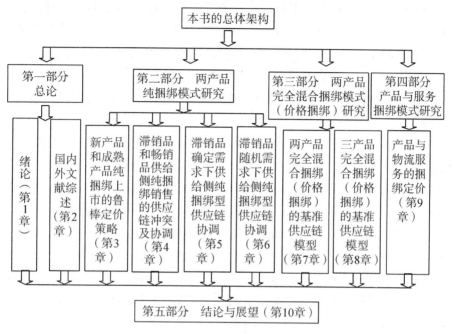

图 1.1 技术路线

1.5 创新之处

基于产能过剩和多产品运作的现实，本书重点探讨了通过产品合作实现新产品、滞销品在供应链中有效运作的问题。从需求侧和供给侧诠释了捆绑销售（产品合作）的冲突和价值所在。具体的创新点如下：

第一，从信息的角度，在需求侧研究了零售商面临新产品信息缺失时，对新产品和成熟产品的纯捆绑策略，发现了需求侧纯捆绑的价值所在。

这种价值体现为：如果两产品之间存在一定的互补性，即使仅知消费者对新产品支付意愿的均值和方差、而不知具体分布类型，仍能实现利润的增长、销量的提升。不同于以往的报童分析框架，本书采用鲁棒分析中的 Worst-case 方法，将成熟产品的确定性需求与新产品的均值方差型需求结合起来。研究发现，当二者具有一定互补性时，纯捆绑机制能够化解产品经营风险，通过成熟产品带动新产品发展。而且在利润方面，"纯捆绑上市+部分信息"策略下零售商的利润完美地逼近"纯捆绑上市+完全信息"策略，远高于"单独销售+完全信息"策略，凸显了产品合作的价值，使得零售商无须获得新产品的所有信息，就能有效推进新产品成功上市。

第二，从供应链的角度，在供给侧研究了供应商实施滞销品和畅销品纯捆绑运作的问题，发现了纯捆绑策略带来的冲突，提出了具体的协调手段。

现有的捆绑研究多数集中在需求侧，本书创新性地研究了供给侧捆绑运作，探讨了供应商的纯捆绑行为对零售商、供应商自身、整个供应链的影响。供应商往往借助在供应链的主导地位行使捆绑权，通过畅销品经营权对零售商实施可信的威胁，促使零售商增加滞销品销售。研究发现，纯捆绑策略能大大提高滞销品销量，但却会加剧供应链冲突，降低了双方的利润和供应链整体利润，加剧了供应链的双重边际效应，造成供应链进一步扭曲。具体的协调手段有两个：一是供应商付出促销努力，能缓解纯捆绑型供应链的扭曲程度。二是供应商改变策略，采取混合捆绑策略时能使供应商、零售商双赢，增加各自的利润。

第三，从契约的角度，在供给侧研究了零售商对滞销品已经付出销售努力，且滞销品为随机需求、畅销品为确定性需求的情形，发现只有 SRP 契约能够协调纯捆绑型供应链。

在纯捆绑型供应链架构下，通过对比 SRP 协调契约和不协调契约对供应链带来的影响，得出如下结论：第一，当销售返利（惩罚）满足一定条件时，SRP 契约能够协调纯捆绑型供应链，使纯捆绑型供应链分散决策下零售商供应商的总利润等于集中决策的总利润。第二，相比于不协调情形，SRP 契约协调下供应商可以通过改变销售目标来分配双方利润，使零售商供应商利润超过不协调的情形。第三，SRP 契约对纯捆绑型供应链的协调，能够使零售商努力水平上升 1 倍，1∶1 捆绑的滞销品畅销品订货量均上升 1 倍，从而提高供应链效率。同时，畅销品零售价下降，也能在一定程度上让利消费者。

第四，从服务的角度，通过产品与物流服务的捆绑解决线上销售难题，从运营层面构建了"产品+退货运费险"的理论模型。通过对单独销售、部分混合捆绑、纯捆绑三种销售策略的对比，研究发现：第一，竞争对手的捆绑销售策略对零售商采用不同销售策略下利润的影响较为复杂，与消费者对产品以及捆绑产品的估值有关，同时也与零售商本身采用何种销售策略有关；第二，当零售商采用单独销售策略时，其总利润会随着退货运费险的提高先增大后减小；第三，在产品退货率适中时，零售商 1 与零售商 2 的最优销售策略均为部分混合捆绑策略，部分混合捆绑销售策略的价值凸显。同时，当产品存在高退货率时，捆绑策略是不利的，此时单独销售反而获利更大。

2　国内外文献综述

2.1　两产品单独销售的经典供应链研究

2.1.1　经典供应链的结构

经典供应链是在批发价契约下进行研究的，因为其他契约大多数是在批发价契约的基础上建立的（郭琼 等[1]，2005）。批发价契约的特点是：供应商、零售商双方只是简单的买卖关系，买卖完成，所有关系终止。供应商对零售价的确定不干涉，不存在退货、回购、赊销、退款等一系列售后服务问题。这适用于价格较低、品牌价值低、一次性购买的情形。业务流程为：零售商订货→供应商定批发价→零售商付款→供应商转移货物所有权→零售商定零售价→满足需求→剩余库存零售商消化。Bresnahan 和 Reiss[2]（1985）指出，只有当供应商制定的批发价等于其边际成本时，该契约才能协调供应链。Lariviere[3]（1999），Lariviere 和 Porteus[4]（2001）对供应链下的批发价契约做了详细的剖析。经典供应链的结果是：出现双重边际效应（Spengler[5]，1950）。批发价高企伤害了零售商，导致零售商

---

① 郭琼，杨德礼，迟国泰. 基于期权的供应链契约式协调模型 [J]. 系统工程，2005, 23 (10)：1-6.

② BRESNAHAN T F, REISS P C. Dealer and manufacturer margins [J]. The RAND Journal of Economics, 1985：253-268.

③ LARIVIERE M A. Supply chain contracting and coordination with stochastic demand [M] // Quantitative models for supply chain management. Springer US, 1999：233-268.

④ LARIVIERE M A, PORTEUS E L. Selling to the newsvendor: An analysis of price-only contracts [J]. Manufacturing & service operations management, 2001, 3 (4)：293-305.

⑤ SPENGLER J J. Vertical integration and antitrust policy [J]. Journal of political economy, 1950, 58 (4)：347-352.

定较高的零售价，而订货量的减少伤害了产品形象，最终伤害了供应商。

文献研究表明，不公平的利润分配是经典供应链冲突的根本原因。Jeuland 和 Shugan[①]（1983）基于单一产品第一次建立了渠道利润分配模型。随后 Kumar[②]（1992）第一次把渠道协同问题模型化，该模型后来被认为是供应链管理的经典模型。供应链协同的目标在于通过整合单个企业的计划与目标以改进供应链总体绩效。事实上，供应链内部的权利分配严重影响了企业的利润分配。Pasternack[③]（1985）第一次引入了供应链契约的概念，把供应链契约分为四类：批发价契约、回购契约、收益共享契约和数量折扣契约，并且其指出，分散决策下的库存量会低于集中决策下的库存量。国内学者杨德礼等[④]（2006）总结了 10 种契约，其中批发价契约是最经常用于研究的，也是本书研究的重点。

2.1.2　经典供应链的协调

研究产品单独销售时发现，当供应链中存在单个供应商、单个零售商时，双方各自的利润最大化行为会伤害整个供应链条，使供应商、零售商利润降低，供应链会经历两次加价形成"双重边际效应"，导致企业的定价订货决策产生扭曲。以 Cachon[⑤]（2003）为代表的学者，在报童框架下更加深入地研究了各类契约，提出了以企业合作为核心的供应链协调手段，主要表现为不同契约机制的设计。同时，采取信息共享和激励措施，也可以使供应链参与方的目标与供应链整体目标基本一致，以减弱"双重边际效应"带来的供应链冲突。Wong 和 Hvolby[⑥]（2007）指出，新产品需求具有短销售期性和高度不可预测性，可能造成供应链运作不协调，使得库存居高不下、市场份额丢失或销售价格下跌。基于欧洲玩具企业的案例

---

① JEULAND A P, SHUGAN S M. Managing channel profits. Marketing Science, 1983, 2（3）：239-272.

② KUMAR A. Supply contracts and manufacturing decisions ［P］. Graduate school of Industrial Administration, Carnegie Mellon University, Pittsburgh, 1992：15213.

③ PASTERNACK B A. Optimal pricing and return policies for perishable commodities. Marketing Science, 1985, 4（1）：131-132.

④ 杨德礼, 郭琼, 何勇, 徐经意. 供应链契约研究进展 ［J］. 管理学报, 2006（1）：117-125.

⑤ CACHON G. Supply chain coordination with contracts ［J］. Handbooks in Operations Research and Management Science：Supply Chain Management, 2003（11）：229-339.

⑥ WONG C Y, HVOLBY H H. Coordinated responsiveness for volatile toy supply chains ［J］. Production Planning and Control, 2007, 18（5）：407-419.

分析，作者发现恰当的订货和快速的反应虽然可以改善供应链绩效，但作用有限，进一步的"协调反应"最为重要。

张菊亮和陈剑[①]（2004）给出了合约设计的一般模型，在该机制下分散决策的厂商能实现集中决策的绩效。何勇[②]（2004）从努力水平的角度，对收益共享契约进行完善，给出了结合激励与惩罚的契约机制。徐兵、朱道立[③]（2010）从 Hotelling 模型出发，考虑了零售商水平竞争时的供应链协调机制设计。胡军[④]（2013）从质量控制的角度，建立了线性需求下的供应链协调模型。张汉江等[⑤]（2015）从再制造角度，研究了供应商对零售商采用最优销售价格激励契约，对回收商采用最优回收努力激励契约时，两契约可以分别实现闭环供应链在生产销售部分、逆向回收部分的协调。罗春林等[⑥]（2015）从风险厌恶的角度，研究了零售商的风险厌恶对供应链的影响，认为这种风险厌恶加剧了双重边际效应，但可以通过收入共享契约来协调存在风险厌恶的供应链。谢康康[⑦]（2015）从跨国供应链角度，利用 Stackelberg 博弈理论，探讨了在零售商主导的供应链中，通过弹性批发价契约协调传统供应链。

2.2 两产品捆绑销售的供应链研究

2.2.1 需求侧与供给侧的界定

本书中，需求侧指的是供应链的下游，用以描述零售商与消费者之间的关系。需求侧捆绑指的是，零售商具有捆绑权，把两产品捆绑销售给消

① 张菊亮，陈剑. 销售商的努力影响需求变化的供应链的合约 [J]. 中国管理科学，2004，12 (4)：50-56.

② 何勇. 具有随机市场需求的供应链契约模型研究 [D]. 大连：大连理工大学，2004.

③ 徐兵，朱道立. 零售商水平竞争分析与供应链协调策略设计 [J]. 系统工程学报，2010，25 (5)：609-615.

④ 胡军，张嫁，芮明杰. 线性需求条件下考虑质量控制的供应链协调契约模型 [J]. 系统工程理论与实践，2013，33 (3)：601-609.

⑤ 张汉江，甘兴，赖明勇. 最优价格与回收努力激励的闭环供应链协调 [J]. 系统工程学报，2015，30 (2)：201-209.

⑥ 罗春林，田歆. 基于收益共享的风险厌恶供应链协调研究 [J]. 系统工程学报，2015，30 (2)：210-217.

⑦ 谢康康. 零售商主导的国际供应链弹性批发价契约协调 [D]. 大连：大连海事大学，2015.

费者。供给侧指的是供应链上游，用以描述供应商与零售商之间的关系。供给侧捆绑指的是，供应商具有捆绑权，把两产品捆绑销售给零售商，见图 2.1。

图 2.1　供应链中需求侧与供给侧的界定

　　现实中，需求侧和供应侧捆绑销售的本质区别如下：第一，从供应链权力结构看，需求侧捆绑时零售商拥有捆绑权，供应侧捆绑时供应商拥有捆绑权。权力结构的差异会影响供应链中的议价能力、利润分配和供应链效率。第二，从技术层面看，零售商捆绑时其面对的是非组织的消费者，因此往往有强制消费的嫌疑，受到政策打压。而供应商捆绑时其面对的是一个组织——零售商，基本不受政策壁垒的影响。第三，从信息处理方法看，需求侧捆绑时我们需要知道消费者支付意愿的均值、方差、区间或分布类型的信息，因此生成需求函数的过程较为复杂。而供应侧捆绑时可以直接假设需求函数，简单很多。

2.2.2　两产品需求侧捆绑销售的研究

　　两产品需求侧捆绑的经典文献见表 2.1 所示，这些文献主要从捆绑分类、具体的捆绑策略两个方面展开，下面予以详细说明。

表 2.1　需求侧捆绑的经典文献

研究重点	代表文献
捆绑分类 纯捆绑	Adams 等（1976）；Eckalbar（2010）；Bhargava（2013） Burstein（1960）；Telser（1979）；Venkatesh 等（2003）；Ibragimov（2010）；Bhargava（2012）；张宇 等（2008）；毛彦妮、王刊良、王龙伟（2003）；郁婷（2008）；顾成彦、胡汉辉（2008）；蔡国成（2009）；杨毅超（2011）
部分混合捆绑	Armstrong（1996）；Eckalbar（2010）；Chao，Derdenger（2013）
完全混合捆绑	Bhargava（2013）

2.2.2.1 捆绑分类的研究

Adams 等（1976）首次对产品捆绑问题作出了科学的分类，他把电话公司的收费模式分为单独销售模式（pure components，图 2.2）、纯捆绑模式（pure bundling，图 2.3）、混合捆绑模式（mixed bundling）三类，并通过图表的方式清晰地展现出来，这些表述如今已成为一种范式。同时，还给出了捆绑的三个基本原则：

（1）成本独立原则。捆绑后的边际成本等于两产品各自的成本之和，没有固定成本。

（2）边际效用独立原则。任一商品的第二单位的边际效用为零，即捆绑后两产品的边际效用互不影响。

（3）需求独立原则。需求来自于消费者支付意愿，而消费者对捆绑产品的支付意愿等于对两产品各自支付意愿之和。

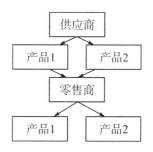

图 2.2　单独销售模式

Guiltinan（1987）进一步把混合捆绑分为两类：mixed-leader bundling 和 mixed-joint bundling，前者指捆绑产品中一个仍然按照原价、另一个打折出售。后者指对捆绑产品整体给出一个折扣价格。

Eckalbar（2010）第一次研究了部分混合捆绑（partial mixed bundling），如图 2.4 所示，认为其中一种商品不单独销售的做法能使企业获得收益，但未给出这种做法的原因。笔者认为，这种做法有多种原因：

（1）独立销售业绩不理想，还需要向卖家缴纳单品费；

（2）这种产品具有垄断性，可以借助该产品的畅销性质推广滞销产品；

（3）这种产品价格太低、不够物流费用；

（4）这种产品具有专有性，只适用于基础用户。

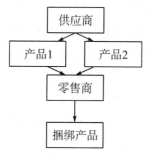

图2.3 两产品需求侧纯捆绑模式

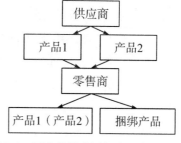

图2.4 两产品需求侧部分混合捆绑模式

直到2013年，混合捆绑的分类才完全确立。Bhargava 发表在 *Management Science* 的文章 Mixed bundling of two independently valued goods 第一次把完全混合捆绑与部分混合捆绑区分开来。事实上，完全混合捆绑（full mixed bundling，图2.5）包含了各种销售形式——单独销售、纯捆绑、部分混合捆绑。在古诺规则下，完全混合捆绑时产品1、产品2、捆绑产品1、产品2三个价格同时制定，给予了消费者更多选择自由，规避了强制消费的嫌疑，更符合商业实践。

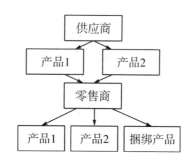

图2.5 两产品需求侧完全混合捆绑模式

2.2.2.2 纯捆绑的研究

最早研究需求侧纯捆绑的是 Burstein[①]（1960），他通过对 IBM 公司 punch-card 搭售行为的研究，解释了对于弹性较低、成本较低的打孔卡来说，与计算机捆绑出售并适当提高价格并不会影响计算机的销售。同时他认为，两产品具有互补性并不是搭售的必要条件。随后，文献主要采用集

---

① BURSTEIN M L. The economics of tie-in sales [J]. The Review of Economics and Statistics, 1960, 42 (1): 68-73.

中决策的思路研究需求侧的捆绑销售问题。Telser[①]（1979）通过建立一个框架对产品捆绑的合理性做出解释，认为产品的优可加性（super additive）提高了产品盈利的机会。Salinger[②]（1995）研究了两种不相关线性需求产品，分别从单独销售与纯捆绑两个方面，讨论了纯捆绑对需求与利润的影响，认为当捆绑不降低成本、保留价格负相关且远高于成本时，捆绑是有利的。Venkatesh 和 Kamakura[③]（2003）研究了垄断厂商对替代品、互补品、不相关产品的纯捆绑问题，给出了纯捆绑的最优解。

随机性模型方面，Ibragimov[④]（2010）研究了存在垄断厂商的情况下，消费者保留价格服从厚尾分布时的最优捆绑价格。他认为在次高价拍卖（Vickrey 拍卖）下，买方更喜欢单独购买而不是捆绑购买。对于一个追求利润最大化的垄断厂商且产品边际成本较低时，若保留价格是厚尾，单独销售最优；若保留价格是薄尾，捆绑最优。当产品边际成本较高时，结论相反。

国内学者主要基于信息产品进行研究。毛彦妮等[⑤]（2003）研究了信息产品的捆绑定价问题。胡应环[⑥]（2006）基于遗传算法对捆绑定价策略进行了研究。郁婷[⑦]（2008）从经济学角度，对互补式信息产品的定价问题进行了研究。张宇等[⑧]（2008）基于在线信息产品交易各方的博弈关系，研究了网络接入商与信息产品生产商决策的先后顺序对捆绑产品最终价格的影响。毛彦妮等（2008）较早梳理了捆绑问题的国内外研究现状，从基本概念的界定、三种市场结构下的捆绑销售策略、关于捆绑销售的实证研

① TELSER L G. A theory of monopoly of complementary goods [J]. Journal of Business, 1979: 211-230.

② SALINGER M A. A graphical analysis of bundling [J]. Journal of Business, 1995: 85-98.

③ VENKATESH R, KAMAKURA W. Optimal bundling and pricing under a monopoly: Contrasting complements and substitutes from independently valued Products [J]. The Journal of Business, 2003, 76 (2): 211-232.

④ IBRAGIMOV R, WALDEN J. Optimal bundling strategies under heavy-tailed valuations [J]. Management Science, 2010, 56 (11): 1963-1976.

⑤ 毛彦妮, 王刊良, 王龙伟. 信息产品的捆绑定价问题研究 [J]. 情报理论与是实践, 2003, 26 (3): 217-220.

⑥ 胡应环. 基于遗传算法的捆绑销售定价策略研究 [D]. 福州: 福州大学, 2006.

⑦ 郁婷. 互补式信息产品捆绑定价的经济学分析 [D]. 南京: 南京财经大学, 2008.

⑧ 张宇, 唐小我, 钟林. 在线信息产品捆绑定价研究 [J]. 系统工程学报, 2008, 23 (3): 331-337.

究等方面系统阐述了捆绑销售理论的研究进展。蔡国成[①]（2009）对双边市场中平台企业的捆绑销售策略进行了研究。程岩[②]（2011）基于零售电商对易逝品的动态捆绑策略，应用动态定价思想分析了消费者的延迟购买行为对零售商捆绑决策的影响。杨毅超[③]（2011）对纵向差异化产品的捆绑策略进行了研究。

分散决策方面的研究较少，Bhargava[④]（2012）研究了需求侧纯捆绑在供应链中的应用。考虑了两个具有定价权的供应商、单个具有捆绑权的零售商，探讨了需求侧捆绑时供应链的横向冲突（两供应商之间）、纵向冲突（供应商与零售商之间），认为在集中决策下捆绑更好，而分散决策下捆绑是不利的。

2.2.2.3　混合捆绑的研究

（1）部分混合捆绑的研究

Anderson 和 Leruth[⑤]（1993）研究了双寡头市场中两种互补品的竞争性捆绑战略，认为混合捆绑适合于垄断市场，而纯捆绑定价适合于双寡头市场。Armstrong[⑥]（1996）研究了随机需求下多产品非线性定价问题，在消费者保留价格服从均匀分布、生产成本为零的假设下，给出了同质化产品在混合捆绑模式下的需求函数、利润函数。Scott（2001）假设捆绑后边际成本低于两成本之和，研究了利润和销售目标下的混合捆绑问题，发现该策略下混合捆绑是有利的。Eckalbar（2010）研究了垄断厂商保留价格分为对称和不对称、边际成本分为等于 0 和大于 0 的情况下，给出了混合捆绑的最优解。

Thanassoulis[⑦]（2007）不同于上述垄断企业部分混合捆绑的研究，他发现，在竞争性市场上，如果消费者知道产品成本并且有确定性的偏好，

①　蔡国成. 双边市场中平台企业的捆绑销售策略研究 [D]. 厦门：厦门大学，2009.

②　程岩. 电子商务中面向延迟购买行为的易逝品动态捆绑策略 [J]. 系统工程理论与实践，2011, 31 (10)：1892-1902.

③　杨毅超. 纵向差异化产品的最优捆绑策略研究 [J]. 上海：复旦大学，2011.

④　BHARGAVA H K. Retailer-driven product bundling in a distribution channel [J]. Marketing Science, 2012, 31 (6)：1014-1021.

⑤　ANDERSON S P, LERUTH L. Why firms may prefer not to price discriminate via mixed bundling [J]. International Journal of Industrial Organization, 1993, 11 (1)：49-61.

⑥　ARMSTRONG M. Multiproduct nonlinear pricing [J]. Econometrica, 1996, 64 (1)：51-75.

⑦　THANASSOULIS J. Competitive mixed bundling and consumer surplus [J]. Journal of Economics & Management Strategy, 2007, 16 (2)：437-467.

捆绑同样能够带来企业利润增加、消费者剩余减少。

（2）完全混合捆绑的研究

Bhargava（2013）研究了无关产品完全混合捆绑时的最优古诺定价问题，把保留价格分为对称和不对称、边际成本分为等于 0 和大于 0 的情况下，在线性需求下得到了产品 1、产品 2、捆绑产品的最优解。其最重要的贡献是给出了零售商同时决策下三种价格的显性近似解。

2.2.2.4　捆绑策略的对比研究

Anderson 和 Leruth（1993）研究了双寡头市场中两种互补品的竞争性捆绑战略，认为混合捆绑适合于垄断市场，而纯捆绑定价适合于双寡头市场。Prasad 等[①]（2010）研究了垄断厂商面临异质性需求时具有网络外部性产品的捆绑问题。他指出，当两产品具有较低的边际成本或网络外部性时，纯捆绑策略在利润方面优于单独销售和混合捆绑策略。当两产品边际成本过高或网络外部性不明显时，单独销售和混合捆绑策略在利润方面优于纯捆绑策略。其他情况下混合捆绑更有利。

随机性需求方面：Schmalensee[②]（1984）在两消费者的保留价格服从二元正态分布的假定下指出，在两产品负相关的前提下捆绑能确保盈利，混合捆绑策略严格优于单独销售与纯捆绑策略。

2.2.3　两产品供给侧捆绑销售的研究

理论界对供给侧供应商的捆绑销售策略一直少有研究。诺贝尔奖获得者 Stigler[③]（1963），最早关注到了产品成套订购（block booking）的价值。他通过对电影公司放映 *Getting Gertie's Garter* 和 *Gone with the Wind* 的定价问题进行了研究，分别从低价、捆绑两个定价机制阐释了利润增长的新途径。低价策略即分别以两部电影保留价格之和的较低价为市场销售价；捆绑策略即供应商把两部电影捆绑销售给电影院。研究发现，捆绑能带来更

---

① PRASAD A, VENKATESH R, MAHAJAN V. Optimal bundling of technological products with network externality [J]. Management Science, 2010, 56 (12): 2224-2236.

② SCHMALENSEE R. Gaussian demand and commodity bundling [J]. The Journal of Business, 1984, 57 (1): S211-S230.

③ STIGLER G J. United States v. Loew's Inc.: A note on block-booking [J]. The Supreme Court Review, 1963: 152-157.

大收益。随后，Pasternack 和 Drezner[1]（1991）把捆绑搭售的思想应用于供给侧，考虑了两产品的单周期随机模型。假设随着需求的增加产品之间可以相互替代，并对比了产品替代前后的库存水平差异，但并未研究供应商、零售商的分散决策。高尚等[2]（2016）从旅游供应链角度，探讨了捆绑销售带给供应商和零售商的影响。潘林、周水银[3]（2016）从两互补产品的角度，探讨了捆绑销售时单制造商、单零售商下的定价博弈问题。

习近平总书记指出，当前我国经济结构中的突出问题在供给侧，钢铁、煤炭、水泥等行业已经深度过剩，快消品、日常必需品都面临过剩的风险，去库存成为供给侧结构性改革的重中之重。为了快速去库存，在供应链中占主导地位的供应商往往采用捆绑销售的手段，把滞销品和畅销品捆绑销售。然而，捆绑销售虽能在一定程度上提高销售量，却可能会牺牲一定比例的利润，最重要的是可能会伤害整个供应链条，造成供应链冲突，加剧供应商和零售商的矛盾。如何通过供应链协调使供应链以较小代价实现滞销品销售？如何实现供应商、零售商的共赢？这些问题都需要进一步研究解决。

2.3　其他视角的相关研究

现实中，捆绑行为广泛存在。从库存和供应链的角度看，捆绑在一定程度上反映了供应链中供应商与零售商的库存持有问题，研究的是供应商管理库存（VMI）与零售商管理库存（RMI）哪个更有利。从双边市场角度看，捆绑反映了平台企业如何为供给和需求双方联合定价的问题，报纸对消费者售卖低价、对广告商收取高价的不平衡策略即是如此。从产品与服务的角度看，捆绑反映了企业深耕市场、全方位满足客户需求、加强与客户联系的过程。从两产品关系的角度看，如果捆绑以后消费者对捆绑产品支付意愿提高，说明这种捆绑是产品捆绑。如果捆绑以后只是价格折扣，

① PASTERNACK B A, DREZNER Z. Optimal inventory policies for substitutable commodities with stochastic demand [J]. Naval Research Logistics, 1991, 38 (2): 221-240.

② 高尚，滕春贤，孙嘉轶. 不同主导力量下基于捆绑销售的旅游供应链决策分析 [J]. 中国软科学, 2016 (7): 155-161.

③ 潘林，周水银. 考虑捆绑销售的多产品供应链定价策略 [J]. 运筹与管理, 2016, 25 (6): 11-17.

产品并未带给消费者更多附加值，则属于价格捆绑。有关捆绑的其他文献总结如下，见表 2.2。

表 2.2　有关捆绑的其他文献

研究重点	代表文献
供应商管理库存与零售商管理库存	Mishra 和 Raghunathan（2004）；Kim（2008）；Chen（2005）；金磊、陈伯成、肖勇波（2013）
价格捆绑与产品捆绑	Stremersch（2002）；Lehmann（2003）；Thompson 和 Failmezger（2005）；Mintel（2005）；Venkatesh 和 Kamakura（2003）
产品与服务捆绑	Herrmann, et al.（1997）；Marceau 和 Martinez（2002）；Viswanadham, et al.（2005）；Kameshwaran, et al.（2009）
双边市场捆绑	Rochet 和 Tirole（2008）；Choi（2010）；Prasad（2010）；Amelio 和 Jullien（2012）；Chao 和 Derdenger（2013）；陈宏民（2009）

2.3.1　供应商管理库存与零售商管理库存

从供应链角度看，供应链中的库存哪一方持有更加科学？Mishra 和 Raghunathan[①]（2004）认为，供应商之间的竞争使得供应商必须保持充足的库存，以预防库存不足使消费者去购买替代产品，因此供应商管理库存更有利，而且能使零售商获益，节约了零售商的库存持有成本。Kim[②]（2008）则认为 Mishra 和 Raghunathan 的结论不一定成立，是否应该持有库存取决于三个因素：零售商和供应商的边际利润、库存持有成本的高低、产品品牌竞争的程度。Chen[③]（2005）通过数学实验方法，模拟了网络零售商在自己持有库存和外包库存两类模式下的最优选择。金磊等[④]（2013）采用动态库存配给模式，探讨了网络渠道与实体店的库存冲突问题，认为网络渠道与实体店共享库存是较好的解决方案。

---

① MISHRA B K, RAGHUNATHAN S. Retailer – vs. vendor – managed inventory and brand competition［J］. Management Science, 2004, 50（4）：445–457.

② KIM H S. Research note—Revisiting "Retailer–vs. vendor–managed inventory and brand competition"［J］. Management Science, 2008, 54（3）：623–626.

③ CHEN F Y, HUM S H, SIM C H. On inventory strategies of online retailers［J］. Journal of Systems Science and Systems Engineering, 2005, 14（1）：52–72.

④ 金磊，陈伯成，肖勇波. 双渠道下库存与定价策略的研究［J］. 中国管理科学，2013, 21（3）：104–111.

2.3.2　价格捆绑与产品捆绑

Stremersch 和 Tellis[①]（2002）研究了价格捆绑（price bundling）和产品捆绑（product bundling）的区别。他们指出价格捆绑是指两种以上的产品捆绑在一起，采用折扣价格出售，这些产品本身都是独立的，没有进行产品整合，因此产品本身没有附加值，只是价格比单独购买便宜。常见的案例有：一箱牛奶、一个软件包、一件啤酒。产品捆绑如前所述，指两种以上产品捆绑出售，产品之间是关联的，企业通过捆绑增加附加值。常见的案例有：PC 提供刻录功能、服装的搭配、化妆品的组合等。Lehmann（2003）研究了旅游产品网络代理商的在线定价行为；Thompson 和 Failmezger[②]（2005）研究了旅馆顾客的购物行为；Mintel（2005）指出价格捆绑确实能带来整体利益的增加。Venkatesh 和 Kamakura[③]（2003）指出，消费者对捆绑产品的支付意愿表示为 $(1+\theta)(x+y)$，这里 x，y 分别为单独销售时消费者对两产品的支付意愿，θ 被称为两产品的互补性因子，用来表示两产品之间的替代互补程度，显然在纯捆绑销售时该因子具有重要作用。当 $\theta=0$ 时，两产品无关；当 $\theta>0$ 时，两产品互补；当 $\theta<0$ 时，两产品是替代关系。若按照 Stremersch（2002）的定义，显然 $\theta>0$ 时为产品捆绑，$\theta\leqslant0$ 时为价格捆绑。

2.3.3　产品与服务捆绑

Herrmann 等[④]（1997）较早研究了产品与服务的捆绑问题，以汽车和汽车服务为研究对象，指出纯捆绑比混合捆绑好，折扣越大越好，相关性

---

①　STREMERSCH S, TELLIS G J. Strategic bundling of products and prices：A new synthesis for marketing [J]. Journal of Marketing, 2002, 66（1）：55-72.

②　THOMPSON, FAILMEZGER A. Why Customers Shop Around：A Comparison of Hotel Room Rates and Availability across Booking Channels, 2005.

③　VENKATESH R, KAMAKURA W. Optimal bundling and pricing under a monopoly：Contrasting complements and substitutes from independently valued Products [J]. The Journal of Business, 2003, 76（2）：211-232.

④　HERRMANN A, HUBER F, HIGIE COULTER R. Product and service bundling decisions and their effects on purchase intention [J]. Pricing Strategy and Practice, 1997, 5（3）：99-107.

越强越好。Marceau 和 Martinez[①]（2002）指出，在产品和服务的捆绑方面，企业有三种重要的战略：产品和服务整合（product-service integration）——在产品运作的不同阶段把服务整合进来；产品与服务捆绑（product-service bundling）——在产品售卖时或售卖以后把服务捆绑进来；服务型企业（service enterprises）——为其他制造型企业提供各类专业化服务的企业。Viswanadham 等（2005）指出，产品与服务捆绑能使企业关注制造和服务的相互影响。Kameshwaran 等[②]（2009）研究了供应商把耐用品与售后维修服务捆绑，基于垄断或双寡头市场结构给出了决策框架和定价策略，成为产品与服务捆绑的经典文献。

2.3.4　双边市场捆绑

双边市场（two-sided market），是平台企业借助在供应链中的优势地位，向参与平台的供给方和需求方同时收费，其最终价格是供需双方价格的一个组合。经典的双边市场定价规则是从弹性低的一边补贴给弹性高的一边。现实中，任天堂（Nintendo）生产的硬件与软件由于具有这种互补性，购买硬件的消费者是软件的潜在购买者（用户基数 installed base）。因此，任天堂可以对硬件与软件分别定价，构成双边市场，以最大化联合利润。

双边市场的两大特征：一是买卖双方之间具有间接的或交叉的网络外部性；二是平台企业的价格结构是基于买卖双方费用的一个组合。Choi[③]（2006）分析了搭售对双边市场竞争的影响，并认为搭售能提高社会福利。Rochet 和 Tirole[④]（2007）研究了支付卡行业如何搭售才能使价格结构更均衡，从而增加社会福利。Prasad 等[⑤]（2010）指出，当两产品同时具有较

---

①　MARCEAU J, MARTINEZ C. Selling solutions: Product-service packages as links between new and old economies [C] //DRUID Summer Conference on Industrial Dynamics of the New and Old Economy -who is embracing whom, 2002.

②　KAMESHWARAN S, VISWANADHAM N, DESAI V. Bundling and pricing of product with after-sale services [J]. International Journal of Operational Research, 2009, 6 (1): 92-109.

③　JAY PIL CHOI. Tying in Two-sided Market with Multi2homing [Z]. CESIFO Working Paper No. 2073. 2006.

④　ROCHET J C, TIROLE J. Tying in two-sided markets and the honor all cards rule [J]. IDEI Working Papers, 2007, 26 (6): 1333-1347.

⑤　PRASAD A, VENKATESH R, MAHAJAN V. Optimal bundling of technological products with network externality [J]. Management Science, 2010, 56 (12): 2224-2236.

低的成本或较高的外部性时，纯捆绑最有利；当两产品不同时具有较低的成本或较高的外部性时，单独销售或混合捆绑最有利；其他情况时，混合捆绑最有利。Amelio 和 Jullien[①]（2012）考虑了对平台一方收取负价格（补贴）的情形。Chao 和 Derdenger[②]（2013）研究了双边市场上存在用户基数影响的混合捆绑问题，认为在双边市场混合捆绑会降低价格、增加消费者剩余，使平台用户增加。Kaiser（2002）、Armstrong[③]（2006）、尚秀芬和陈宏民[④]（2009）也研究了双边市场问题。

2.4 文献总结和述评

目前，产品捆绑问题已成为学术研究的热点，国内外学者更多地从营销角度关注了捆绑问题的两个方面：垄断的市场结构、产品定价。存在的主要问题是：第一，绝大多数研究都只关注捆绑产品集中决策下的优化，对分散决策的供应链运作研究非常少。第二，绝大多数研究集中在需求侧零售商的捆绑，对供给侧供应商的捆绑涉及较少。第三，只有少部分研究关注了产品的信息问题，在随机需求下进行了初步研究。

近三十年来，由于多产品问题的复杂性，多产品供应链管理一直未能取得理想的进步。有关需求侧纯捆绑在供应链中应用的文献非常少。然而，多产品供应链运作更符合企业实际，特别是随着产品线的日益丰富，产品的广度、宽度和深度更加复杂。多个产品之间的关系问题是多产品供应链管理的重要考量，企业的营销实践也证明了这一点。当前，随着市场竞争日益激烈，产品捆绑销售、折扣销售现象日益增多，促销活动层出不穷，这成为沃尔玛、家乐福、永辉等连锁超市一道靓丽的风景。

综上所述，已有研究主要关注了供应链中库存的位置问题、需求侧的捆绑问题。但捆绑销售不是一个简单的库存权利分配问题，而是一个优化

① AMELIO A, JULLIEN B. International journal of industrial organization tying and freebies in two-sided markets, 2012, 30 (5).

② CHAO Y, DERDENGER T. Mixed bundling in two-sided markets in the presence of installed base effects [J]. Management Science, 2013, 59 (8): 1904-1926.

③ ARMSTRONG M. Competition in two-sided markets. The RAND Journal of Economics, 2006: 37.

④ 尚秀芬，陈宏民. 双边市场特征的企业竞争策略与规制研究综述 [J]. 产业经济研究，2009, 000 (004): 89-94.

运作问题、营销战略问题。其目标在于使供应链多个产品线同步获得发展。虽然供给侧捆绑销售问题在企业实践中广泛运用，但现有研究较为滞后。特别是在今天产能过剩的背景下，研究供给侧的捆绑销售问题具有更大意义，是实现去库存目标的重要举措。事实上，我们需要回答的是供给侧的捆绑销售对整个供应链有何影响？在捆绑型供应链中如何通过协调实现供应商零售商的双赢？

本书有效捕捉上述研究热点，拟在上述方面有所突破，旨在挖掘多产品合作的价值，属于国际学术界较为前沿、国内研究稀少的崭新领域。两产品操作性更强、更易于研究，是本书研究的重点。本书的成果将为捆绑产品运作管理的理论建构做出一定的贡献。

3 成熟产品和新产品需求侧纯捆绑上市的鲁棒定价策略

3.1 引言

新产品上市是企业延续竞争能力、满足消费者需求升级的必然要求。新产品凝结了企业新的生产工艺、新的品牌形象，是企业可持续健康发展的重要载体。因此顺利实现新产品上市对企业至关重要。然而，现实中新产品上市失败率极高。中国机械工业联合会的数据显示，目前中国机械工业自主创新能力还相当落后，新产品贡献率仅为 5.9%，只占工业发达国家的十分之一。中商情报网产业研究院的研究显示，饮料市场上新品存活率仅为 10% 左右。早在 1997 年 Crawford 就指出 20 世纪六七十年代北美地区某些领域的新产品失败率高达 90%。我国"十三五"规划纲要提出了建设创新型国家的总体目标，对企业创新产品提出更高要求，新产品上市问题越来越重要。

2002 年 6 月，当宝洁公司推出"激爽"的时候，一度引起营销界关于"事件营销"的讨论，三年广告投入 10 亿元。后来，宝洁公司却无奈地宣布："出于长远发展的战略考虑，宝洁公司已经决定从 2005 年 7 月起，停止激爽的生产。"宝洁分销商给出的失败原因是："激爽"在全国市场上铺得太开，一线、二线和三线城市同时推出，销售效果不理想。事实上，除激爽外，宝洁旗下还有 3 个沐浴品牌：玉兰油、舒肤佳和飘柔，三者均采取品牌延伸策略，即在原来成功的大品牌基础上进行品牌延伸，发挥新旧产品相辅相成的作用，形成优势互补。

事实上，仅用渠道和广告推广新产品有明显的弊端，提升消费者的

WTP 才是"王道"。然而，新产品上市除面临渠道困惑之外，其最大缺陷是没有忠诚的用户群。根据 Bass 模型，新产品的扩散需要一个相当长的过程，需要创新购买者的强力推动和口碑传播，而一个社会的创新购买者非常少，多数人忠诚于旧产品带来的确定效用。但新产品的最大优势在于产品创新，新产品大多融合了企业新的技术和新的生产工艺，能带给消费者新的品牌形象。新产品成功上市的关键是利用好其在新技术、新工艺、新形象方面的优势，因此新产品更需要产品自己来说话。而传统的契约协调恰恰忽略了这一点，因为传统的契约协调是站在供给侧的角度，更注重分销商的利润分成和推广力度，是一种"推"产品的思维。后来的人员促销、客户关系管理等"拉"式策略立足于从需求的角度思考问题，弥补传统契约的缺陷，但更多适用于旧产品推广。因此，新产品推广必须要体现出新产品相比于旧产品的优势，并让消费者感知到这些优势。

目前，学术界关于新产品上市模式的文献主要有三类：第一，根据产品属性选择上市时机。Wilson 和 Norton[①]（1989）认为，当两产品具有较高相似性时，替代性较低的产品必须先上市，替代性较高的产品必须后上市。Putsis[②]（1993）提出科技含量较高的产品必须延后上市，以确保科技含量高的产品和科技含量低的产品上市后利润都比较高，但前提是新产品更新换代速度慢（Dhebar[③]，1994）。后锐等[④]（2015）基于新产品环保责任的考量，探讨了环保责任惩罚因子对新产品上市时机的影响。第二，供应链协同上市。Wong 和 Hvolby[⑤]（2007）认为新产品需求难以预测，且销售周期较短，造成供应链运作不协调，进而出现库存高、市场份额低、零售价格低等问题。Liu 和 Ozer[⑥]（2010）发现创新企业（供应商）共享新

---

① WILSON L O, NORTON J A. Optimal entry timing for a product line extension [J]. Marketing Science, 1989, 8 (1): 1-17.

② PUTSIS W R. Why put off until tomorrow what you can do today: incentives and the timing of new product introduction? [J]. The Journal of Product Innovation Management, 1993, 10 (3): 195-204.

③ DHEBAR. Durable-goods monopolists, rational consumers, and improving products [J]. Management Science, 1994, 13 (1): 100-121.

④ 后锐, 姬广玉, 韩小花, 等. 考虑环保责任的双寡头厂商新产品推出时机与定价策略 [J]. 系统工程理论与实践, 2015, 35 (1): 1-12.

⑤ WONG C Y, HVOLBY H H. Coordinated responsiveness for volatile toy supply chains [J]. Production Planning and Control, 2007, 18 (5): 407-419.

⑥ LIU H, OZER O. Channel incentives in sharing new product demand information and robust contracts [J]. European Journal of Operational Research, 2010 (207): 1341-1349.

产品需求信息对整个供应链更有利，有利于新产品推出。计国君、杨光勇①（2011）在考虑供应链销售补偿合同与回购合同的基础上，重点分析了顾客的外生体验与内生体验在新产品供应链协调中的重要作用。第三，产品合作上市。Simonin 和 Ruth②（1995）探讨了新产品引入期企业采取捆绑上市策略对消费者支付意愿的影响，认为消费者对成熟产品（primary product）的偏好会转移到捆绑产品和新产品。Van Riel 等③（2001）指出，90%以上的强势企业选择品牌延伸战略进行新产品上市。Thanassoulis④（2007）指出，当消费者对企业的偏好大于对该企业产品的偏好时，采用混合捆绑策略有利于增加利润。

以往有关新产品上市的研究主要从价格、质量、渠道、品牌等角度，注重供应链契约的作用。通过契约（回购、利益共享、数量折扣契约）设计，强调对渠道成员的放权让利。然而，新产品需求的不确定性使得契约协调的成本高企，造成供应链协同困难、消费者认同度不高的问题。事实上，新旧产品捆绑问题应该成为企业推出新产品的重要方式之一。研究发现，新产品的最大优势在于产品创新，通过捆绑销售模式可以实现新旧产品之间的比较，从而凸显新产品的这些优势。本章在契约协调的基础上，更强调产品合作对新产品上市的影响，通过捆绑策略、定价行为让消费者感知新旧产品的差异，从而权衡这些差异，进而通过品牌延伸提高消费者的 WTP。

可以看出，现有文献对新产品上市模式的探讨已经从传统的供应链合作向产品合作迈进，服装、化妆品、信息产品行业在产品捆绑搭售领域卓有成效：微软搭售成熟产品 Windows 和新产品 IE 浏览器；2015 年"双 11"优衣库因销售套装成最快销售破亿店。然而，已有研究对新产品需求信息缺失这一关键问题关注不够。在面临新产品需求信息缺失的背景下，零售

---

① 计国君，杨光勇. 顾客体验之于新产品供应链协调的影响 [J]. 管理科学学报，2011，14（11）：10-18.

② SIMONIN B L, RUTH J A. Bundling as a strategy for new product introduction: Effects on consumers' reservation prices for the bundle, the new product, and its tie-in [J]. Journal of Business Research, 1995, 33 (3): 219-230.

③ VAN RIEL A C, LEMMINK J, OUTERMOST H. Consumer evaluations of service brand extensions [J]. Journal of Service Research, 2001, 3 (3): 220-23.

④ THANASSOULIS J. Competitive mixed bundling and consumer surplus [J]. Journal of Economics & Management Strategy, 2007, 16 (2): 437-467.

商如何制定有效的上市策略以促进新产品销售、顺利实现产品升级换代是一个亟待解决的问题。本章提出了基于部分信息的纯捆绑上市策略，当两产品捆绑后具有一定互补性时，即使零售商仅获得新产品支付意愿的部分信息，仍能获得接近完全信息时的利润。而且，随着消费者对成熟产品支付意愿的增加，捆绑产品的需求量明显上升，凸显出成熟产品对新产品的销售带动作用。

3.2 模型描述、基本假设和符号说明

3.2.1 模型描述和基本假设

本章界定新产品与成熟产品的区别如下：主要从信息角度进行区分，成熟产品的需求信息较多，特别是在大数据时代，通过这些数据可以分析和确认需求的分布类型。而新产品上市时间短、需求数据少，因此需求的分布类型不能完全知道，仅知分布的均值、方差、区间信息。

考虑零售商作为新产品上市的主导者，具有零售价定价权和捆绑权。根据获取信息的不同，零售商有四种策略：第一，基于完全信息的单独销售策略；第二，基于部分信息的单独销售策略；第三，基于完全信息的纯捆绑销售策略，成熟产品和新产品按 1∶1 比例捆绑销售；第四，基于部分信息的纯捆绑销售策略，成熟产品和新产品按 1∶1 比例捆绑销售。这里对信息的界定如下：完全信息是指消费者对新产品的支付意愿服从 [0，1] 上的某个已知分布，对成熟产品的支付意愿服从均匀分布；部分信息是指消费者对新产品的支付意愿服从 $(\mu，\sigma^2)$ 的某个未知分布，且属于 [0，1]，对成熟产品的支付意愿服从均匀分布。

零售商的决策流程如下：零售商根据消费者支付意愿的信息（部分信息、完全信息）预测需求，然后向供应商订货，供应商外生给定采购价格，利润最大化的零售商选择销售模式（单独销售、纯捆绑销售），并根据采购成本和市场需求制定零售价。

基本假设如下：

假设 3.1 消费者对成熟产品的支付意愿服从 [0，1] 上的均匀分布，因为均匀分布在定价和捆绑问题中已被广泛采用（Bhargava，2013）；

假设 3.2 零售商仅有采购成本，其他成本为零，或认为其他成本包

含在采购成本内；

假设 3.3 消费者对成熟产品和新产品的支付意愿均为随机变量，且两变量相互独立；

假设 3.4 消费者面对成熟产品、新产品、捆绑产品三种选择时，只购买其中的一项；

假设 3.5 成熟产品和新产品的成本满足 $c_1 + c_2 \leq 1$。

3.2.2　符号说明

c_1：零售商每单位成熟产品的采购价。

c_2：零售商每单位新产品的采购价。

x：单独销售时消费者对成熟产品的支付意愿，为随机变量。

y：单独销售时消费者对新产品的支付意愿，为随机变量。

D_1："单独销售+完全信息"时成熟产品的需求。

D_2："单独销售+完全信息"时新产品的需求。

D_{1r}："单独销售+部分信息"时成熟产品、新产品的需求，为随机变量。

D_{2r}："单独销售+部分信息"时成熟产品、新产品的需求，为随机变量。

p_1："单独销售+完全信息"时每单位成熟产品的零售价，为决策变量。

p_2："单独销售+完全信息"时每单位新产品的零售价，为决策变量。

p_{1r}："单独销售+部分信息"时每单位成熟产品的零售价，为决策变量。

p_{2r}："单独销售+部分信息"时每单位新产品的零售价，为决策变量。

μ：消费者对新产品支付意愿服从自由分布时的均值。

σ^2：消费者对新产品支付意愿服从自由分布时的方差。

$f(x)$：消费者对成熟产品支付意愿的概率密度函数。

$g(y)$：消费者对新产品支付意愿的概率密度函数。

$G(y)$：消费者对新产品支付意愿的概率分布函数。

$f(x, y)$：x，y 的联合密度函数。

v_b：纯捆绑销售时消费者对捆绑产品的支付意愿，为随机变量。

D_b："纯捆绑销售+完全信息"时捆绑产品的需求，为随机变量。

D_{br}："纯捆绑销售+部分信息"时捆绑产品的需求，为随机变量。

p_b："纯捆绑销售+完全信息"时每单位捆绑产品的零售价，为决策变量。

p_{br}："纯捆绑销售+部分信息"时每单位捆绑产品的零售价，为决策变量。

θ：成熟产品和新产品之间关系的因子。

M：市场总人数，标准化为1。

3.3 成熟产品和新产品单独销售的基准模型

3.3.1 "单独销售+完全信息"的基准模型

零售商对市场需求的预测来源于消费者对消费剩余的判断。在"单独销售+完全信息"下（见图3.1），结合 Venkatesh 和 Kamakura（2003）[①] 的研究，消费者只购买成熟产品的充分条件为

$$\{x \geqslant p_1\} \cap \{x - p_1 > y - p_2\} \cap \{x - p_1 > x + y - p_1 - p_2\}$$

其中，$\{x \geqslant p_1\}$ 代表消费者的参与约束，即只有消费者对成熟产品的支付意愿高于价格时，消费者才可能购买。$\{x - p_1 > y - p_2\} \cap \{x - p_1 > x + y - p_1 - p_2\}$ 代表激励约束，即只有消费者购买成熟产品的剩余高于购买新产品的剩余、高于同时购买两产品的剩余时，消费者才只购买成熟产品。

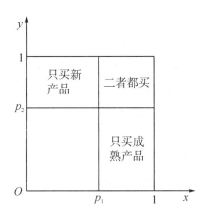

图 3.1　单独销售且信息完全时的需求

---

① VENKATESH R, KAMAKURA W. Optimal bundling and pricing under a monopoly：Contrasting complements and substitutes from independently valued Products ［J］. The Journal of Business, 2003, 76（2）：211-232.

同理，消费者同时购买成熟产品和新产品的充分条件是

$$\{x + y \geq p_1 + p_2\} \cap \{x + y - p_1 - p_2 > x - p_1\} \cap \{x + y - p_1 - p_2 > y - p_2\}$$

只购买新产品的充分条件是

$$\{y \geq p_2\} \cap \{y - p_2 > x - p_1\} \cap \{y - p_2 > x + y - p_1 - p_2\}$$

根据本章基本假设（3），x，y 相互独立，同时 $x \in [0, 1]$ 且服从均匀分布，有 $f(x) = 1$。因此成熟产品的需求为

$$D_1 = M \times \Pr\{[(x \geq p_1) \cap (x - p_1 > y - p_2) \cap (x - p_1 > x + y - p_1 - p_2)] \cup [(x + y \geq p_1 + p_2) \cap (x + y - p_1 - p_2 > x - p_1) \cap (x + y - p_1 - p_2 > y - p_2)]\}$$

$$= \iint_\Delta f(x, y) dx dy = \iint_\Delta f(x) g(y) dx dy$$

$$= \int_0^{p_2} \int_{p_1}^1 f(x) g(y) dx dy + \int_{p_2}^1 \int_{p_1}^1 f(x) g(y) dx dy$$

$$= \int_0^1 (1 - p_1) dG(y) = 1 - p_1$$

这里 $\Delta = \{[(x \geq p_1) \cap (x - p_1 > y - p_2) \cap (x - p_1 > x + y - p_1 - p_2)] \cup [(x + y \geq p_1 + p_2) \cap (x + y - p_1 - p_2 > x - p_1) \cap (x + y - p_1 - p_2 > y - p_2)]\}$

同理，新产品的需求为

$$D_2 = M \times \Pr\{[(y \geq p_2) \cap (y - p_2 > x - p_1) \cap (y - p_2 > x + y - p_1 - p_2)] \cup [(x + y \geq p_1 + p_2) \cap (x + y - p_1 - p_2 > x - p_1) \cap (x + y - p_1 - p_2 > y - p_2)]\}$$

$$= \int_{p_2}^1 \int_0^{p_1} f(x) g(y) dx dy + \int_{p_2}^1 \int_{p_1}^1 f(x) g(y) dx dy = \int_{p_2}^1 dG(y)$$

因此，单独销售且信息完全时零售商的期望利润为

$$\Pi(p_1, p_2) = (p_1 - c_1) D_1 + (p_2 - c_2) D_2 = (p_1 - c_1)(1 - p_1) + (p_2 - c_2) \int_{p_2}^1 dG(y)$$

零售商的目标为 $\max\limits_{p_1, p_2} \Pi(p_1, p_2)$。易知成熟产品的最优价格为 $p_1^* = \dfrac{1 + c_1}{2}$，因此单独销售且信息完全时零售商的最优利润为

$$\Pi(p_1^*, p_2) = \frac{(1 - c_1)^2}{4} + (p_2 - c_2) \int_{p_2}^1 dG(y) \tag{3.1}$$

3.3.2 "单独销售+不完全信息"的基准模型

此情景下消费者对成熟产品、新产品的需求分别为

$$D_{1r} = \int_0^1 (1 - p_{1r}) dG(y), \quad D_{2r} = \int_{p_{2r}}^1 dG(y)$$

根据前述假设,给出零售商的期望收益函数如下:

$$\Pi(p_{1r}, p_{2r}) = (p_{1r} - c_1) D_{1r} + (p_{2r} - c_2) D_{2r}$$

$$= (p_{1r} - c_1) \int_0^1 (1 - p_{1r}) dG(y) + (p_{2r} - c_2) \int_{p_{2r}}^1 dG(y)$$

$$= \int_0^{p_{2r}} (p_{1r} - c_1)(1 - p_{1r}) dG(y) + \int_{p_{2r}}^1 [(p_{1r} - c_1)(1 - p_{1r}) + p_{2r} - c_2] dG(y)$$

由于新产品支付意愿的分布未知,仅知均值方差。因此本书采用 Worst-case 鲁棒方法,零售商利润最大化的目标函数为 $\max\limits_{p_{1r}, p_{2r}}$ $\min\limits_{G \sim (\mu, \sigma^2)} \Pi(p_{1r}, p_{2r})$:

$$s.t. \begin{cases} \int_0^1 dG(y) = 1 \\ \int_0^1 y dG(y) = \mu \\ \int_0^1 y^2 dG(y) = \mu^2 + \sigma^2 \\ dG(y) \geqslant 0 \end{cases} \tag{3.2}$$

显然,$\int_0^1 y dG(y) \geqslant \int_0^1 y^2 dG(y)$,因此 $\mu \geqslant \mu^2 + \sigma^2$。

求解的总体思路是:首先写出原问题、对偶问题及其约束条件,其次根据对偶问题的互补松弛条件找出最差分布(对应于新产品的保底需求),然后根据约束条件求出原问题、对偶问题的解,判断强对偶是否成立。再求出最差分布下的利润,最后进行最优价格决策。

下面先解内层最小化问题:

$$\min\limits_{G \sim (\mu, \sigma^2)} \int_0^1 [(p_{1r} - c_1)(1 - p_{1r}) I_{0 < y \leqslant p_{2r}} + ((p_{1r} - c_1)(1 - p_{1r}) + p_{2r} - c_2)$$

$$I_{p_{2r} \leqslant y \leqslant 1}] dG(y)$$

这是一个典型的线性规划问题，下面分两种情形讨论（见图 3.2、图 3.3）。易知最差分布为两点分布。设两交点分别为 (y_1, p)，$(y_2, 1 - p)$（其中 p 为概率）且 $y_1 < y_2$。

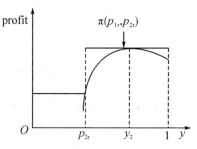

图 3.2　情形 1：交一点切一点

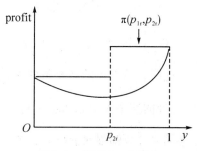

图 3.3　情形 2：交两点

情形 1：交 y_1 切 y_2。根据图 3.2 交 p_{2r} 点切 y_2 时，最差分布同样为两点分布。对偶问题为

$$\max_{z_1, z_2, z_3} \left[z_1 + \mu z_2 + (\mu^2 + \sigma^2) z_3 \right]$$

对偶约束为

$$z_1 + z_2 y + z_3 y^2 \leqslant \int_0^1 \left[(p_{1r} - c_1)(1 - p_{1r}) I_{0 < y \leqslant p_{2r}} + ((p_{1r} - c_1)(1 - p_{1r}) + p_{2r} - c_2) I_{p_{2r} \leqslant y \leqslant 1} \right] dG(y) \tag{3.3}$$

根据原问题约束式（3.2）和对偶问题约束式（3.3），必须满足：

$$\begin{cases} z_1 + z_2 y_1 + z_3 y_1^2 = (p_{1r} - c_1)(1 - p_{1r}) \\ z_1 + z_2 y_2 + z_3 y_2^2 = (p_{1r} - c_1)(1 - p_{1r}) + p_{2r} - c_2 \\ z_2 + 2 z_3 y_2 = 0 \end{cases}$$

因此，可以分别求得该情形下原问题的解为式（3.4）、对偶问题的解为式（3.5）：

$$\begin{cases} y_1 = p_{2r}, \ p = \dfrac{\sigma^2}{(\mu - p_{2r})^2 + \sigma^2} \\ y_2 = \mu + \dfrac{\sigma^2}{\mu - p_{2r}}, \ 1 - p = \dfrac{(\mu - p_{2r})^2}{(\mu - p_{2r})^2 + \sigma^2} \end{cases} \tag{3.4}$$

$$\begin{cases} z_1 = (p_{1r} - c_1)(1 - p_{1r}) + p_{2r} - c_2 - \dfrac{(p_{2r} - c_2) y_2^2}{(y_2 - p_{2r})^2} \\[4mm] z_2 = \dfrac{2 y_2 (p_{2r} - c_2)}{(y_2 - p_{2r})^2} \\[4mm] z_3 = -\dfrac{p_{2r} - c_2}{(y_2 - p_{2r})^2} \end{cases} \tag{3.5}$$

此时，情形 1 的必要条件为 $p_{2r} < y \le 1$ 且 $0 < z_2 + 2 z_3 y_1$，即对偶问题在 p_{2r} 处的斜率大于原问题在 p_{2r} 处的斜率。推出 $0 < p_{2r} \le \mu - \dfrac{\sigma^2}{1 - \mu}$。根据上述结果，可知强对偶成立，即：

$$\int_0^1 \Big[(p_{1r} - c_1)(1 - p_{1r}) I_{0 < y \le p_{2r}} + ((p_{1r} - c_1)(1 - p_{1r}) + p_{2r} - c_2)$$

$$I_{p_{2r} \le y \le 1} \Big] dG(y) = (p_{1r} - c_1)(1 - p_{1r}) + (p_{2r} - c_2) \frac{(\mu - p_{2r})^2}{(\mu - p_{2r})^2 + \sigma^2} =$$

$$\max_{z_1, z_2, z_3} \left[z_1 + \mu z_2 + (\mu^2 + \sigma^2) z_3 \right]$$

因此，当 $0 < p_{2r} \le \mu - \dfrac{\sigma^2}{1 - \mu}$ 时，零售商对成熟产品和新产品单独销售的期望利润为

$$\max_{p_{1r}, p_{2r}} \min_{G \sim (\mu, \sigma^2)} \Pi(p_{1r}, p_{2r}) = (p_{1r} - c_1)(1 - p_{1r}) + (p_{2r} - c_2) \frac{(\mu - p_{2r})^2}{(\mu - p_{2r})^2 + \sigma^2} \tag{3.6}$$

根据式（3.6）易知成熟产品的最优定价为 $p_{1r}^* = \dfrac{1 + c_1}{2}$。令 $\Pi(p_{2r}) = (p_{2r} - c_2) \dfrac{(\mu - p_{2r})^2}{(\mu - p_{2r})^2 + \sigma^2}$，$\Pi(p_{2r})$ 连续可微，$\Pi(p_{2r})$ 对 p_{2r} 求一阶导数，

有 $\dfrac{d\Pi(p_{2r})}{dp_{2r}} = (p_{2r} - c_2) \dfrac{2(p_{2r} - \mu) \sigma^2}{((\mu - p_{2r})^2 + \sigma^2)^2} + \dfrac{(p_{2r} - \mu)^2}{(\mu - p_{2r})^2 + \sigma^2}$，下面判断 $\Pi(p_{2r})$ 在 0 点的一阶导数值，为

$$\Pi'(0) = \frac{\mu}{\mu^2 + \sigma^2} \left(\mu + \frac{2 c_2 \sigma^2}{\mu^2 + \sigma^2} \right) > 0 \tag{3.7}$$

根据式（3.7），零售商采用"单独销售+不完全信息"策略时，其销售产品的利润总是大于 0。因此，零售商对新产品的最优鲁棒定价在上界

取得，为

$$p_{2r}^* = \mu - \frac{\sigma^2}{1 - \mu} \tag{3.8}$$

情形 2：交 y_1，y_2 两点。根据图 3.3，易知最差分布为两点分布。若两交点分别为 (y_1, p)，$(y_2, 1-p)$，根据式（3.2）求得原问题的解为

$$\begin{cases} y_1 = 0, \ p = \dfrac{\sigma^2}{\mu^2 + \sigma^2} \\[3mm] y_2 = 1, \ 1 - p = \dfrac{\mu^2}{\mu^2 + \sigma^2} \end{cases}$$

假设原问题成立，代入目标函数为

$$\max_{p_{1r}, \ p_{2r}} \ \min_{G \sim (\mu, \ \sigma^2)} \ \Pi(p_{1r}, \ p_{2r}) = (p_{1r} - c_1)(1 - p_{1r}) + (p_{2r} - c_2)\frac{\mu^2}{\mu^2 + \sigma^2}$$

只有当 $p_{2r} = 1$ 时，零售商的利润最大化才能实现，此时成熟产品的最优定价为 $p_{1r}^* = \dfrac{1 + c_1}{2}$，新产品的需求 D_{2r} 为 0。对比式（3.6），情形 2 利润明显低于情形 1。

定理 3.1 当零售商知道成熟产品的全部信息，仅知道消费者对新产品支付意愿的均值和方差信息，对成熟产品和新产品实施单独销售策略时，利润最大化的零售商制定的最优零售价为 $p_{1r}^* = \dfrac{1 + c_1}{2}$，$p_{2r}^* = \mu - \dfrac{\sigma^2}{1 - \mu}$。

该定理可以从式（3.8）、情形 2 直观看出。

因此，单独销售策略下零售商鲁棒决策时其最优利润为

$$\frac{(1 - c_1)^2}{4} + \left(\mu - \frac{\sigma^2}{1 - \mu} - c_2\right)\int_{\mu - \frac{\sigma^2}{1-\mu}}^{1} dG(y) \tag{3.9}$$

新产品和成熟产品单独销售的特点：从最优价的表达式可知，当消费者对成熟产品支付意愿的分布确定，新产品支付意愿服从均值方差的自由分布时，单独销售时新产品零售价较低，低于消费者对新产品支付意愿的均值。这与 Wong 和 Hvolby（2007）的结论一致，他们指出正是新产品需求的难以预测，造成了零售价格低的问题。可以看出，新产品单独销售在一定程度上是不利的。

3.4　成熟产品+新产品纯捆绑上市的模型

成熟产品+新产品在纯捆绑销售模式下，消费者对捆绑产品的支付意愿是一个关键问题，它反映了产品之间的关系。Venkatesh 和 Kamakura（2003）指出，消费者对捆绑产品的支付意愿表示为 $v_b = (1 + \theta)(x + y)$，这里 θ 被称为两产品的互补性因子，用来表示两产品之间的替代互补程度，显然在纯捆绑销售时该因子具有重要作用。当 $\theta = 0$ 时，两产品无关；当 $\theta > 0$ 时，两产品互补；当 $\theta < 0$ 时，两产品是替代关系。

产品互补性（$\theta > 0$）有两种来源：一种是内生的，即两种产品一旦生产出来就具有天然的互补性，比如汽车的零部件之间，这种互补性与产品的销售形式（单独销售或纯捆绑销售）无关；一种是外生的，即两种产品只有经过后天的搭配组合才能具有互补性，这种互补性与产品的销售形式有关，只有纯捆绑销售才存在互补性，比如医生开的药方、服装款式的搭配，本章重点研究这种由捆绑搭配技术所产生的互补性。因此令 $\theta > 0$。

下面分析成熟产品和新产品纯捆绑销售的情形。消费者购买捆绑产品的剩余为 $v_b - p_b$，因此消费者决策为

$$\begin{cases} 购买捆绑产品，若\{v_b - p_b \geqslant 0\} \cup \{x \geqslant p_b\} \cup \{y \geqslant p_b\} \\ 不购买捆绑产品，\text{other wise} \end{cases} \quad (3.10)$$

3.4.1　"纯捆绑销售+完全信息"的模型

根据本章假设（3.1）和（3.3）、式（3.10），当 $c_1 + c_2 < p_b \leqslant 1 + \theta$ 时，成熟产品和新产品纯捆绑后的需求为（见图 3.4）

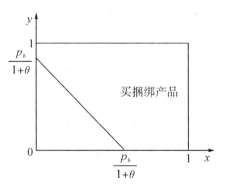

图 3.4　纯捆绑销售且信息完全时的需求

$$D_b = M \times \mathrm{Pr}\{[(1+\theta)(x+y) \geqslant p_b] \cup (x \geqslant p_b) \cup (y \geqslant p_b)\}$$

$$= \iint_{[(1+\theta)(x+y) \geqslant p_b] \cup (x \geqslant p_b) \cup (y \geqslant p_b)} f(x, y) dx dy$$

$$= \iint_{[(1+\theta)(x+y) \geqslant p_b] \cup (x \geqslant p_b) \cup (y \geqslant p_b)} f(x) g(y) dx dy$$

$$= \int_{\frac{p_b}{1+\theta}}^{1} \int_{0}^{1} f(x) g(y) dx dy + \int_{0}^{\frac{p_b}{1+\theta}} \int_{\frac{p_b}{1+\theta}-y}^{1} f(x) g(y) dx dy$$

$$= 1 + \int_{0}^{\frac{p_b}{1+\theta}} (y - \frac{p_b}{1+\theta}) dG(y)$$

因此，成熟产品和新产品纯捆绑销售且信息完全时零售商的期望利润为

$$\Pi(p_b) = (p_b - c_1 - c_2) D_b = (p_b - c_1 - c_2) \left[1 + \int_{0}^{\frac{p_b}{1+\theta}} (y - \frac{p_b}{1+\theta}) dG(y) \right],$$

$$(3.11)$$

零售商的目标是 $\max_{p_b} \Pi(p_b)$。

3.4.2 "纯捆绑销售+不完全信息" 的模型

当 $c_1 + c_2 < p_{br} \leqslant 1 + \theta$ 时，根据本章假设（3.1）和（3.3）、式（3.11）推出市场需求为

$$D_{br} = \int_{\frac{p_{br}}{1+\theta}}^{1} dG(y) + \int_{0}^{\frac{p_{br}}{1+\theta}} (1 - \frac{p_{br}}{1+\theta} + y) dG(y)$$

期望利润为

$$\Pi(p_{br}) = (p_{br} - c_1 - c_2) D_{br}$$

$$= (p_{br} - c_1 - c_2) \int_{0}^{1} \left[(1 - \frac{p_{br}}{1+\theta} + y) I_{0 < y \leqslant \frac{p_{br}}{1+\theta}} + I_{\frac{p_{br}}{1+\theta} \leqslant y \leqslant 1} \right] dG(y)$$

为了方便计算，这里令鲁棒决策下零售商的目标函数（下同）为 $\max_{p_{br}} \min_{G \sim (\mu, \sigma^2)} \Pi(p_{br})$。

求解方法同 3.3.2 节。先求内层最小化问题，原问题为 $\min_{G \sim (\mu, \sigma^2)} \Pi(p_{br})$，原问题约束同单独销售的式（3.2）。

对偶问题为 $\max[Z_1 + \mu Z_2 + (\mu^2 + \sigma^2) Z_3]$。对偶约束为

$$Z_1 + Z_2 y + Z_3 y^2 \leqslant (p_{br} - c_1 - c_2) \int_0^1 \left[\left(1 - \frac{p_{br}}{1+\theta} + y \right) I_{0 < y \leqslant \frac{p_{br}}{1+\theta}} + \right.$$

$$\left. I^{\frac{p_{br}}{1+\theta} \leqslant y \leqslant 1} \right] dG(y)_\circ$$

当零售商采用 Worst-case 方法，y 服从自由分布时，共有如下三种情形（见图 3.5、图 3.6、图 3.7）。

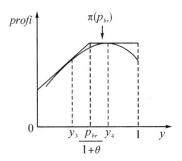
图 3.5　情形 3：切两点

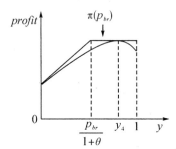
图 3.6　情形 4：交 y_3 切 y_4

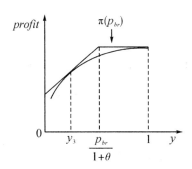
图 3.7　情形 5：切 y_3 交 y_4

三种情形下的最差分布是两点分布，假设两点为 (y_3, P)，$(y_4, 1 - P)$（这里 P 为概率），且 $y_3 < y_4$。

情形 3：根据原问题和对偶问题约束，可以分别求得该情形下原问题、对偶问题的解分别为

$$\begin{cases} y_3 = \dfrac{p_{br}}{1+\theta} - \sqrt{(\mu - \dfrac{p_{br}}{1+\theta})^2 + \sigma^2} \ , \quad P = \dfrac{\dfrac{p_{br}}{1+\theta} - \mu + \sqrt{(\mu - \dfrac{p_{br}}{1+\theta})^2 + \sigma^2}}{2\sqrt{(\mu - \dfrac{p_{br}}{1+\theta})^2 + \sigma^2}} \\[4em] y_4 = \dfrac{p_{br}}{1+\theta} + \sqrt{(\mu - \dfrac{p_{br}}{1+\theta})^2 + \sigma^2} \ , \quad 1-P = \dfrac{\mu - \dfrac{p_{br}}{1+\theta} + \sqrt{(\mu - \dfrac{p_{br}}{1+\theta})^2 + \sigma^2}}{2\sqrt{(\mu - \dfrac{p_{br}}{1+\theta})^2 + \sigma^2}} \end{cases}$$

$$Z_1 = (p_{br} - c_1 - c_2)\left(1 - \frac{(\dfrac{p_{br}}{1+\theta} + \sqrt{(\mu - \dfrac{p_{br}}{1+\theta})^2 + \sigma^2}\,)^2}{4\sqrt{(\mu - \dfrac{p_{br}}{1+\theta})^2 + \sigma^2}}\right)$$

$$Z_2 = (p_{br} - c_1 - c_2)\left(\frac{\dfrac{p_{br}}{1+\theta} + \sqrt{(\mu - \dfrac{p_{br}}{1+\theta})^2 + \sigma^2}}{2\sqrt{(\mu - \dfrac{p_{br}}{1+\theta})^2 + \sigma^2}}\right)$$

$$Z_3 = -\frac{p_{br} - c_1 - c_2}{4\sqrt{(\mu - \dfrac{p_{br}}{1+\theta})^2 + \sigma^2}}$$

由于 $(p_{br} - c_1 - c_2)\displaystyle\int_0^1 \left[(1 - \dfrac{p_{br}}{1+\theta} + y) I_{0<y\leqslant\frac{p_{br}}{1+\theta}} + I_{\frac{p_{br}}{1+\theta}\leqslant y\leqslant 1}\right] dG(y) = \dfrac{1}{2}(\mu -$

$\dfrac{p_{br}}{1+\theta} + 2 - \sqrt{(\mu - \dfrac{p_{br}}{1+\theta})^2 + \sigma^2}\,)(p_{br} - c_1 - c_2) = Z_1 + \mu Z_2 + (\mu^2 + \sigma^2) Z_3$ ，
因此强对偶成立。

此时，情形 3 的必要条件为 $0 \leqslant y_3 \leqslant \dfrac{p_{br}}{1+\theta}$ 且 $\dfrac{p_{br}}{1+\theta} \leqslant y_4 \leqslant 1$，推出

$$\frac{(1+\theta)(\mu^2 + \sigma^2)}{2\mu} \leqslant p_{br} \leqslant \frac{(1+\theta)(1 - \mu^2 - \sigma^2)}{2(1-\mu)} \ 。$$

同理，情形 4、情形 5 均可顺利求出且强对偶成立。因此，零售商采取鲁棒决策时的期望利润为分段函数：

$$\Pi(p_{br}) = \begin{cases} \Pi_1(p_{br}) = \left(1 - \dfrac{p_{br}\,\sigma^2}{(1+\theta)(\mu^2+\sigma^2)}\right)(p_{br} - c_1 - c_2), \\[4pt] \text{若 } p_{br} < \dfrac{(1+\theta)(\mu^2+\sigma^2)}{2\mu}, \\[10pt] \Pi_2(p_{br}) = \dfrac{1}{2}\Big[\big(\mu - \dfrac{p_{br}}{1+\theta} + 2 - \sqrt{(\mu - \dfrac{p_b}{1+\theta})^2 + \sigma^2}\,\big]\big)(p_b - c_1 - c_2), \\[4pt] \text{若} \dfrac{(1+\theta)(\mu^2+\sigma^2)}{2\mu} \leqslant p_{br} \leqslant (1+\theta)\dfrac{1-\mu^2-\sigma^2}{2(1-\mu)}, \\[10pt] \Pi_3(p_{br}) = \Big[\mu + (1 - \dfrac{p_{br}}{1+\theta})\dfrac{(\mu-1)^2}{(\mu-1)^2+\sigma^2}\Big](p_{br} - c_1 - c_2), \\[4pt] \text{若} \dfrac{(1+\theta)(1-\mu^2-\sigma^2)}{2(1-\mu)} < p_{br} \leqslant 1+\theta \end{cases}$$

$$(3.12)$$

若式（3.12）存在最优解 $\Pi(p_{br})$ 必须是可导的。先证连续性成立：

$$\Pi_1\left(\frac{(1+\theta)(\mu^2+\sigma^2)}{2\mu}\right) = \left(1 - \frac{\sigma^2}{2\mu}\right)\left(\frac{(1+\theta)(\mu^2+\sigma^2)}{2\mu} - c_1 - c_2\right)$$

$$= \Pi_2\left(\frac{(1+\theta)(\mu^2+\sigma^2)}{2\mu}\right)$$

$$\Pi_2\left(\frac{(1+\theta)(1-\mu^2-\sigma^2)}{2(1-\mu)}\right) = \frac{1+\mu}{2}\left(\frac{(1+\theta)(1-\mu^2-\sigma^2)}{2(1-\mu)} - c_1 - c_2\right)$$

$$= \Pi_3\left(\frac{(1+\theta)(1-\mu^2-\sigma^2)}{2(1-\mu)}\right)$$

再证明可微性成立：

$$\Pi_1'\left(\frac{(1+\theta)(\mu^2+\sigma^2)}{2\mu}\right) = 1 - \frac{\sigma^2}{\mu} + (c_1 + c_2)\frac{\sigma^2}{(1+\theta)+(\mu^2+\sigma^2)}$$

$$= \Pi_2'\left(\frac{(1+\theta)(\mu^2+\sigma^2)}{2\mu}\right)$$

$$\Pi_2'\left(\frac{(1+\theta)(1-\mu^2-\sigma^2)}{2(1-\mu)}\right) = 1 - (1+\theta - c_1 - c_2)\frac{(1-\mu)^2}{(1-\mu)^2+\sigma^2}$$

$$= \Pi_3'\left(\frac{(1+\theta)(1-\mu^2-\sigma^2)}{2(1-\mu)}\right)$$

根据式（3.12），可以判定在区间临界点的一阶导数值为

$$\begin{cases} \Pi_1'(0) = 1 + \dfrac{(c_1 + c_2)\,\sigma^2}{(1+\theta)(\mu^2 + \sigma^2)} \\[4mm] \Pi_2'\Big(\dfrac{(1+\theta)(\mu^2 + \sigma^2)}{2\mu}\Big) = 1 - \dfrac{\sigma^2}{\mu} + \dfrac{(c_1 + c_2)\,\sigma^2}{(1+\theta)(\mu^2 + \sigma^2)} \\[4mm] \Pi_3'\Big(\dfrac{(1+\theta)(1-\mu^2 - \sigma^2)}{2(1-\mu)}\Big) = 1 - \dfrac{(1+\theta - c_1 - c_2)}{1+\theta}\dfrac{(1-\mu)^2}{(1-\mu)^2 + \sigma^2} \end{cases}$$

$$(3.13)$$

根据式（3.12）、式（3.13），可以判定最优利润所在区间。由于 $\Pi_1'(0) > 0$，因此零售商在最差分布下的期望利润一定大于零。由于 $\mu^2 + \sigma^2 \leqslant \mu < 1$，易知 $\Pi_2'\Big(\dfrac{(1+\theta)(\mu^2 + \sigma^2)}{2\mu}\Big) > 0$，$\Pi_3'\Big(\dfrac{(1+\theta)(1-\mu^2 - \sigma^2)}{2(1-\mu)}\Big) > 0$。因此，最优解在 $\Pi_3(p_{br})$ 上取得且最优零售价在上界取得，为

$$p_{br}^* = 1 + \theta \tag{3.14}$$

根据本章假设（3.5），显然 $p_{br}^* > c_1 + c_2$。下面判断 θ 的范围，纯捆绑有一个基本原则：捆绑价格要小于等于消费者对两产品最高支付意愿之和，即 $p_b \leqslant 2$。因为一旦出现 $p_b > 2$，理性的消费者将不会购买捆绑产品。而本章的约束 $p_b \leqslant 1 + \theta$ 必须在 $p_b \leqslant 2$ 的前提下才能实现，因此 $0 < \theta \leqslant 1$。

定理 3.2 当零售商知道成熟产品的全部信息，仅知道消费者对新产品支付意愿的均值和方差信息，对成熟产品和新产品实施纯捆绑销售策略时，利润最大化的零售商制定的最优零售价为 $p_{br}^* = 1 + \theta$，若 $0 < \theta \leqslant 1$。

该定理可以从式（3.14）、θ 的范围直观看出。定理反映了鲁棒方法解决信息不确定问题的优势，解析解的存在更直观地说明了企业的定价策略。

此时零售商的最优利润为

$$\Pi(p_{br}^*) = (1 + \theta - c_1 - c_2)\Big[1 + \int_0^1 (y-1)\,dG(y)\Big] \tag{3.15}$$

定理 3.3 当零售商知道成熟产品的全部信息，仅知道消费者对新产品支付意愿的均值和方差信息，对成熟产品和新产品实施纯捆绑销售策略时，产品的互补性越强，则零售价越高、零售商利润越高。

该定理可以从式（3.14）、式（3.15）直观看出。定理说明了捆绑销售策略中产品互补性的价值，为企业新产品上市提供了理论支持。只要发掘一定的互补性，借助成熟产品就能推广新产品，而且创造更多收益。

命题 3.1 当零售商知道成熟产品的全部信息，仅知道消费者对新产品支付意愿的均值和方差信息，对成熟产品和新产品实施纯捆绑销售策略时，捆绑产品的最优需求量与互补性无关，与消费者对新产品的支付意愿成正比。

证明 该命题可以从"纯捆绑上市+完全信息"策略下式（3.11）中最优需求量 $1 + \int_0^{\frac{p_b}{1+\theta}} (y - \frac{p_b}{1+\theta}) dG(y)$、"纯捆绑上市+部分信息"策略下式（3.15）中最优需求量 $1 + \int_0^1 (y - 1) dG(y)$ 直观看出。说明产品互补性不是消费者购买捆绑产品的决定性因素，新产品的价值本身才是消费者最关注的。

3.5 数值分析

前述内容从模型方面，给出零售商面临信息缺失、实施纯捆绑策略时的最优定价。下面基于数值仿真分析四种销售策略下利润的差异。"单独销售+完全信息"（pure components+full information，PCFI）策略下，零售商的利润为式（3.1）。"单独销售+部分信息"（pure components+partial information，PCPI）策略下，零售商的利润为式（3.9）。"纯捆绑销售+完全信息"（pure bundling+full information，PBFI）策略下，零售商的利润为式（3.11）。"纯捆绑销售+部分信息"（pure bundlng+partial information，PBPI）策略下，零售商的利润为式（3.15）。

新产品随机支付意愿 y 的生成过程：利用 MATLAB7.1 软件，首先在 $[0, 1]$ 区间内随机生成 10 个小数 y_1，y_2，$\cdots$，y_{10}，然后对 10 个数字进行从小到大的排序。之所以只取 10 个随机数是因为如果取值个数太多，这个随机需求会接近均匀分布，而取太少分布会太特殊而不具有代表性。另外再生成一组随机数据，不需要排序，通过公式 $\frac{s_i}{\sum_{i=1}^{10} s_i}$，$i = 1, 2, \cdots$，10，得到每一个随机支付意愿对应的概率，进而可以求出均值方差。两产品关系的因子 θ 是在 $[0, 1]$ 区间均匀生成的。

式（3.11）中，完全信息时离散化的利润求解过程：首先给定 p_b 的范

围 $(c_1 + c_2, 1 + \theta]$，在每一个 p_b 下判断满足积分区间 $\left(0, \dfrac{p_b}{1 + \theta}\right]$ 的支付意愿 y，对所有在该区间的随机支付意愿通过式（3.11）离散化求和，得到对应 p_b 下的离散化利润值，最后对所有 p_b 下的利润求最大，得出离散化的最优期望利润。重复上述过程 10 000 次，求其平均值，见下述仿真分析。式（3.1）的求解过程与此类似。

3.5.1 "纯捆绑销售+完全信息"与"纯捆绑销售+部分信息"策略下零售商利润对比

下面首先比较"纯捆绑销售+完全信息"与"纯捆绑销售+部分信息"策略下零售商利润的差异程度，以判断部分信息决策的鲁棒性。

图 3.8、图 3.9 给出了两类成本结构下纯捆绑策略的利润。可以明显看出，"纯捆绑销售+完全信息"策略下与"纯捆绑销售+部分信息"策略下利润的接近程度非常理想，体现出部分信息决策的稳健性和有效性。同时，随着成本的上升，接近程度更加理想，说明当零售商纯捆绑搭售新产品和成熟产品并使其具有一定互补性时，"纯捆绑销售+部分信息"决策具有简便、高效的特点，能节约调研时间和费用，达到事半功倍的效果。为企业的产品运营决策提供了直观的启示，寻找互补产品是新产品捆绑成功的关键。事实上，互补性的存在能使消费者淡化对新产品的敏感，更多专注捆绑后的整体效果。

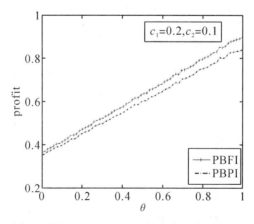

图 3.8 低成本时完全信息和部分信息纯捆绑销售策略的利润对比

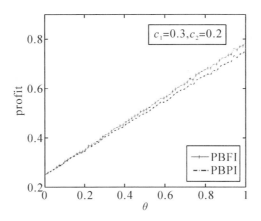

图 3.9　高成本时完全信息和部分信息纯捆绑销售策略的利润对比

3.5.2 "纯捆绑销售+部分信息"与"单独销售+完全信息"策略下零售商利润对比

下面比较"纯捆绑销售+部分信息"与"单独销售+完全信息"策略下零售商利润的差异程度,以检验产品合作的价值和有效性。图 3.10、图 3.11 给出了不同成本结构下两类策略的利润,易知当新产品和成熟产品具有一定互补性时,"纯捆绑销售+部分信息"策略下的利润高于"单独销售+完全信息"策略。这表明了产品合作的价值,产品合作降低了供应链协调的高成本和复杂的管理程序,使零售商只需关注产品篮子的搭配组合。

事实上,国外对 market basket 数据的分析也反映了产品合作的重要性。消费者购物时最常用的产品组合是纯捆绑销售的重要依据,也是零售商订货的重要考量。

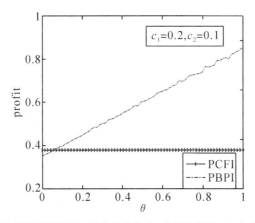

图 3.10　低成本时"纯捆绑销售+部分信息"与"单独销售+完全信息"的利润比较

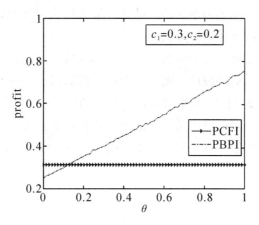

图 3.11　高成本时"纯捆绑销售+部分信息"与"单独销售+完全信息"的利润比较

3.6　本章小结

作为新产品上市的主要参与者和推动者，零售商往往面临信息缺失的困境，这是新产品引入期的普遍难题。目前，企业界选择产品延伸策略进行应对已非常普遍。以成熟产品带新产品的捆绑销售模式近年来开始流行。本章通过建立新产品捆绑上市的鲁棒定价模型，验证了"纯捆绑销售+部分信息"策略对推动新产品上市的有效性。主要结论有：

（1）面对新产品信息缺失，零售商采取成熟产品和新产品"纯捆绑销售+部分信息"策略，能够获得接近"纯捆绑销售+完全信息"策略的利润。这种鲁棒性主要体现在：当两产品具有一定互补性时，零售商采用"纯捆绑销售+部分信息"策略，其只需要获得部分信息（新产品支付意愿的均值方差），而不需花费较高成本调研全部信息，就能获得接近于完全信息时的利润。

（2）发现了产品互补性对零售商利润的重要影响。产品互补性越强则捆绑产品零售价越高、零售商的利润越高，为企业对合作产品的选择提供了理论支撑。当成熟产品和新产品有一定的互补性时，"纯捆绑销售+部分信息"策略下的利润就会高于"单独销售+完全信息"策略下的利润。

（3）发现了纯捆绑上市的价值。在消费者对新产品的支付意愿难以确定时，和具有一定互补性的成熟产品一起捆绑销售，能在一定程度上推进新产品成功上市。此举为企业的产品延伸策略提供了理论启迪，能够帮助企业采用更适合的产品合作方式。

面对新产品上市失败率极高的现实，本章虽然从信息角度，基于新产品需求信息缺失的典型特征，在产品合作方面做出了一些有益的探索，发现"纯捆绑+部分信息"策略对新产品推广的鲁棒性，能为企业进行新产品运营决策提供一定的理论借鉴，然而企业在产品销售中更多面临的是供应链问题、契约问题，这些问题需要在以后的研究中逐步解决。

4 滞销品和畅销品供给侧纯捆绑销售的供应链冲突

供给侧产能过剩是当前我国经济结构中的突出问题，滞销品去库存成为供给侧结构性改革的重中之重。为达到此目的，产能过剩的供应商往往采取将畅销品和滞销品捆绑销售的手段，以期望提高滞销品的销售量，从而实现企业的可持续发展。清华大学高层管理培训中心网站 2015 年 5 月 9 日报道，佳能的畅销产品是单反相机，它通过控制经销商门店中的单反相机与卡片机（非畅销品）的产品比重（平均卖一台单反相机至少要搭配销售四到五台卡片机），以提高其卡片机的销售量，控制着中国 15 个城市的 800 个核心经销商。而美容连锁企业克丽缇娜的捆绑销售行为却受到了加盟商集体抵制，网易财经频道 2015 年 6 月 13 日报道，克丽缇娜根据加盟商经营年限逐年递增采购量的做法，形成了较大的供应链冲突。因此，探讨捆绑销售策略下的供应链运作问题非常必要。

4.1 引言

现实问题的期许要求我们关注捆绑销售策略在供给侧结构性改革中的价值，特别是在营销和运营结合的供应链环境下，我们需要回答三个主要的问题：捆绑销售能够加速滞销品去库存吗？捆绑销售去库存对供应链的代价有多大？强势供应商如何权衡捆绑销售的利弊，做出使供应链良性发展的机制安排？

已有文献对两产品供应链运作的研究主要分为三个方面（见第 2 章文献综述部分）：一是两产品单独销售的供应链研究，以 Spengler（1950）、

Cachon（2003）为代表。二是两产品需求侧捆绑销售的供应链研究，以 Bhargava（2012）为代表。三是两产品供给侧的捆绑研究，以 Stigler（1963）、Pasternack（1991）为代表，但这些研究并未涉及供应链的分散决策。高尚等（2016）的研究虽涉及供应链，但产品局限在互补品方面，其一般性不强。已有文献对滞销品的研究多数集中在库存运作领域，起源于 Arrow 等[①]（1951）、Whitin[②]（1955）的报童模型，主要探讨在随机需求下滞销品的残值和处理问题。主要的方式是回购，Cheng 等（2013）认为，消费者的回购政策可以作为企业竞争战略去研究。Jiang 等（2015）讨论了在供应链下考虑回购的物流成本时，供应商和零售商哪个更适合对滞销品回购。

现实中，滞销品和畅销品的捆绑销售策略已经在企业界广泛运用，成为供应链重要的营销手段，需求侧的纯捆绑研究已经涌现很多成果。然而，供给侧的捆绑研究仍然不能满足实践发展的要求，不能为相关决策提供理论依据。我国供给侧去库存的改革正面临攻坚期，需要大量的学术研究以加深我们的理解。

基于此，本章在单供应商单零售商双重垄断、强势供应商具有捆绑权的供应链架构下，建立了纯捆绑型供应链的新模型，期望发现纯捆绑型供应链的新现象、新问题。通过考虑供应商单独销售和纯捆绑销售两种策略，对比了纯捆绑型供应链与传统供应链在集中决策和分散决策下的差异，探讨了供应商的纯捆绑销售策略对供应链参与方在利润、订货量、价格方面的重要差异。

研究发现，供应商的纯捆绑销售策略虽能提高滞销品销售量，但也会带给供应链新的冲突。这种冲突主要有两种表现：首先是利润冲突，纯捆绑销售策略相比于单独销售策略，降低了供应商和零售商的利润，特别是供应商自身的利润下降较多，从而打击了供应商捆绑的积极性。其次是订货量冲突，在纯捆绑销售策略下滞销品订货量的提高是以畅销品订货量的减少为代价的。因此，基于纯捆绑销售策略对供应链的新冲突，本书建议了一种机制安排：供应商在纯捆绑销售的同时采取促销努力，以缓解两类冲突并增进纯捆绑型供应链的协调。

① ARROW K J, HARRIS T, MARSCHAK J. Optimal inventory policy [J]. Econometrica, 1951, 19 (3): 250-272.

② WHITIN T M. Inventory control and price theory [J]. Management science, 1955, 2 (1): 61-68.

4.2　滞销品和畅销品供给侧单独销售的传统供应链

为了分析滞销品、畅销品捆绑销售的供应链效果，本章首先分析常用的基准供应链模型。考虑一个由单供应商单零售商组成的二级供应链系统，两产品市场需求分别为 $D_1 = a_1 - b_1 p_1$，$D_2 = a_2 - b_2 p_2$，其中 a_1，a_2 分别为滞销品、畅销品潜在的市场规模，b_1，b_2 分别为滞销品、畅销品的需求价格敏感系数，c_1，c_2 分别为滞销品、畅销品的单位成本，上述参数均大于 0。双方采用批发价契约，均追求企业利润的最大化，系统流程见图 4.1。

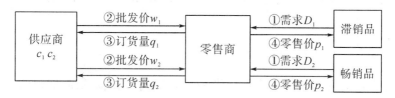

图 4.1　传统供应链下单独销售的系统流程图

集中决策时，供应链的总体利润为

$$\pi(p_{1s}, p_{2s}) = (p_{1s} - c_1)(a_1 - b_1 p_{1s}) + (p_{2s} - c_2)(a_2 - b_2 p_{2s})$$

求解得到供应链的最优订货量为 $q_{1s}{}^* = \dfrac{a_1 - b_1 c_1}{2}$，$q_{2s}{}^* = \dfrac{a_2 - b_2 c_2}{2}$，最优零售价为 $p_{1s}^* = \dfrac{a_1 + b_1 c_1}{2 b_1}$，$p_{2s}^* = \dfrac{a_2 + b_2 c_2}{2 b_2}$。集中决策下供应链的最优利润为 $\dfrac{(a_1 - b_1 c_1)^2}{4 b_1} + \dfrac{(a_2 - b_2 c_2)^2}{4 b_2}$。

分散决策时，零售商的利润函数为

$$\pi_r(p_1, p_2) = (p_1 - w_1)(a_1 - b_1 p_1) + (p_2 - w_2)(a_2 - b_2 p_2)$$

供应商的利润函数为

$$\pi_s(w_1, w_2) = (w_1 - c_1)(a_1 - b_1 p_1) + (w_2 - c_2)(a_2 - b_2 p_2)$$

双方进行 Stackelberg 博弈，供应商的最优批发价、零售商的最优零售价分别为 $w_1^* = \dfrac{a_1 + b_1 c_1}{2 b_1}$，$w_2^* = \dfrac{a_2 + b_2 c_2}{2 b_2}$，$p_1^* = \dfrac{3 a_1 + b_1 c_1}{4 b_1}$，$p_2^* =$

$\dfrac{3a_2 + b_2c_2}{4b_2}$。零售商的最优订货量为 $q_1^* = \dfrac{a_1 - b_1c_1}{4}$，$q_2^* = \dfrac{a_2 - b_2c_2}{4}$。

上述集中决策和分散决策的结果，可参考 Jeuland 等[①]（1983）的研究。因此，分散决策时供应商的最大利润为

$$\pi_s(w_1^*,\ w_2^*) = \dfrac{(a_1 - b_1c_1)^2}{8b_1} + \dfrac{(a_2 - b_2c_2)^2}{8b_2} \tag{4.1}$$

零售商的最大利润为

$$\pi_r(p_1^*,\ p_2^*) = \dfrac{(a_1 - b_1c_1)^2}{16b_1} + \dfrac{(a_2 - b_2c_2)^2}{16b_2} \tag{4.2}$$

4.3　滞销品和畅销品供给侧纯捆绑销售的供应链模型

4.3.1　纯捆绑型供应链

本节的研究基于供应商纯捆绑销售（滞销品和畅销品按固定比例捆绑）的现实，着力探讨供应商纯捆绑销售行为对供应链带来的影响，力图以最小的代价实现滞销品顺利销售，实现供应商和零售商双方共赢，为滞销品去库存提供理论支撑。

基本假设为：（4.1）供应链只销售畅销品和滞销品；（4.2）畅销品潜在市场规模较大，销售量更多；（4.3）不论供应商是否实施纯捆绑销售策略，零售商均采用单独销售策略；（4.4）畅销品和滞销品的需求是确定性的，无随机因素；（4.5）供应商在供应链中占主导地位。

在纯捆绑销售策略下，滞销品和畅销品市场需求分别为 $D_{1b} = a_1 - b_1p_{1b}$，$D_{2b} = a_2 - b_2p_{2b}$。滞销品、畅销品存在两大特征：第一，滞销品需求价格敏感系数低于畅销品，即 $b_2 > b_1$。第二，滞销品的潜在需求量低于畅销品，即 $a_1 - b_1c_1 < a_2 - b_2c_2$，且差距越大畅销程度越明显。供应商对两产品按照固定的比例捆绑销售，不失一般性，本书采用较常用的 1∶1 捆绑比例，即 $a_1 - b_1p_{1b} = a_2 - b_2p_{2b} = Q_b$，因此 $p_{1b} = \dfrac{a_1 - a_2 + b_2p_{2b}}{b_1}$。其中 D_{1b}，

---

① JEULAND A P, SHUGAN S M. Managing channel profits. Marketing Science, 1983, 2（3）: 239-272.

D_{2b} 分别为纯捆绑销售时滞销品和畅销品的市场需求，p_{1b}，p_{2b} 分别为滞销品和畅销品的零售价，w_b 为捆绑后滞销品和畅销品总批发价。供应商和零售商仍采用批发价契约，进行 Stackelberg 博弈，追求各自利润的最大化。系统流程见图4.2。

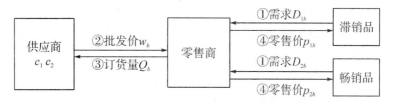

图4.2　纯捆绑销售的系统流程图

4.3.2　纯捆绑型供应链集中决策

供应链的总体利润为 $\pi(p_{1b}, p_{2b}) = (p_{1b} + p_{2b} - c_1 - c_2)Q_b$。把 p_{1b} 代入供应链的目标函数，有

$$\pi(p_{2b}) = \left[p_{2b} + \frac{a_1 - a_2 + b_2 p_{2b}}{b_1} - c_1 - c_2 \right](a_2 - b_2 p_{2b}) \quad (4.3)$$

根据式（4.3），对 p_{2b} 求一阶导数为

$$\frac{d\pi(p_{2b})}{dp_{2b}} = -\frac{2b_2(b_1 + b_2)}{b_1}p_{2b} + \frac{2a_2b_2 - a_1b_2 + b_1a_2 + b_1b_2(c_1 + c_2)}{b_1}$$

二阶导数为

$$\frac{d^2\pi(p_{2b})}{dp_{2b}^2} = -\frac{2b_2(b_1 + b_2)}{b_1} < 0$$

因此，集中决策时畅销品的最优零售价为

$$p_{2bc}^* = \frac{2a_2b_2 + a_2b_1 - b_2a_1 + b_1b_2(c_1 + c_2)}{2b_2(b_1 + b_2)}$$

进而可以求出其他的最优解如下：

$$p_{1bc}^* = \frac{2a_1b_1 + a_1b_2 - b_1a_2 + b_1b_2(c_1 + c_2)}{2b_1(b_1 + b_2)}$$

$$Q_{bc}^* = \frac{b_2(a_1 - b_1c_1)}{2(b_1 + b_2)} + \frac{b_1(a_2 - b_2c_2)}{2(b_1 + b_2)}$$

$$\pi(p_{1bc}^*, p_{2bc}^*) = \frac{[a_1b_2 + a_2b_1 - b_1b_2(c_1 + c_2)]^2}{4b_1b_2(b_1 + b_2)}$$

4.3.3　纯捆绑型供应链分散决策及其冲突

把 $p_{1b} = \dfrac{a_1 - a_2 + b_2 p_{2b}}{b_1}$ 代入双方的目标函数，则供应商的利润函数为

$$\pi_s(w_b) = (w_b - c_1 - c_2)Q_b = (w_b - c_1 - c_2)(a_2 - b_2 p_{2b})$$

零售商的利润函数为

$$
\begin{aligned}
\pi_r(p_{1b}) &= (p_{1b} + p_{2b} - w_b)Q_b \\
&= \left(p_{2b} + \frac{a_1 - a_2 + b_2 p_{2b}}{b_2} - w_b\right)(a_2 - b_2 p_{2b})
\end{aligned}
\tag{4.4}
$$

同理，可得最优的零售价为

$$p_{2b} = \frac{2a_2 b_2 + a_2 b_1 - b_2 a_1 + b_1 b_2 w_b}{2b_2(b_1 + b_2)}$$

命题 4.1　占主导地位的供应商采取纯捆绑销售策略时，供应商没有改变批发价的动力。

证明　把 p_{2b} 代入供应商的目标函数，有

$$\pi_s(w_b) = (w_b - c_1 - c_2)\left[a_2 - \frac{2a_2 b_2 - a_1 b_2 + b_1 a_2 + b_1 b_2 w_b}{2(b_1 + b_2)}\right]，$$ 对 w_b 求

一阶二阶导数 $\dfrac{d\pi_s(w_b)}{dw_b} = -\dfrac{b_1 b_2}{b_1 + b_2}w_b + \dfrac{a_1 b_2 + b_1 a_2 + b_1 b_2(c_1 + c_2)}{2(b_1 + b_2)}，$

$\dfrac{d\pi_s(w_b)}{d^2 w_b^2} = -\dfrac{b_1 b_2}{b_1 + b_2} < 0。$

因此，最优的批发价存在，可得

$$w_b^* = \frac{a_1 + b_1 c_1}{2b_1} + \frac{a_2 + b_2 c_2}{2b_2} = w_1^* + w_2^* \tag{4.5}$$

很显然，与单独销售策略相比，供应商的总批发价格保持不变，证毕。

根据式（4.5），可以求出滞销品、畅销品的最优零售价

$$p_{1b}^* = \frac{4a_1 b_1 + 3a_1 b_2 - b_1 a_2 + b_1 b_2(c_1 + c_2)}{4b_1(b_1 + b_2)} \tag{4.6}$$

$$p_{2b}^* = \frac{4a_2 b_2 + 3a_2 b_1 - b_2 a_1 + b_1 b_2(c_1 + c_2)}{4b_1(b_1 + b_2)}$$

把 p_{1b}^* 代入 Q_b，得到最优订货量：

$$Q_b^* = \frac{a_1 b_2 + a_2 b_1 - b_1 b_2(c_1 + c_2)}{4(b_1 + b_2)} = \frac{b_2}{b_1 + b_2}Q_{1r}^* + \frac{b_1}{b_1 + b_2}Q_{2r}^* \tag{4.7}$$

因此，供应商采取纯捆绑销售时供应商的最大利润为

$$\pi_s(w_b^*) = \frac{[a_1 b_2 + a_2 b_1 - b_1 b_2 (c_1 + c_2)]^2}{8 b_1 b_2 (b_1 + b_2)} \tag{4.8}$$

零售商的最大利润为

$$\pi_r(p_{1b}^*, p_{2b}^*) = \frac{[a_1 b_2 + a_2 b_1 - b_1 b_2 (c_1 + c_2)]^2}{16 b_1 b_2 (b_1 + b_2)} \tag{4.9}$$

定理4.1 纯捆绑销售策略的利润冲突：占主导地位的供应商采用纯捆绑销售策略时，供应链的利润冲突加剧，供应商和零售商的利润总是低于单独销售的情形，且供应商的利润下降更多。

证明 根据式（4.2）、式（4.9），两种策略下零售商利润的差异为

$$\pi_r(p_{1b}^*, p_{2b}^*) - \pi_r(p_1^*, p_2^*) = -\frac{1}{16(b_1 + b_2)}[(a_1 - b_1 c_1) - (a_2 - b_2 c_2)]^2$$
$$< 0$$

根据式（4.1）、式（4.8），两种策略下供应商利润的差异为

$$\pi_s(w_b^*) - \pi_s(w_1^*, w_2^*) = -\frac{1}{8(b_1 + b_2)}[(a_1 - b_1 c_1) - (a_2 - b_2 c_2)]^2 < 0$$

显然，供应商、零售商的利润总是低于单独销售情形，且供应商的利润下降更多。定理表明纯捆绑策略是一种零和博弈，在市场总体需求没有增加的前提下，单纯的捆绑伤害了供应链，在利润方面有较大损失。

定理4.2 纯捆绑销售策略的订货量冲突：占主导地位的供应商采取纯捆绑销售策略能提高滞销品的订货量，但降低了畅销品的订货量。

证明 单独销售策略和纯捆绑销售策略下的订货量比较如下：

$$Q_b^* - q_1^* = \frac{b_1(a_2 - b_2 c_2 - a_1 + b_1 c_1)}{4(b_1 + b_2)}$$

$$Q_b^* - q_2^* = \frac{-b_2(a_2 - b_2 c_2 - a_1 + b_1 c_1)}{4(b_1 + b_2)}$$

根据本章假设（4.2），由于畅销的销售量较大，即 $a_2 - b_2 c_2 - a_1 + b_1 c_1 > 0$，因此 $Q_b^* - q_1^* > 0$，说明纯捆绑销售能使滞销品订货量提高。同时 $Q_b^* - q_2^* < 0$，说明纯捆绑销售降低了畅销品的订货量，形成了纯捆绑销售策略的订货量冲突。同样的道理，纯捆绑的零和博弈在订货量方面仍然不利。

命题 4.2　纯捆绑后零售商的定价策略：纯捆绑策略下滞销品的零售价低于单独销售情形，畅销品的零售价高于单独销售情形。

证明　单独销售策略和纯捆绑销售策略下的零售价比较如下：

$$p_{1b}^* - p_1^* = \frac{-(a_2 - b_2 c_2 - a_1 + b_1 c_1)}{4(b_1 + b_2)}$$

$$p_{2b}^* - p_2^* = \frac{a_2 - b_2 c_2 - a_1 + b_1 c_1}{4(b_1 + b_2)}$$

根据本章假设（4.2），畅销品的销售量更高，即 $a_2 - b_2 c_2 - a_1 + b_1 c_1 > 0$，因此，纯捆绑销售时滞销品的零售价更低，畅销品的零售价更高。正是纯捆绑的强制性，使得零售商为了减少滞销品库存选择了降低滞销品价格，而为了保证整体利润又不得不提高畅销品价格，企业面临两难境地。

4.4　数值分析

前面模型给出了单独销售（PC）、纯捆绑销售（PB）的最优决策。下面采用数值对比两种销售策略，探索纯捆绑销售策略下供应链冲突的程度、趋势，分析协调的可行性。主要分析：①供应商、零售商的利润冲突；②滞销品、畅销品的订货量冲突。

考虑到现实背景，参考有关文献的数据，令 $a_1 = 400$，$a_2 = 1000$，$b_2 = 10$，$c_1 = 10$，$c_2 = 30$。下述 4.4.1 节、4.4.2 节主要关注纯捆绑销售对利润和订货量的影响，令 $1 \leq b_1 \leq 10$，对 b_1 进行比较静态分析。

4.4.1　纯捆绑销售策略下的利润冲突

从图 4.3、图 4.4 可以看出，相比于单独销售策略，纯捆绑销售策略下整个供应链利润、供应商利润、零售商利润都同步降低，且供应商的利润下降明显多于零售商的利润下降，说明纯捆绑销售行为造成了全方位的利润扭曲。同时，随着 b_1 的上升，这种扭曲和冲突愈发明显，说明滞销品需求对价格的敏感程度越高，采用纯捆绑销售策略越不利。

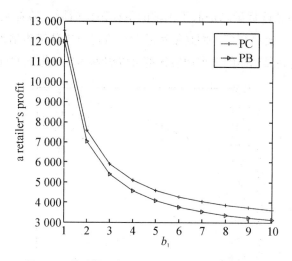

图 4.3　单独销售与纯捆绑销售下零售商的利润

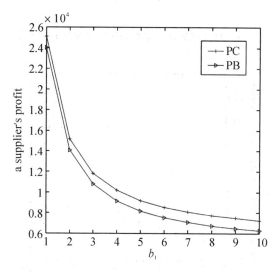

图 4.4　单独销售与纯捆绑销售下供应商的利润

4.4.2　纯捆绑销售策略下的订货量冲突

从图 4.5、图 4.6 看，纯捆绑销售下滞销品的订货量显著提高，这是强势供应商捆绑滞销品和畅销品的最初动因和要达到的主要效果。特别是在滞销品需求价格敏感系数较大时（$b_1 = 4$），捆绑能增加滞销品 27% 的销售量（$Q_b^* = 114.3$，$Q_1^* = 90$）。然而纯捆绑销售对畅销品带来的伤害也显而易见，畅销品订货量总是低于正常的单独销售情形。随着 b_1 的上升，滞销品的订货量会提高很多，而且畅销品的订货量与单独销售情形的差距越来越小，说明提高滞销品的需求敏感程度可以缓解捆绑销售下的订货量冲突。

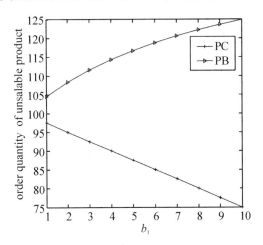

图 4.5　单独销售与纯捆绑销售下滞销品的订货量

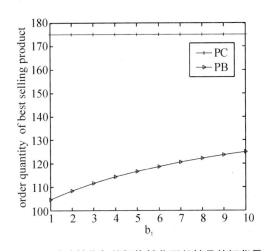

图 4.6　单独销售与纯捆绑销售下畅销品的订货量

　　综上所述，供应商在纯捆绑销售策略下，造成供应链在利润方面"双输"的主要原因是供应商在强制捆绑的同时供应链并未获得激励。一旦强势供应商不能激励零售商的销售行为，则纯捆绑型供应链就只能实现以牺牲利润换取销量、实现市场出清的唯一目的。这是纯捆绑型供应链最严重的冲突之一。

供应商实施纯捆绑策略，把滞销品和畅销品同时售卖给零售商，在一定程度上减轻了供应商的存货压力，但也形成新的供应链冲突。在确定性需求下，供应商为了减缓这种冲突，可以在捆绑的同时付出促销努力，使零售商得利。

4.5　本章小结

在供给侧结构性改革的大背景下，滞销品的去库存迫在眉睫。然而，以往的研究更多强调需求侧捆绑（Bhargava，2012），对供应商的捆绑行为关注较少。本书基于供应商的滞销品和畅销品纯捆绑销售策略，在供应链只销售两种产品且市场出清的前提下，尝试构建了供应商捆绑滞销品和畅销品的供应链模型，揭示了纯捆绑销售策略对供应链的影响，为供给侧捆绑问题做出了新的探索。

研究表明，强势供应商的纯捆绑销售策略在滞销品订货量提高方面作用明显。然而相比于单独销售情形，这种纯捆绑销售策略会带来两类冲突：

（1）利润冲突。表现为强势供应商的纯捆绑销售策略使供应商、零售商的利润下降，而且供应商自身的利润下降更多。

（2）订货量冲突。表现为滞销品订货量提高的同时畅销品订货量会降低。

然而，现实中捆绑销售策略受到不确定信息、其他契约结构等多方面的影响，如何采用更多措施协调纯捆绑型供应链将是下一步深入研究的重点。

5 滞销品确定需求下
供给侧纯捆绑型供应链协调

4.3 节表明，强势供应商采取纯捆绑销售策略以后，纯捆绑型供应链造成了主从方的"双输"局面，加剧了"双重边际效应"。根本原因在于，纯捆绑型供应链仍然是一个零和博弈，供应商捆绑以后没有对零售商形成激励，造成的结果是供应链只能在价格和订货量方面做出调整，进而对滞销品和畅销品的作用此消彼长。事实上，在确定性需求下，作为主方的供应商在采取纯捆绑策略的同时，必须对滞销品付出促销努力，否则零售商可能会寻找替代品，最终造成供应商的损失。

因此，供应链中占主导地位的供应商面临两种选择：一是在纯捆绑销售的同时，供应商自身主动做出促销努力，以激励零售商扩大滞销品销售量；二是供应链依据自身供应链地位和畅销品销售权，向零售商压货，零售商被动地做出销售努力，以扩大滞销品销售量。下面将分别研究上述两种情形。

5.1 滞销品加入供应商促销努力的协调手段

本节考虑滞销品加入供应商促销努力的纯捆绑型供应链，探索供应商的促销努力是否能在一定程度上协调纯捆绑型供应链，达到以较小的利润牺牲换取较大的滞销品销售。

5.1.1 模型构建

参考吴镇霞等[①]（2015）的做法，供应商付出促销努力后滞销品的需求改变为 $D_{1e} = a_1 - b_1 p_{1e} + \beta e$，畅销品的需求仍为 $D_{2e} = a_2 - b_2 p_{2e}$，其中 e 为供应商的促销努力，β 为需求对促销努力的敏感程度，为外生参数。因此 $1:1$ 捆绑时有 $a_1 - b_1 p_{1e} + \beta e = a_2 - b_2 p_{2e} = Q_e$，推出 $p_{2e} = \dfrac{a_2 - a_1 + b_1 p_{1e} - \beta e}{b_2}$。

下面仅考虑分散决策的情形。根据 Laffont 等[②]（1993）的研究，供应商的努力成本设为 $\dfrac{ke^2}{2}$，其中 k 为努力成本参数，$k > 0$。因此，零售商的目标函数为

$$\pi_r(p_{1e},\ p_{2e}) = (p_{1e} + p_{2e} - w_e)(a_1 - b_1 p_{1e} + \beta e) \tag{5.1}$$

供应商的目标函数为

$$\pi_s(w_e,\ e) = (w_e - c_1 - c_2)(a_1 - b_1 p_{1e}) - \frac{ke^2}{2} \tag{5.2}$$

先计算零售商的决策，把 $p_{2e} = \dfrac{a_2 - a_1 + b_1 p_{1e} - \beta e}{b_2}$ 代入式（5.1），求 p_{1e} 的一阶、二阶导数。二阶导数小于 0，一阶导数等于 0，可得

$$p_{1e} = \frac{2a_1 b_1 + a_1 b_2 - b_1 a_2 + b_1 b_2 w_e + (2b_1 + b_2)\beta e}{2b_1(b_1 + b_2)} \tag{5.3}$$

把式（5.3）代入供应商的目标函数，有

$$\pi_s(w_e,\ e) = \frac{w_e - c_1 - c_2}{2(b_1 + b_2)}(a_1 b_2 + b_1 a_2 - b_1 b_2 w_e + b_2 \beta e) - \frac{ke^2}{2} \tag{5.4}$$

根据式（5.4）分别对 w_e，e 求一阶二阶导数，有

$$\frac{\partial \pi_s(w_e,\ e)}{\partial w_e} = -\frac{b_1 b_2 w_e}{b_1 + b_2} + \frac{a_1 b_2 + b_1 a_2 + b_1 b_2(c_1 + c_2) + b_2 \beta e}{2(b_1 + b_2)}$$

---

① 吴镇霞，杨志林. 销售努力与质保服务联合决策的供应链模型 [J]. 大学数学，2015，31（3）：16-23.

② LAFFONT J J, TIROLE J. A theory of incentives in procurement and regulation [M]. MIT press，1993.

$$\frac{\partial^2 \pi_s(w_e, \ e)}{\partial w_e^2} = -\frac{b_1 b_2}{b_1 + b_2}$$

$$\frac{\partial \pi_s(w_e, \ e)}{\partial e} = \frac{(w_e - c_1 - c_2) b_2 \beta}{2(b_1 + b_2)} - ke, \quad \frac{\partial^2 \pi_s(w_e, \ e)}{\partial e^2} = -k$$

命题 5.1 当供应商在纯捆绑销售的同时付出促销努力，存在一个最低的努力成本参数 k，使供应链得以优化。

证明 式（5.4）关于 w_e，e 的 Hesse 矩为

$$H = \begin{pmatrix} -\dfrac{b_1 b_2}{b_1 + b_2}, & \dfrac{b_2 \beta}{2(b_1 + b_2)} \\[3mm] \dfrac{b_2 \beta}{2(b_1 + b_2)}, & -k \end{pmatrix}$$

显然，$|H| = \dfrac{b_2}{4(b_1 + b_2)^2}(4kb_1^2 + 4kb_1 b_2 - b_2 \beta^2)$。由于 $k > 0$，b_1，$b_2 > 0$，当 $4kb_1^2 + 4kb_1 b_2 > b_2 \beta^2$ 时，Hesse 阵负定，即供应商的努力成本参数满足一个下界 $k > \dfrac{b_2 \beta^2}{4kb_1^2 + 4kb_1 b_2}$，此时 w_e，e 的联合决策存在最优解。

令 $\dfrac{\partial \pi_s(w_e, \ e)}{\partial w_e} = 0$，$\dfrac{\partial \pi_s(w_e, \ e)}{\partial e} = 0$，联立方程组得到最优解为

$$e^* = \frac{\beta(a_1 b_2 + b_1 a_2 - b_1 b_2 c_1 - b_1 b_2 c_2)}{4kb_1^2 + 4kb_1 b_2 - b_2 \beta^2}$$

$$w_e^* = \frac{a_1 + b_1 c_1}{2b_1} + \frac{a_2 + b_2 c_2}{2b_2} + \frac{\beta^2(a_1 b_2 + b_1 a_2 - b_1 b_2 c_1 - b_1 b_2 c_2)}{2b_1(4kb_1^2 + 4kb_1 b_2 - b_2 \beta^2)}$$

$$p_{1e}^* = \frac{4a_1 b_1 + 3a_1 b_2 - b_1 a_2 + b_1 b_2(c_1 + c_2)}{4b_1(b_1 + b_2)} +$$

$$\frac{\beta^2(4b_1 + 3b_2)(a_1 b_2 + b_1 a_2 - b_1 b_2 c_1 - b_1 b_2 c_2)}{4b_1(b_1 + b_2)(4kb_1^2 + 4kb_1 b_2 - b_2 \beta^2)}$$

$$p_{2e}^* = \frac{4a_2 b_2 + 3a_2 b_1 - b_2 a_1 + b_1 b_2(c_1 + c_2)}{4b_2(b_1 + b_2)} -$$

$$\frac{\beta^2(a_1 b_2 + b_1 a_2 - b_1 b_2 c_1 - b_1 b_2 c_2)}{4(b_1 + b_2)(4kb_1^2 + 4kb_1 b_2 - b_2 \beta^2)}$$

$$Q_e^* = \frac{kb_1(a_1 b_2 + b_1 a_2 - b_1 b_2 c_1 - b_1 b_2 c_2)}{4kb_1^2 + 4kb_1 b_2 - b_2 \beta^2}$$

定理 5.1 在 $k > \dfrac{b_2\beta^2}{4kb_1^2 + 4kb_1b_2}$ 的条件下，当供应商对滞销品加入促销努力后，能缓解纯捆绑型供应链对订货量的扭曲，确保滞销品和畅销品订货量显著提高。

该定理可以从 Q_e^*，Q_b^* 的对比中自然得到。显然促销努力对订货量产生了正效应，减弱了纯捆绑的负效应，能够进一步优化纯捆绑型供应链。

定理 5.2 在 $k > \dfrac{b_2\beta^2}{4kb_1^2 + 4kb_1b_2}$ 的条件下，当供应商对滞销品加入促销努力后，能缓解纯捆绑型供应链对零售商利润的扭曲，确保零售商获得更大利润。同时，确保增加供应商自身的利润。定理说明纯捆绑策略的负面效应仍然存在，即使加入促销努力仍然只能缓解负效应，无法完全达到单独销售的效果。

证明 把上述最优解代入式（5.1）、式（5.2）的目标函数，此时供应商的最大利润为

$$\pi_s(w_e^*,\ e) = \frac{k(a_1b_2 + b_1a_2 - b_1b_2c_1 - b_1b_2c_2)^2}{2b_2(4kb_1^2 + 4kb_1b_2 - b_2\beta^2)} \tag{5.5}$$

零售商的最大利润为

$$\pi_r(p_{1e}^*,\ p_{2e}^*) = \frac{k^2b_1(b_1 + b_2)(a_1b_2 + b_1a_2 - b_1b_2c_1 - b_1b_2c_2)^2}{b_2(4kb_1^2 + 4kb_1b_2 - b_2\beta^2)^2} \tag{5.6}$$

供应商增加促销努力后与基准的纯捆绑型供应链相比，供应商利润对比如下：

$$\pi_s(w_e^*,\ e) - \pi_s(w_b^*) = \frac{\beta^2(a_1b_2 + b_1a_2 - b_1b_2c_1 - b_1b_2c_2)^2}{8b_1(b_1 + b_2)(4kb_1^2 + 4kb_1b_2 - b_2\beta^2)} > 0$$

零售商利润对比如下：

$$\pi_r(p_{1e}^*,\ p_{2e}^*) - \pi_r(p_{1b}^*,\ p_{2b}^*) =$$

$$\frac{\beta^2(a_1b_2 + b_1a_2 - b_1b_2c_1 - b_1b_2c_2)^2(8kb_1^2 + 8kb_1b_2 - b_2\beta^2)}{16b_1(b_1 + b_2)(4kb_1^2 + 4kb_1b_2 - b_2\beta^2)^2} > 0$$

说明供应商的促销努力能增加零售商的利润。同时，也能增加供应商的利润。因此，供应商对滞销品的促销努力能缓解纯捆绑型供应链在利润方面的扭曲。

5.1.2 数值分析

前面模型给出了单独销售（PC）、纯捆绑销售（PB）的最优决策。下面采用数值对比两种销售策略，探索加入供应商对滞销品促销努力时，对纯捆绑型供应链冲突的协调。

按照第 4 章的数据，令 $a_1 = 400$，$a_2 = 1000$，$b_2 = 10$，$c_1 = 10$，$c_2 = 30$。下述 5.1.2.1、5.1.2.2 考虑供应商对滞销品加入努力水平时的供应链影响，主要对 β 进行比较静态分析，令 $1 \leqslant \beta \leqslant 10$，$b_1 = 5$，$k = 8$。

5.1.2.1　滞销品加入供应商努力水平时对利润冲突的协调

考虑供应商对滞销品付出促销努力对供应链的影响。从图 5.1、图 5.2 看出，零售商和供应商利润上升迅速，始终高于纯捆绑型供应链不努力的情形。当 $\beta \geqslant 3.5$ 时，零售商利润超过单独销售情形，此时零售商获得了最大的激励。当 $\beta \geqslant 5$ 时，供应商利润超过单独销售情形。最终促销努力实现了双方的良性互动，使供应链得到优化。

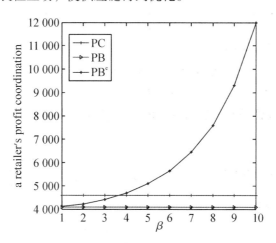

图 5.1　零售商的利润协调

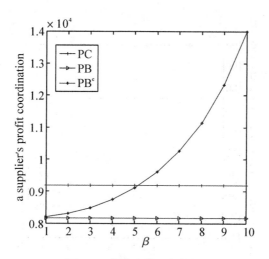

图 5.2　供应商的利润协调

5.1.2.2　滞销品加入供应商努力水平时对订货量冲突的协调

从图 5.3、图 5.4 看，在供应商的促销努力下滞销品订货量显著提高。最重要的是，畅销品订货量比不努力情形有所增加，矫正了纯捆绑型供应链对畅销品订货量的扭曲程度。当需求对促销努力的敏感程度达到一定程度（$\beta = 9$），畅销品订货量会高于单独销售情形，实现利润和订货量真正的"双赢"。

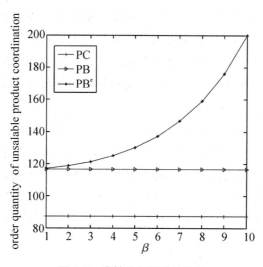

图 5.3　滞销品订货量的协调

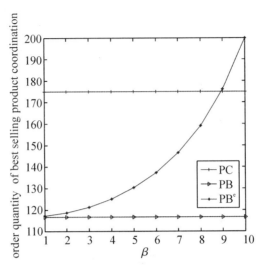

图 5.4　畅销品订货量的协调

5.2　滞销品加入零售商促销努力的协调手段

为了解决供应商纯捆绑对供应链的冲突和扭曲，本节探讨供应商压货的情形。供应商只针对滞销品压货，畅销品依据市场需求量确定，零售商在订购滞销品时只需订购比市场需求量更大的数量即可。压货是一种相对松散的捆绑销售形式，比如服装的混批模式，零售商可以在同一个供应商处同时批发两种不同的产品。一般来说畅销品进货数量不受限制，而滞销品则要求一定的订货数量限制。

压货式捆绑的基本思路是：占供应链主导地位的供应商由于拥有畅销品，因此可以借助主导权向零售商施压（压货），通过畅销品销售资格授权等方式迫使零售商销售更多的滞销品（高于正常的市场需求量，但订货量大小由零售商确定），现有专门针对压货行为的研究文献较少。国内学者阎志俊[①]（2006）较早分析了厂家对商家的压货行为，探讨这种行为对厂家商家的危害。

---

　　① 阎志俊. 厂家对商家的"压货"现象探讨［J］. 湖南财经高等专科学校学报，2006，22（1）：3.

这种压货行为有两类主要的原因：一是自然原因。山西太行药业中药注射液不能在严寒冰雪季节野外运输，在每年 11 月底前给东北和西北的经销商压三四个月的货源，保证经销商提前向终端客户备货。二是人为的营销策略。目前来看，较为成功的案例有小米、格力。

在供应商主导、批发价契约、畅销品诱惑的三重压力下，滞销品所有权让渡给零售商，因此零售商必须付出更多销售努力实现滞销品出清。同时，供应商对畅销品的订货量不予干涉，零售商按照正常的需求量订货。压货式捆绑是一种松散的捆绑形式，从根本上说，零售商的销售努力来源于供应商的捆绑压力，在单周期下零售商需要选择一个最优的努力水平，从而确定最优订货量。

研究发现：纯捆绑销售对整个供应链是不利的，使供应商零售商利润均低于基准的单独销售策略（pure components，PC）。相比于单独销售策略，压货式捆绑销售策略下零售商销售量会明显增加，供应商利润、零售商利润均上升，是一种"双赢"的策略。

5.2.1 符号和假设

（1）符号说明

D_{1b}：纯捆绑时滞销品的市场需求；

D_{2b}：纯捆绑时畅销品的市场需求；

p_{1b}：纯捆绑时滞销品的零售价；

p_{2b}：纯捆绑时畅销品的零售价；

w_b：纯捆绑销售时滞销品、畅销品总的批发价；

D_{1m}：压货式捆绑时滞销品的市场需求；

D_2：压货式捆绑时畅销品的市场需求；

p_{1m}：压货式捆绑时滞销品的零售价；

p_2：压货式捆绑时畅销品的零售价；

w_{1m}：压货式捆绑时滞销品的批发价；

w_2：压货式捆绑时畅销品的批发价；

r：供应商对每单位滞销品订货量的返利；

β：压货式捆绑时需求对努力水平的敏感系数；

e：压货式捆绑时零售商对滞销品的努力水平；

$\dfrac{ke^2}{2}$：压货式捆绑时零售商对滞销品的努力成本。

注：上述变量均大于0。

（2）基本假设

假设5.1 供应商对畅销品依据需求量正常销售，把滞销品压货给零售商；

假设5.2 供应商实施纯捆绑销售或压货式捆绑销售策略时，零售商一直采用单独销售的策略；

假设5.3 滞销品、畅销品的需求是确定的，无随机因素；

假设5.4 供应链中供应商是主导者。

5.2.2 供应商的压货式捆绑策略

下面仅考虑分散决策的情形，并与第4章纯捆绑策略相对比。供应商、零售商双方进行 Stackelberg 博弈，目标均为利润最大化。因此，畅销品的最优批发价为 $w_2^* = \dfrac{a_2 + b_2 c_2}{2b_2}$，最优零售价为 $p_2^* = \dfrac{3a_2 + b_2 c_2}{4b_2}$，最优订货量为 $q_2^* = \dfrac{a_2 - b_2 c_2}{4}$。供应商对滞销品压货销售，因此零售商必须付出更多的销售努力 e 来增加滞销品的销售量，即 $\beta e (\beta, e > 0)$。这里 β 代表了供应商压货后滞销品需求对努力水平的敏感程度，该因子只有压货时才会存在。

下面分两种情况讨论供应商对滞销品的压货行为：①零售价批发价均不变，此时零售商的决策是最优努力水平，供应商决策是最优返利水平；②零售价批发价均改变，此时零售商的决策是最优零售价、最优努力水平，供应商决策最优批发价。

5.2.2.1 滞销品价格不变（依据原需求定价）的模型

依据原需求定价时，滞销品的最优批发价为 $w_1^* = \dfrac{a_1 + b_1 c_1}{2b_1}$，最优零售价为 $p_1^* = \dfrac{3a_1 + b_1 c_1}{4b_1}$，最优订货量为 $q_1^* = \dfrac{a_1 - b_1 c_1}{4}$。此时，畅销品的市场需求为 $D_2 = a_2 - b_2 p_2^*$。滞销品的市场需求为 $D_{1m} = a_1 - b_1 p_1^* + \beta e$。滞销品、畅销品的需求确定时，系统流程如图5.5所示。

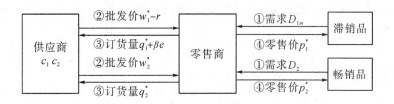

图 5.5 滞销品价格不变时压货式捆绑销售的系统流程图

同样地，本节把零售商的努力成本定义为 $\dfrac{ke^2}{2}$。两产品压货式捆绑时，零售商的利润函数为

$$\pi_r(e) = (p_2^* - w_2^*)(a_2 - b_2 p_2^*) + (p_1^* - w_1^* + r)(a_1 - b_1 p_1^* + \beta e) - \frac{ke^2}{2}$$

$$(5.7)$$

供应商的利润函数为

$$\pi_s(r) = (w_2^* - c_2)(a_2 - b_2 p_2^*) + (w_1^* - c_1 - r)(a_1 - b_1 p_1^* + \beta e)$$

$$(5.8)$$

在批发价契约下，当供应商零售商的目标均为利润最大化，且双方进行 Stackelberg 博弈时，由于畅销品不存在压货行为，其最优结果与单独订货情形相同。因此，只需研究供应链对滞销品的决策行为。

令 $\pi_{r1}(e) = (p_1^* - w_1^* + r)(a_1 - b_1 p_1^* + \beta e) - \dfrac{ke^2}{2}$

$$= (\frac{a_1 - b_1 c_1}{4b_1} + r)(\frac{a_1 - b_1 c_1}{4} + \beta e) - \frac{ke^2}{2} \qquad (5.9)$$

令 $\pi_{s1}(r) = (w_1^* - c_1 - r)(a_1 - b_1 p_1^* + \beta e)$

$$= (\frac{a_1 - b_1 c_1}{2b_1} - r)(\frac{a_1 - b_1 c_1}{4} + \beta e) \qquad (5.10)$$

根据式（5.9），对 e 求一阶、二阶导数为 $\dfrac{d\pi_{r1}(e)}{de} = \beta(\dfrac{a_1 - b_1 c_1}{4b_1} + r) - ke$，$\dfrac{d^2\pi_{r1}(e)}{de^2} = -k < 0$。因此最优解存在如下：

$$e = \frac{\beta}{k}(\frac{a_1 - b_1 c_1}{4b_1} + \gamma) \qquad (5.11)$$

把式（5.11）代入式（5.10）供应商的目标函数，有

$$\pi_{s1}(r) = (\frac{a_1 - b_1 c_1}{2b_1} - r)[\frac{a_1 - b_1 c_1}{4} + \frac{\beta^2}{k}(\frac{a_1 - b_1 c_1}{4b_1} + r)] \qquad (5.12)$$

根据式（5.12），对 r 求一阶、二阶导数为

$$\frac{d\pi_{s1}(r)}{dr} = -\frac{2\beta^2}{k}r + \frac{(\beta^2 - kb_1)(a_1 - b_1 c_1)}{4kb_1}, \frac{d^2\pi_{s1}(r)}{dr^2} = -\frac{2\beta^2}{k} < 0$$

因此供应商的最优返利为

$$r^* = \frac{(\beta^2 - kb_1)(a_1 - b_1 c_1)}{8b_1\beta^2} \qquad (5.13)$$

把式（5.13）代入式（5.11）和 D_{1m}，零售商的最优努力水平、最优订货量分别为

$$e^* = \frac{(3\beta^2 - kb_1)(a_1 - b_1 c_1)}{8kb_1\beta}$$

$$D_{1m}^* = \frac{a_1 - b_1 c_1}{4} + \frac{(3\beta^2 - kb_1)(a_1 - b_1 c_1)}{8kb_1}$$

$$(5.14)$$

由于 $r \geq 0$，根据式（5.13）得到必要条件 $\beta^2 \geq kb_1$。

因此，供应商采取压货式捆绑销售策略且按原需求定价时，零售商最大利润为

$$\pi_r(e^*) = \frac{(a_1 - b_1 c_1)^2}{16b_1}[1 + \frac{\beta^2 - kb_1}{2\beta^2} + \frac{(3\beta^2 - kb_1)^2}{8kb_1\beta^2}] + \frac{(a_2 - b_2 c_2)^2}{16b_2}$$

$$(5.15)$$

供应商的最大利润为

$$\pi_s(r^*) = \frac{(a_1 - b_1 c_1)^2}{8b_1}[1 + \frac{\beta^2}{kb_1} + \frac{(\beta^2 - kb_1)^2}{8kb_1\beta^2}] + \frac{(a_2 - b_2 c_2)^2}{8b_2}$$

$$(5.16)$$

5.2.2.2　滞销品价格变化（依据新需求定价）的模型

此时，滞销品的市场需求为 $D_{1m} = a_1 - b_1 p_1 + \beta e$。当滞销品、畅销品的需求确定时，系统流程如图 5.6 所示。

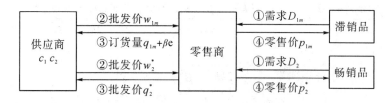

图 5.6　滞销品价格变化时压货式捆绑销售的系统流程图

零售商销售滞销品的利润为

$$\pi_{r1}(p_{1m}, e) = (p_{1m} - w_{1m})(a_1 - b_1 p_{1m} + \beta e) - \frac{ke^2}{2} \qquad (5.17)$$

供应商销售滞销品的利润为

$$\pi_{s1}(w_{1m}) = (w_{1m} - c_1)(a_1 - b_1 p_{1m} + \beta e) \qquad (5.18)$$

首先求零售商对滞销品的最优决策。根据式（5.17）分别对 p_{1m}, e 求一阶导数，为

$$\frac{\partial \pi_{r1}(p_{1m}, e)}{\partial p_{1m}} = -2b_1 p_{1m} + a_1 + b_1 w_{1m} + \beta e \qquad (5.19)$$

$$\frac{\partial \pi_{r1}(p_{1m}, e)}{\partial e} = \beta(p_{1m} - w_{1m}) - ke \qquad (5.20)$$

根据式（5.19）、式（5.20），关于 p_{1m}, e 的海赛阵如下：

$$H = \begin{pmatrix} \dfrac{\partial^2 \pi_{r1}(p_{1m}, e)}{\partial e^2}, & \dfrac{\partial^2 \pi_{r1}(p_{1m}, e)}{\partial e \partial p_{1m}} \\[2mm] \dfrac{\partial^2 \pi_{r1}(p_{1m}, e)}{\partial p_{1m} \partial e}, & \dfrac{\partial^2 \pi_{r1}(p_{1m}, e)}{\partial p_{1m}^2} \end{pmatrix} = \begin{pmatrix} -k, & \beta \\ \beta, & -2b_1 \end{pmatrix}$$

显然 $|H| = 2kb_1 - \beta^2$。由于 $-k < 0$，因此海赛阵负定的必要条件是 $2kb_1 > \beta^2$。式（5.19）、式（5.20）中一阶导数为 0 时最优解存在：

$$p_{1m} = \frac{a_1 + b_1 w_{1m} + \beta e}{2b_1}, \quad e = \frac{\beta(p_{1m} - w_{1m})}{k}$$

把 p_{1m}, e 表示为 w_{1m} 的函数为

$$p_{1m} = \frac{(kb_1 - \beta^2) w_{1m} + ka_1}{2kb_1 - \beta^2}, \quad e = \frac{\beta(a_1 - b_1 w_{1m})}{2kb_1 - \beta^2} \qquad (5.21)$$

再求供应商的最优决策，把式（5.21）代入式（5.18）中供应商的目标函数，并对 w_{1m} 分别求一阶、二阶导数：

$$\frac{d\pi_{s1}(w_{1m})}{dw_{1m}} = a_1 - b_1 \frac{(kb_1 - \beta^2)w_{1m} + ka_1}{2kb_1 - \beta^2} + \frac{\beta^2(a_1 - b_1 w_{1m})}{2kb_1 - \beta^2} -$$

$$(w_{1m} - c_1)\frac{kb_1^2}{2kb_1 - \beta^2}$$

$$\frac{d^2\pi_{s1}(w_{1m})}{dw_{1m}^2} = -\frac{2kb_1^2}{2kb_1 - \beta^2} < 0$$

则供应商的最优批发价为

$$w_{1m}^* = \frac{a_1 + b_1 c_1}{2b_1} \tag{5.22}$$

其次根据式（5.21）、式（5.22）和 q_{1m}，求得滞销品的最优零售价和零售商的最优努力水平、最优订货量：

$$\begin{cases} p_{1m}^* = \frac{1}{2kb_1 - \beta^2}\Big[\frac{(3a_1 + b_1 c_1)k}{2} - \frac{\beta^2(a_1 + b_1 c_1)}{2b_1}\Big] \\[2mm] e^* = \frac{\beta(a_1 - b_1 c_1)}{2(2kb_1 - \beta^2)} \\[2mm] q_{1m}^* = \frac{kb_1(a_1 - b_1 c_1)}{2(2kb_1 - \beta^2)} \end{cases} \tag{5.23}$$

因此，供应商采取压货式捆绑销售策略时零售商的最大利润为

$$\pi_r(p_{1m}^*, p_2^*) = \frac{(a_2 - b_2 c_2)^2}{16b_2} + \frac{k(a_1 - b_1 c_1)^2}{8(2kb_1 - \beta^2)} \tag{5.24}$$

供应商的最大利润为

$$\pi_s(w_{1m}^*, w_2^*) = \frac{(a_2 - b_2 c_2)^2}{8b_2} + \frac{k(a_1 - b_1 c_1)^2}{4(2kb_1 - \beta^2)} \tag{5.25}$$

下面探讨该情形下的约束条件。根据压货式捆绑销售前需求为正、海赛阵负定的基本原则，有

$$s.\ t. \begin{cases} a_1 - b_1 p_{1m}^* = \frac{(kb_1 - \beta^2)(a_1 - b_1 c_1)}{2kb_1 - \beta^2} > 0 \\[2mm] \beta^2 < 2kb_1 \end{cases} \tag{5.26}$$

根据式（5.26）解出压货式捆绑策略下的必要条件为 $\beta^2 < kb_1$。

定理 5.3 供应商采取压货式捆绑销售策略时，相比于单独销售策略和纯捆绑销售策略，零售商、供应商可以获得更多利润。

证明 当 $\beta^2 \geqslant kb_1$ 时，从式（5.15）、式（5.16）可以直观看出，压货式捆绑销售策略下供应商、零售商利润均高于单独销售情形。当 $\beta^2 < kb_1$ 时，比较第 4 章中式（4.2）和本章式（5.24），压货式捆绑销售策略与单独销售策略下零售商利润之差为

$$\pi_r(p_{1m}^*, p_2^*) - \pi_r(p_1^*, p_2^*) = (a_1 - b_1c_1)^2 \left(\frac{1}{16b_1 - \dfrac{8\beta^2}{k}} - \frac{1}{16b_1} \right) > 0$$

同理，根据第 4 章中式（4.1）和本章式（5.25）可知，$\pi_s(w_{1m}^*, w_2^*) - \pi_s(w_1^*, w_2^*) > 0$。因此压货式捆绑销售策略下供应商、零售商利润高于单独销售情形。同时，结合第 4 章中的定理 4.1，单独销售策略下的零售商、供应商利润高于纯捆绑情形。

定理 5.4 供应商采取压货式捆绑销售策略时，零售商对滞销品的订货量要高于单独销售的情形。

证明 当 $\beta^2 \geqslant kb_1$ 时，$q_{1m}^* = a_1 - b_1p_1^* + \beta e^* = q_1^* + \beta e^* > q_1^*$。

当 $\beta^2 < kb_1$ 时，存在 $q_{1m}^* = a_1 - b_1p_{1m}^* + \beta e^* = \dfrac{kb_1(a_1 - b_1c_1)}{2(2kb_1 - \beta^2)} > \dfrac{a_1 - b_1c_1}{4} = q_1^*$，定理成立。

结合第 4 章定理 4.2，可以看出供应商的纯捆绑销售策略带来的销售量增加是不确定的，而压货式捆绑销售策略带来的订货量增加非常明显。

定理 5.5 供应商在单独销售、纯捆绑销售、压货式捆绑销售策略下，滞销品、畅销品的批发价之和总是不变的，与单独销售策略相同。

证明 该定理可以从本章中命题 5.1、式（5.22）明显看出，供应链中占主导地位的供应商无论采用何种销售策略，都首先保证了产品的批发价不受损失，从而在一定程度上保证了价格体系的稳定性。

5.2.3 压货式捆绑销售下供应商的策略选择

从本节内容可以看出，供应商的策略选择受到 β，k，b_1 三个因素的影响。其中，b_1 与滞销品自身的需求弹性有关，β 反映了零售商付出销售努力时的回报，k 反映了零售商付出销售努力时的代价。因此对滞销品来说，零售商因素、产品因素是供应商销售策略选择的重要考量。其最优决策分为如下两类（见表 5.1）。

从表 5.1 可以看出，供应商在保持批发价格不变的前提下，当零售商的销售努力带来的需求增加较快时（β 越大），供应商应该给予零售商更多的销售返利，从而在一定程度上激励零售商做出对滞销品的努力行为。

表 5.1　混合捆绑销售下供应商的策略选择

必要条件	滞销品最优决策	畅销品最优决策
$\beta^2 \geqslant kb_1$	$p_1^* = \dfrac{3a_1 + b_1c_1}{4b_1}$	$p_2^* = \dfrac{3a_2 + b_2c_2}{4b_2}$
	$w_1^* = \dfrac{a_1 + b_1c_1}{2b_1}$	$w_2^* = \dfrac{a_2 + b_2c_2}{2b_2}$
	$D_{1m}^* = \dfrac{a_1 - b_1c_1}{4} + \dfrac{(3\beta^2 - kb_1)(a_1 - b_1c_1)}{8kb_1}$	$q_2^* = \dfrac{a_2 - b_2c_2}{4}$
	$e^* = \dfrac{(3\beta^2 - kb_1)(a_1 - b_1c_1)}{8kb_1\beta}$	
	$\gamma^* = \dfrac{(\beta^2 - kb_1)(a_1 - b_1c_1)}{8b_1\beta^2}$	
$\beta^2 < kb_1$	$p_{1m}^* = \dfrac{1}{2kb_1 - \beta^2}\Big[\dfrac{(3a_1 + b_1c_1)k}{2} - \dfrac{\beta^2(a_1 + b_1c_1)}{2b_1}\Big]$	$p_2^* = \dfrac{3a_2 + b_2c_2}{4b_2}$
	$w_{1m}^* = \dfrac{a_1 + b_1c_1}{2b_1}$	$w_2^* = \dfrac{a_2 + b_2c_2}{2b_2}$
	$q_{1m}^* = \dfrac{kb_1(a_1 - b_1c_1)}{2(2kb_1 - \beta^2)}$	$q_2^* = \dfrac{a_2 - b_2c_2}{4}$
	$e^* = \dfrac{\beta(a_1 - b_1c_1)}{2(2kb_1 - \beta^2)}$	

5.2.4　数值分析

前述模型给出了供应商在单独销售（PC）、纯捆绑销售（PB）、压货式捆绑销售（MB）策略下的最优决策。本节拟通过数值仿真分析：①三种策略下滞销品销售量的对比；②纯捆绑销售策略对基准供应链模型的进一步扭曲；③压货式捆绑销售策略对供应商、零售商的"双赢"。

同第 4 章，基本参数选取：$a_1 = 400$，$a_2 = 1000$，$c_1 = 15$，$c_2 = 20$，$b_1 = 10$，$b_2 = 20$，$k = 6$，$1 \leqslant \beta \leqslant 40$。

5.2.4.1 三种策略下滞销品销售量的对比

单独销售、纯捆绑销售、压货式捆绑销售三种策略下滞销品的订货量如下：

$$\begin{cases} \text{单独销售，} q_1^* + q_2^* = \dfrac{a_1 - b_1 c_1}{4} + \dfrac{a_2 - b_2 c_2}{4} \\[3mm] \text{纯捆绑销售，} 2q_b^* = \dfrac{b_2(a_1 - b_1 c_1)}{2(b_1 + b_2)} + \dfrac{b_1(a_2 - b_2 c_2)}{2(b_1 + b_2)} \\[3mm] \text{压货式捆绑销售且} \beta^2 \geqslant kb_1, \; q_{1m}^* + q_2^* = \dfrac{a_1 - b_1 c_1}{4} + \dfrac{a_2 - b_2 c_2}{4} + \\[3mm] \qquad\qquad\qquad\qquad\qquad\qquad\qquad\qquad \dfrac{(3\beta^2 - kb_1)(a_1 - b_1 c_1)}{8kb_1} \\[3mm] \text{压货式捆绑销售且} \beta^2 < kb_1, \; q_{1m}^* + q_2^* = \dfrac{a_2 - b_2 c_2}{4} + \dfrac{kb_1(a_1 - b_1 c_1)}{2(2kb_1 - \beta^2)} \end{cases}$$

从图5.7可以看出，纯捆绑销售与单独销售下零售商的订货量非常接近。由于参数满足 $(b_2 - b_1)[a_1 - b_1 c_1 - (a_2 - b_2 c_2)] < 0$，因此单独销售下零售商的订货量高于纯捆绑销售。在压货式捆绑销售策略下，零售商订货量高于单独销售情形。

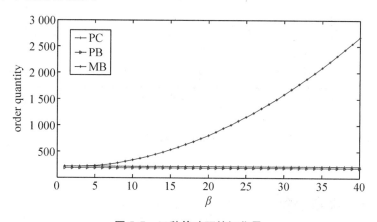

图5.7　三种策略下的订货量

5.2.4.2 三种策略下供应链利润的对比

从图5.8、图5.9可以看出，纯捆绑销售策略下供应商、零售商的利润低于单独销售情形，说明供应商的纯捆绑销售策略是对供应链的进一步扭曲。当 $\beta^2 < kb_1$ 时，三种策略下的利润非常接近。当 $\beta^2 \geqslant kb_1$ 时，单独

销售策略下供应商、零售商的利润虽高于纯捆绑销售策略，但远低于压货式捆绑销售策略。

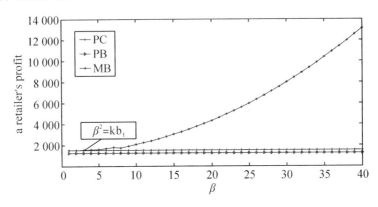

图 5.8　三种策略下零售商的利润

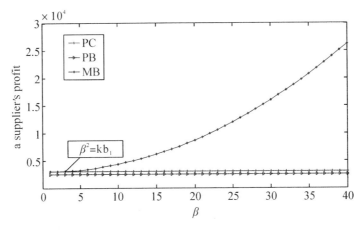

图 5.9　三种策略下供应商的利润

5.3　本章小结

在供应商面临激烈竞争的现实背景下，将滞销品和畅销品捆绑销售成为营销的重要手段，特别是在供应链中占主导的供应商更具有捆绑销售的动力和优势。强势供应商往往能通过捆绑销售实现了扩大市场的目的，但仍然可能面临零售商不配合、渠道乏力的窘境，选择适合的捆绑策略，实现供应商、零售商的"双赢"是本书研究的重要目的。通过对比供应商单独销售、纯捆绑销售、供应商付出努力、零售商努力四类策略，得出如下结论：

（1）针对纯捆绑带来的两类冲突，本书建议协调纯捆绑型供应链的机制安排。供应商可以在纯捆绑销售的同时做出促销努力，以增加零售商和供应商在纯捆绑销售的利润。同时，这种机制也能够缓解订货量冲突。事实上，纯捆绑策略类似零和博弈，造成参与企业"双输"的结果，而供应商促销努力的加入使得零和博弈成为变和博弈，产品的市场潜在需求增加了，供应链的扭曲减弱了。因此，企业在分散产品风险和市场成长性方面获得了较好的权衡。

（2）供应商的捆绑销售行为对整个供应链有重要影响，影响效果与捆绑策略密切相关。零售商付出努力的压货式捆绑销售策略下供应商、零售商利润均高于单独销售情形，实现了"双赢"。单独销售策略下供应商、零售商利润又高于纯捆绑策略，说明纯捆绑策略造成了供应链的扭曲。

（3）供应商的不同捆绑销售策略对滞销品的销量提升差异明显。纯捆绑销售策略带来的销售量增加是不确定的，而压货式捆绑销售策略带来的订货量增加立竿见影，因此从铺货率和市场份额的角度看，压货式捆绑销售更具优势。

（4）供应商在单独销售、纯捆绑销售、压货式捆绑销售策略下，滞销品、畅销品的批发价之和总是不变的。说明供应链中占主导地位的供应商无论采用何种销售策略，都首先保证了产品的批发价不受损失。

本书虽然基于供应商捆绑销售的现实，分析了供应链中强势供应商和零售商的博弈过程，理清了纯捆绑销售、供应商努力和零售商努力三类模式在滞销品销量增长方面的作用，具有一定的理论价值和实践意义。然而，零售商销售努力与滞销品需求之间的关系有可能是非线性的，探讨随机状态下的供应商捆绑销售策略将是我们下一步深入研究的重点。

6 滞销品随机需求下供给侧纯捆绑型供应链协调

前文指出，在供给端解决滞销品过剩的诸多方法中，将滞销品和畅销品纯捆绑销售的策略具有可操作性强、易于控制的典型特点，成为供应商去库存的重要利器。比如空调行业，其季节性特征决定了供应商必须在淡季保持一定规模的库存，而在销售旺季空调巨头往往采取向经销商压货，促使零售商付出销售努力的策略。在确定性需求下，虽然纯捆绑销售会带来一定的利润冲突和订货量冲突，但供应商可以通过付出促销努力或改变捆绑策略来缓解这些冲突。然而，当滞销品为随机需求时，供应商如何协调纯捆绑型供应链尚不得而知，需要进一步深入研究。

6.1 引言

现有文献的相关研究主要包括两个方面：一是探讨零售商销售努力对需求扩张的影响，参见 Chu[①]（1992）、Padmanabhan 和 Png[②]（1995）、Desai[③]（1997）、Lariviere（1999）的研究。Taylor[④]（2002）指出，在零售价

---

① CHU W. Demand signalling and screening in channels of distribution [J]. Marketing Science, 1992, 11 (4): 327-347.

② PADMANABHAN V, PNG I. Returns policies: making money by making good [J]. Sloan Management Review, 1995, 37 (1): 65-72.

③ DESAI P. Advertising fee in business-format franchising [J]. Management Science, 1997, 43 (10): 1401-1419.

④ TAYLOR T. Supply chain coordination under channel rebates with sales effort effects [J]. Management Science. 2002, 48 (8): 992-1007.

外生的两级供应链中，考虑销售努力时线性返利契约和目标返利契约都不能协调供应链。Cachon（2003）证明了在价格依赖或努力依赖的需求中，回购契约不能协调供应链。He 等①（2009）提出了含有销售努力的组合式契约，包括回购契约与收益共享契约的组合、回购契约与 SRP（the sales rebates and penalty）契约的组合、收益共享契约与 SRP 契约的组合。研究发现只有回购契约与 SRP 契约的组合能够协调含有销售努力的随机供应链。二是需求侧和供给侧捆绑销售的研究，在第 2 章文献综述部分已全面阐释。

总地来看，现有文献对供给侧捆绑销售策略的研究较少，而且供应商的捆绑销售策略在随机需求下并未有效刻画。在当前供给侧结构性改革的总体背景下，基于供应商捆绑滞销品和畅销品的现实，本书刻画了滞销品随机需求同时受到价格和促销努力影响的情形，研究目标在于如何设计合同以有效协调捆绑型供应链。

本章采用单供应商单零售商、供应商占主导地位且具有捆绑权和批发价定价权、零售商具有零售价定价权的供应链结构，构建了滞销品随机需求下捆绑型供应链的新模型。研究发现，虽然传统的回购契约、收益共享契约不能协调捆绑型供应链，但 SRP 契约能够协调纯捆绑型供应链。相比于不协调情形，SRP 契约协调能够实现供应商零售商的双赢。

6.2　滞销品随机需求下纯捆绑型供应链集中决策

考虑畅销品为确定性需求、滞销品为随机需求的情形。畅销品需求为 $D_{2b} = a_2 - b_2 p_{2b}$，其中 a_2 为畅销品潜在的市场规模，b_2 为畅销品的需求价格敏感系数，零售价 p_{2b} 已知，滞销品随机需求为 D_{1b}，订货量为 Q_b。假设供应链只销售滞销品和畅销品两种产品，供应商占主导地位且具有捆绑权，供应商在上游纯捆绑销售时零售商在下游采取单独销售策略。纯捆绑销售时，不失一般性，本章界定滞销品畅销品为 1∶1 的捆绑比例，则纯捆绑时 $a_2 - b_2 P_{2b} = Q_b$。显然订货量满足 $0 < Q_b \leqslant a_2 - b_2 P_{2b}$。系统流程图如图 6.1 所示。

① HE Y, ZHAO X, ZHAO L, et al. Coordinating a supply chain with effort and price dependent stochastic demand [J]. Applied Mathematical Modelling, 2009, 33（6）：2777-2790.

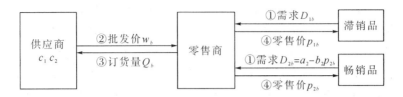

图6.1 供应商纯捆绑型供应链流程图

因此，在随机需求下滞销品的销售额为

$$S_1(Q_b, P_{1b}, e) = Q_b - \int_0^{Q_b} F(x \mid (P_{1b}, e)) \, dx$$

$$= a_2 - b_2 P_{2b} - \int_0^{a_2-b_2P_{2b}} F(x \mid (P_{1b}, e)) \, dx$$

滞销品的残值为 $I_1(Q_b, P_{1b}, e) = Q_b - S_1(Q_b, P_{1b}, e)$，因此供应链的总利润为

$$\pi(Q_b, P_{1b}, e) = P_{2b}Q_b + P_{1b}S_1(Q_b, P_{1b}, e) + v_1 I_1(Q_b, P_{1b}, e) - (c_1 + c_2)Q_b$$
$$- g(e)$$

$$= (P_{1b} + P_{2b} - c_1 - c_2)Q_b - (P_{1b} - v_1)\int_0^{Q_b} F(x \mid (P_{1b}, e)) \, dx$$
$$- g(e) \tag{6.1}$$

其中 v_1 为滞销品的单位残值，e 为零售商对滞销品的促销努力，$F(\cdot)$ 为滞销品的需求分布函数，$g(e)$ 为供应链努力的成本，我们假设 $g'(e) > 0$，$g''(e) > 0$。供应链的目标为总体利润最大化，即 $\max\pi(Q_b, P_{1b}, e)$。约束条件为 $Q_b > 0$，$P_{1b} > c_1$，$e \geq 0$。

根据式（6.1），可以得到 Q_b，P_{1b}，e 的三个一阶条件：

$$\frac{\partial \pi(Q_b, P_{1b}, e)}{\partial Q_b} = P_{1b} + P_{2b} - c_1 - c_2 - (P_{1b} - v_1)F(Q_b \mid (P_{1b}, e)) \tag{6.2}$$

$$\frac{\partial \pi(Q_b, P_{1b}, e)}{\partial P_{1b}} = Q_b - (P_{1b} - v_1)\frac{\partial \int_0^{Q_b} F(x \mid (P_{1b}, e)) \, dx}{\partial P_{1b}} - \int_0^{Q_b} F(x \mid (P_{1b}, e)) \, dx \tag{6.3}$$

$$\frac{\partial \pi(Q_b, P_{1b}, e)}{\partial e} = -(P_{1b} - v_1)\frac{\partial \int_0^{Q_b} F(x \mid (P_{1b}, e)) \, dx}{\partial e} - g'(e) \tag{6.4}$$

根据式（6.2）、式（6.3）、式（6.4），得出最优解存在的必要条件（非充分条件）：

$$\frac{\partial \pi(Q_b^*, \ p_{1b}^*, \ e^*)}{\partial Q_b^*} = \frac{\partial \pi(Q_b^*, \ p_{1b}^*, \ e^*)}{\partial p_{1b}^*} = \frac{\partial \pi(Q_b^*, \ p_{1b}^*, \ e^*)}{\partial e^*} \quad (6.5)$$

下面将根据式（6.5）中的必要条件，判断分散决策下各类契约对供应链的协调程度。

6.3　滞销品随机需求下纯捆绑型供应链分散决策

6.3.1　传统契约的情形

在分散决策下，本章考虑零售商付出促销努力的情形，供应商采用回购契约、收益共享契约、回购契约与收益共享契约的组合，以影响零售商的行为，探讨上述契约是否能够协调纯捆绑型供应链。零售价 P_{2b} 已知。

6.3.1.1　回购契约

回购契约下，供应商对滞销品未售出的部分实行回购，单位回购价格为 r，显然 $r > v_2$，否则零售商对于滞销品未售出的部分没有退货的动机，不符合基本的市场法则。

零售商的利润函数为

$$\begin{aligned}
\pi(Q_b, P_{1b}, e, r) &= P_{2b} Q_b + P_{1b} S_1(Q_b, P_{1b}, e, r) + r I_1(Q_b, P_{1b}, e, r) - \\
& \quad w_b Q_b - g(e) \\
&= (P_{1b} + P_{2b} - w_b) Q_b - (P_{1b} - r) \int_0^{Q_b} F(x \,|\, (P_{1b}, e)) \, dx - \\
& \quad g(e) \quad (6.6)
\end{aligned}$$

显然，零售商的目标是 $\max \pi_r(Q_b, \ P_{1b}, \ e, \ r)$。约束条件为

$$Q_b > 0, \ P_{1b} > c_1, \ P_{1b} + P_{2b} > w_b, \ e > 0$$

分别对式（6.6）中 Q_b，P_{1b}，e 求一阶导数：

$$\frac{\partial \pi_r(Q_b, P_{1b}, e)}{\partial Q_b} = P_{1b} + P_{2b} - w_b + (P_{1b} - r) F(Q_b \,|\, (P_{1b}, e)) \quad (6.7)$$

$$\frac{\partial \pi_r(Q_b, P_{1b}, e, r)}{\partial P_{1b}} = Q_b - (P_{1b} - r) \frac{\partial \int_0^{Q_b} F(x \mid (P_{1b}, e)) dx}{\partial P_{1b}} -$$

$$\int_0^{Q_b} F(x \mid (P_{1b}, e)) dx \qquad (6.8)$$

$$\frac{\partial \pi_r(Q_b, P_{1b}, e, r)}{\partial e} = -(P_{1b} - r) \frac{\partial \int_0^{Q_b} F(x \mid (P_{1b}, e)) dx}{\partial e} - g'(e) \qquad (6.9)$$

对比式（6.4）和式（6.9），只有 $r = v_1$ 时，最优的 e^* 才能协调供应链。$r = v_1$ 时，根据式（6.2）和式（6.7），必然有 $w_b = c_1 + c_2$，造成供应商利润为 0。因此，回购契约不能协调纯捆绑型供应链。

6.3.1.2 收益共享契约

收益共享契约下，供应商获得 $\rho(\rho < 1)$ 倍的收益，零售商获得 $1 - \rho$ 倍的收益，此时零售商的利润函数为

$$\pi_r(Q_b, P_{1b}, e, \rho) = (1 - \rho)[P_{2b}Q_b + P_{1b}S_1(Q_b, P_{1b}, e) + v_1 I_1(Q_b, P_{1b}, e)]$$
$$- w_b Q_b - g(e) = [(1 - \rho)(P_{1b} + P_{2b}) - w_b]Q_b - (1 - \rho)(P_{1b} -$$

$$v_1) \int_0^{Q_b} F(x \mid (P_{1b}, e)) dx - g(e) \qquad (6.10)$$

零售商的目标：$\max \pi_r(Q_b, P_{1b}, e, \rho)$。

约束条件：$Q_b > 0$，$P_{1b} > c_1$，$P_{1b} + P_{2b} > w_b$，$e \geqslant 0$。

同样地，分别对式（6.10）中 Q_b，P_{1b}，e 求一阶导数

$$\frac{\partial \pi_r(Q_b, P_{1b}, e, \rho)}{\partial Q_b} = (1 - \rho)(P_{1b} + P_{2b}) - w_b -$$

$$(1 - \rho)(P_{1b} + v_1)F(Q_b \mid (P_{1b}, e)) \qquad (6.11)$$

$$\frac{\partial \pi_r(Q_b, P_{1b}, e, \rho)}{\partial P_{1b}} = (1 - \rho)\left[Q_b - (P_{1b} - v_1) \frac{\partial \int_0^{Q_b} F(x \mid (P_{1b}, e)) dx}{\partial P_{1b}} -\right.$$

$$\left.\int_0^{Q_b} F(x \mid (P_{1b}, e)) dx\right] \qquad (6.12)$$

$$\frac{\partial \pi_r(Q_b, P_{1b}, e, \rho)}{\partial e} = -(1 - \rho)(P_{1b} - v_1) \frac{\partial \int_0^{Q_b} F(x \mid (P_{1b}, e)) dx}{\partial e} - g'(e)$$

$$(6.13)$$

根据式（6.4）和式（6.13），只有 $\rho = 0$ 时最优的 e^* 才能协调供应链。此时供应商的收益为 0，显然不能协调供应链。

6.3.1.3 回购契约+收益共享契约

类似于何勇等[①]（2006）的研究，回购契约与收益共享契约下，ρ 与 r 同时发挥作用，零售商的目标是

$$
\begin{aligned}
\pi_r(Q_b, P_{1b}, e, r, \rho) &= (1-\rho)[P_{2b}Q_b + P_{1b}S_1(Q_b, P_{1b}, e)] + \\
&\quad I_1(Q_b, P_{1b}, e) - w_bQ_b - g(e) \\
&= [(1-\rho)(P_{1b} + P_{2b} - r) + r - w_b]Q_b - \\
&\quad (1-\rho)(P_{1b} - r)\int_0^{Q_b} F(x \mid (P_{1b}, e))\,dx - g(e)
\end{aligned}
$$

$$(6.14)$$

零售商的目标：$\max\pi_r(Q_b, P_{1b}, e, r, \rho)$。

约束条件：$Q_b > 0$，$P_{1b} > c_1$，$P_{1b} + P_{2b} > w_b$，$e \geqslant 0$。

同样地，分别对式（6.14）中 Q_b，P_{1b}，e 求一阶导数：

$$
\begin{aligned}
\frac{\partial \pi_r(Q_b, P_{1b}, e, r, \rho)}{\partial Q_b} &= (1-\rho)(P_{1b} + P_{2b} - r) + r - w_b - \\
&\quad (1-\rho)(P_{1b} - r)F(Q_b \mid (P_{1b}, e))
\end{aligned}
\tag{6.15}
$$

$$
\begin{aligned}
\frac{\partial \pi_r(Q_b, P_{1b}, e, r, \rho)}{\partial P_{1b}} &= (1-\rho)\left[Q_b - (P_{1b} - r)\frac{\partial \int_0^{Q_b} F(x \mid (P_{1b}, e))}{\partial P_{1b}} - \right. \\
&\quad \left. \int_0^{Q_b} F(x \mid (P_{1b}, e))\,dx\right]
\end{aligned}
\tag{6.16}
$$

$$
\frac{\partial \pi_r(Q_b, P_{1b}, e, r, \rho)}{\partial e} = -(1-\rho)(P_{1b} - r)\frac{\partial \int_0^{Q_b} F(x \mid (P_{1b}, e))\,dx}{\partial e} - g'(e)
$$

$$(6.17)$$

此时对比式（6.4）和式（6.17），只有 $\rho = 0$ 才能协调供应链。因此回购+收益共享契约不能协调捆绑型供应链。

---

① 何勇，杨德礼，吴清烈. 基于努力因素的供应链利益共享契约模型研究 [J]. 计算机集成制造系统，2006, 12 (11)：1865–1868.

6.3.2 SRP 契约下纯捆绑型供应链分散决策

6.3.2.1 SRP 契约协调

在 SRP 契约下，供应商为零售商制定销售目标 T，对零售商超过（低于）销售目标的部分给予单位返利（惩罚）τ。先看零售商的决策：

$$
\begin{aligned}
\pi_r(Q_b, P_{1b}, e, \tau) &= P_{2b}Q_b + P_{1b}S_1(Q_b, P_{1b}, e) + v_1 I_1(Q_b, P_{1b}, e) + \\
&\quad \tau[S_1(Q_b, P_{1b}, e) - T] - w_b Q_b - g(e) \\
&= (P_{1b} + P_{2b} + \tau - w_b) Q_b - \tau T - \\
&\quad (P_{1b} - v_1) \int_0^{Q_b} F(x \mid (P_{1b}, e)) \, dx - g(e)
\end{aligned}
\tag{6.18}
$$

零售商的目标：$\max \pi_r(Q_b, P_{1b}, e, \tau)$。

约束条件：$Q_b > 0$，$P_{1b} > c_1$，$P_{1b} + P_{2b} > w_b$，$e \geqslant 0$。

同样地，分别对式（6.18）中 Q_b，P_{1b}，e 求一阶导数：

$$
\frac{\partial \pi_r(Q_b, P_{1b}, e, \tau)}{\partial Q_b} = P_{1b} + P_{2b} + \tau - w_b - (P_{1b} - v_1) F(Q_b \mid (P_{1b}, e))
\tag{6.19}
$$

$$
\frac{\partial \pi_r(Q_b, P_{1b}, e, \tau)}{\partial P_{1b}} = Q_b - (P_{1b} - v_1) \frac{\partial \int_0^{Q_b} F(x \mid (P_{1b}, e))}{\partial P_{1b}} - \int_0^{Q_b} F(x \mid (P_{1b}, e)) \, dx
\tag{6.20}
$$

$$
\frac{\partial \pi_r(Q_b, P_{1b}, e, \tau)}{\partial e} = - (P_{1b} - v_1) \frac{\partial \int_0^{Q_b} F(x \mid (P_{1b}, e)) \, dx}{\partial e} - g'(e)
\tag{6.21}
$$

定理 6.1 当销售返利（惩罚）满足 $\tau^* = w_b - c_1 - c_2$ 时，SRP 契约能够协调纯捆绑型供应链，使纯捆绑型供应链分散决策下零售商供应商的总利润等于集中决策的总利润。

证明 与前面的分析类似，从式（6.19）易知，只要 $\tau^* = w_b - c_1 - c_2$，即每单位未售出产品的惩罚等于批发价与成本之差，就能协调供应链。此时零售商的利润：

$$\pi_r(Q_b^*, p_{1b}^*, e^*, \tau^*) = (P_{1b} + P_{2b} + \tau - w_b) Q_b - \tau T -$$

$$(P_{1b} - v_1) \int_0^{Q_b} F(x \,|\, (P_{1b}, e)) \, dx - g(e)$$

$$= (P_{1b} + P_{2b} - c_1 - c_2) Q_b - (w_b - c_1 - c_2) T -$$

$$(P_{1b} - v_1) \int_0^{Q_b} F(x \,|\, (P_{1b}, e)) \, dx - g(e)$$

$$= \pi(Q_b^*, p_{1b}^*, e^*) - (w_b - c_1 - c_2) T$$

因此供应商的利润为 $\pi_s(Q_b^*, p_{1b}^*, e^*) = (w_b - c_1 - c_2) T$。供应商通过改变 T 可以实现多种利润分配方式,以实现双赢,证毕。

6.3.2.2 最优解

前述研究表明,在分散决策时只有在 SRP 契约下能够协调供应链。因此可以把对 SRP 契约的求解等价于对集中决策的求解。将对滞销品随机需求的表达式具体化,分为加法形式需求(Mills[①], 1959;He et al., 2009)与乘法形式需求(Karlin 和 Carr[②], 1962;Li et al., 2006)两种,本书采用加法形式需求。

设滞销品的随机性需求为 $x = y(P_{1b}, e) + \xi$,其中 $y(P_{1b}, e)$ 为确定性需求部分,即滞销品的最低需求量,ξ 为随机需求部分。根据需求规律假设 $\dfrac{\partial y(P_{1b}, e)}{\partial P_{1b}} < 0$,$\dfrac{\partial y(P_{1b}, e)}{\partial P_{1b}} < 0$,$\dfrac{\partial y(P_{1b}, e)}{\partial e} > 0$,$\dfrac{\partial^2 y(P_{1b}, e)}{\partial e^2} \leqslant 0$,随机需求部分 ξ 的密度函数和分布函数分别为 $\varphi(\cdot)$,$\Phi(\cdot)$,且 $\Phi(\cdot)$ 可逆可导可微。因此,$f[x \,|\, (P_{1b}, e)] = \varphi[x - y(P_{1b}, e)]$,$F[x \,|\, (P_{1b}, e)] = \Phi[x - y(P_{1b}, e)]$。下面计算滞销品面临加法形式需求时集中决策的结果。式(6.1)的表达式可以变化如下:

$$\pi(Q_b, P_{1b}, e) = (P_{1b} + P_{2b} - c_1 - c_2) Q_b - (P_{1b} - v_1) \int_0^{Q_b} F(x \,|\, (P_{1b}, e)) \, dx$$
$$- g(e)$$

---

① MILLS E. Uncertainty and price theory [J]. The Quarterly Journal of Economics, 1959 (73): 116-130.

② KARLIN S, CARR C R. Prices and optimal inventory policy [J]. Studies in applied probability and management science, 1962 (4): 159-172.

$$= (P_{1b} + P_{2b} - c_1 - c_2)Q_b - (P_{1b} - v_1)\int_{y(P_b,e)}^{Q_b}\Phi(x - y(P_{1b},$$

$$e))dx - g(e) \tag{6.22}$$

下面采用 He, et al. (2009) 的求解方法, 先固定 P_{1b}, e, 求出最优解:

$$Q_b^* = y(P_{1b}, e) + \Phi^{-1}(\frac{P_{1b} + P_{2b} - c_1 - c_2}{P_{1b} - v_1}) \tag{6.23}$$

把式 (6.23) 代入式 (6.22), 采用分部积分法得到

$$\pi(Q_b, P_{1b}, e) = (P_{1b} + P_{2b} - c_1 - c_2)y(P_{1b}, e) + (P_{1b} - v_1)$$

$$\int_0^{\Phi^{-1}(\frac{P_{1b}+P_{2b}-q-c_2}{P_{1b}-q_1})} \xi\phi(\xi)d\xi - g(e) \tag{6.24}$$

根据式 (6.24) 对 e 求一阶、二阶导数:

$$\frac{\partial\pi(Q_b, P_{1b}, e)}{\partial e} = (P_{1b} + P_{2b} - c_1 - c_2)\frac{\partial y(P_{1b}, e)}{\partial e} - g'(e) \tag{6.25}$$

$$\frac{\partial^2\pi(Q_b, P_{1b}, e)}{\partial e^2} = (P_{1b} + P_{2b} - c_1 - c_2)\frac{\partial^2 y(P_{1b}, e)}{\partial e^2} - g''(e) \tag{6.26}$$

根据假设, $g''(e) > 0$, $\dfrac{\partial^2 y(P_{1b}, e)}{\partial e^2} \leqslant 0$, 因此最优的 e 存在, 此时 e^* 能被表示为 P_{1b} 的函数:

$$(P_{1b} + P_{2b} - c_1 - c_2)\frac{\partial y(P_{1b}, e^*)}{\partial e} - g'(e^*) = 0$$

下面求解最优的 p_{1b}^*。需要两个假设: 第一, 需求函数 $y(P_{1b}, e)$ 在 P_{1b} 上是严格递减的, 即 $\dfrac{\partial y(P_{1b}, e)}{\partial P_{1b}} < 0$, 同时需求弹性在 P_{1b} 上是递增的, 即 $d\left(-P_{1b}\dfrac{dy(P_{1b}, e^*)/dP_{1b}}{y(P_{1b}, e^*)}\right)/dP_{1b} \geqslant 0$。第二, 随机变量 ξ 有一个递增的失败率 IFR, 即 $d(\dfrac{\phi(\xi)}{1 - \Phi(\xi)})/d\xi \geqslant 0$。在上述两个假设下, 利润函数 $\pi(Q_b, P_{1b}, e)$ 是拟凹函数, 用 Li, et al. (2002) 相似的方法可以证明在一阶导数为 0 的点 $\dfrac{\partial^2 y(P_{1b},)}{\partial p_{1b}^2} < 0$, 式 (6.24) 对 P_{1b} 求一阶导数并令其等于 0, 即

$$(p_{1b}^* + P_{2b} - c_1 - c_2) \frac{\partial y(p_{1b}^*, e)}{\partial P_{1b}} + y(p_{1b}^*, e) + \int_0^{\Phi^{-1}(\frac{p_{1b}^* + P_{2b} - c_1 - c_2}{p_{1b}^* - v_1})} \phi(\xi) d\xi +$$

$$\frac{c_1 + c_2 - v_1 - P_{2b}}{p_{1b}^* - v_1} \Phi^{-1}(\frac{P_{1b} + P_{2b} - c_1 - c_2}{P_{1b} - v_1}) = 0$$

$$(6.27)$$

可以通过一维搜索方法获得式（6.27）中的最优解 p_{1b}^*。

6.4 滞销品随机需求下纯捆绑型供应链协调前后的效果比较

本节重点考虑 SRP 契约协调对捆绑型供应链的影响，通过更直观的确定性模式设计，对比传统的不协调契约（批发价契约），发现 SRP 协调契约在利润、努力水平、订货量等方面的优势。根据 Laffont, et al. (1993)，令 $y(P_{1b}, e) = a_1 - b_1 P_{1b} + \beta e$, $g(e) = \frac{ke^2}{2}$。其中 β 为需求的努力敏感系数，k 为努力成本参数。畅销品的订货量为 $Q_b = a_2 - b_2 P_{2b}$，在 $1:1$ 捆绑时必然有 $a_1 - b_1 P_{1b} + \beta e = a_2 - b_2 P_{2b}$，即 $P_{2b} = \dfrac{a_2 - a_1 + b_1 P_{1b} - \beta e}{b_2}$。

6.4.1 SRP 契约下的协调模型

在 SRP 契约下，可以通过 5.3 节的方法求出最优解。

$$\pi(Q_b, P_{1b}, e) = (P_{1b} + P_{2b} - c_1 - c_2)(a_1 - b_1 P_{1b} + \beta e) - \frac{ke^2}{2}$$

$$= (P_{1b} + \frac{a_2 - a_1 + b_1 P_{1b} - \beta e}{b_2} - c_1 - c_2)(a_1 - b_1 P_{1b} + \beta e) - \frac{ke^2}{2} = \pi(P_{1b}, e)$$

$$(6.28)$$

根据式（6.28）对 P_{1b}, e 求一阶二阶导数：

$$\frac{\partial \pi(P_{1b}, e)}{\partial P_{1b}} = \frac{1}{b_2} [-2b_1(b_1 + b_2) P_{1b} + (b_1 + b_2)(a_1 + \beta e) -$$

$$b_1(a_2 - a_1 - \beta e - b_2(c_1 + c_2))]$$

$$(6.29)$$

$$\frac{\partial \pi(P_{1b}, e)}{\partial e} = \frac{\beta}{b_2}[-2\beta e + (2b_1 + b_2)P_{1b} - 2a_1 + a_2 - b_2(c_1 + c_2)] - ke$$

$$(6.30)$$

关于 P_{1b}, e 的海赛阵, 有

$$\begin{bmatrix} \dfrac{\partial^2 \pi(P_{1b}, e)}{\partial P_{1b}{}^2}, & \dfrac{\partial^2 \pi(P_{1b}, e)}{\partial P_{1b} \partial e} \\[3mm] \dfrac{\partial^2 \pi(P_{1b}, e)}{\partial e \partial P_{1b}}, & \dfrac{\partial^2 \pi(P_{1b}, e)}{\partial e^2} \end{bmatrix} = \begin{bmatrix} \dfrac{-2b_1(b_1 + b_2)}{b_2}, & \dfrac{\beta(2b_1 + b_2)}{b_2} \\[3mm] \dfrac{\beta(2b_1 + b_2)}{b_2}, & -\dfrac{2\beta^2}{b_2} - k \end{bmatrix}$$

$$= \frac{1}{b_2^2}[2kb_1(b_1 + b_2) - b_2\beta^2]$$

显然, $k > \dfrac{b_2\beta^2}{2b_1(b_1 + b_2)}$ 时最优解存在。令 $\dfrac{\partial \pi(P_{1b}, e)}{\partial P_{1b}} = 0$,

$\dfrac{\partial \pi(P_{1b}, e)}{\partial e} = 0$, 得最优解

$$p_{1b}^* = \frac{k[b_1b_2(c_1 + c_2) - a_2b_1 + 2a_1b_1 + a_1b_2] + \beta^2[a_2 - b_2(c_1 + c_2)]}{2kb_1(b_1 + b_2) - b_2\beta^2},$$

$$(6.31)$$

$$e^* = \frac{\beta[a_2b_1 + a_1b_2 - b_1b_2(c_1 + c_2)]}{2kb_1(b_1 + b_2) - b_2\beta^2} \tag{6.32}$$

$$p_{2b}^* = \frac{kb_1[2a_2b_2 + a_2b_1 - a_1b_2 + b_1b_2(c_1 + c_2)] - a_2b_2\beta^2}{b_2(2kb_1(b_1 + b_2) - b_2\beta^2)} \tag{6.33}$$

$$Q_b^* = \frac{kb_1[a_2b_1 + a_1b_2 - b_1b_2(c_1 + c_2)]}{2kb_1(b_1 + b_2) - b_2\beta^2} \tag{6.34}$$

$$\pi(P_{1b}^*, e^*) = \frac{k[a_2b_1 + a_1b_2 - b_1b_2(c_1 + c_2)]^2}{2b_2[2kb_1(b_1 + b_2) - b_2\beta^2]} \tag{6.35}$$

6.4.2 批发价契约下的不协调模型

此时零售商利润为

$$\pi_r(P_{1bw}, e_w) = \left(P_{1bw} + \frac{a_2 - a_1 + b_1P_{1bw} - \beta e_w}{b_2} - w_b\right)$$

$$(a_1 - b_1P_{1bw} + \beta e_w) - \frac{ke_w^2}{2}$$

同 6.4.1 节最优解存在。令 $\dfrac{\partial \pi_r(P_{1bw},\ e_w)}{\partial P_{1bw}}=0$，$\dfrac{\partial \pi_r(P_{1bw},\ e_w)}{\partial e_w}=0$，有

$$P_{1bw}=\frac{k(b_1 b_2 w_b - b_1 a_2 + 2a_1 b_1 + a_1 b_2)+\beta^2(a_2 - b_2 w_b)}{2kb_1(b_1 + b_2)-b_2 \beta^2}$$

$$e_w=\frac{\beta(b_1 a_2 + a_1 b_2 - b_1 b_2 w_b)}{2kb_1(b_1 + b_2)-b_2 \beta^2}$$

把上述 P_{1bw}，e_w 代入供应商的目标函数

$$\pi_s(w_b)=(w_b - c_1 - c_2)(a_1 + b_1 P_{1b_w}+\beta e_w)=\frac{b_1 k}{2b_1 k(b_1 + b_2)-b_2^2 \beta}(w_b - c_1$$

$$- c_2)(a_2 b_1 + a_1 b_2 - b_1 b_2 w_b)$$

显然，当 $k>\dfrac{b_2 \beta^2}{2b_1(b_1 + b_2)}$ 时，$\dfrac{\partial^2 \pi_s(w_b)}{\partial w_b^2}<0$。可以求出最优解 $w_b^{*}=$

$\dfrac{a_1 + b_1 c_1}{2b_1}+\dfrac{a_2 + b_2 c_2}{2b_2}$，从而求得最优的零售价、努力水平、最优订货量

$$p_{1bw}^{*}=\frac{b_1 k[3a_1 b_2 - a_2 b_1 + 4a_1 b_1 + b_1 b_2(c_1 + c_2)]+\beta^2[a_2 b_1 - a_1 b_2 - b_1 b_2(c_1 + c_2)]}{2b_1[2kb_1(b_1 + b_2)-b_2 \beta^2]}$$

$$(6.36)$$

$$e_w^{*}=\frac{\beta[a_2 b_1 + a_1 b_2 - b_1 b_2(c_1 + c_2)]}{2[2kb_1(b_1 + b_2)-b_2 \beta^2]} \tag{6.37}$$

$$P_{2bw}*\frac{kb_1[4_1 b_2 + 3a_2 b_1 - a_1 b_2 + b_1 b_2(c_1 + c_2)]-2a_2 b_2 \beta^2}{2b_2[2kb_1(b_1 + b_2)-b_2 \beta^2]} \tag{6.38}$$

$$Q_{bw}^{*}=\frac{kb_1[a_2 b_1 + a_1 b_2 - b_1 b_2(c_1 + c_2)]}{2[2kb_1(b_1 + b_2)-b_2 \beta^2]} \tag{6.39}$$

$$\pi_s(w_b^{*})=\frac{k[b_1 a_2 + a_1 b_2 - b_1 b_2(c_1 + c_2)]^2}{4b_2[2b_1 k(b_1 + b_2)-b_2 \beta^2]} \tag{6.40}$$

$$\pi_r(P_{1bw}*e^{*})=\frac{k[a_2 b_1 + a_1 b_2 - b_1 b_2(c_1 + c_2)]^2}{8b_2[2kb_1(b_1 + b_2)-b_2 \beta^2]} \tag{6.41}$$

定理 6.2 在纯捆绑型供应链中，相比于不协调情形，SRP 契约协调下供应商可以通过改变销售目标 T 来分配双方利润，使零售商供应商利润超过不协调的情形。

证明 首先计算双方总体利润的差距：

$$\pi(p_{1b}^*, e^*) - (\pi_r(p_{1bw}^*, e_w^*) + \pi_s(p_{1bw}^*, e_w^*)) =$$

$$\frac{k[b_1 a_2 + a_1 b_2 - b_1 b_2 (c_1 + c_2)]^2}{8 b_2 [2 k b_1 (b_1 + b_2) - b_2 \beta^2]} > 0$$

可以看出在 SRP 契约协调下双方总体利润明显上升，体现了 SRP 契约对纯捆绑型供应链协调的有效作用。同时根据 $\pi_s(Q_b^*, p_{1b}^*, e^*) = (w_b - c_1 - c_2) T$，供应商可以控制 T 激励零售商，使零售商利润高于不协调时的 $\pi_r(P_{1bw}^*, e_w^*)$，最终实现双赢，证毕。

定理 6.3 在纯捆绑型供应链中，相比于不协调情形，在 SRP 契约协调下的特征如下：畅销品零售价下降，零售商努力水平上升 1 倍，1:1 捆绑的滞销品畅销品订货量均上升 1 倍。当 $\beta^2 > b_1 k$ 时，滞销品零售价上升；当 $\beta^2 = b_1 k$ 时，滞销品零售价不变；当 $\beta^2 < b_1 k$ 时，滞销品零售价下降。

证明 通过式（6.31）与式（6.36）比较滞销品的零售价：

$$P_{1b}^* - P_{1bw}^* = \frac{(\beta^2 - b_1 k)[a_2 b_1 + a_1 b_2 - b_1 b_2 (c_1 + c_2)]}{2 b_1 [2 k b_1 (b_1 + b_2) - b_2 \beta^2]}$$

显然，当 $\beta^2 > b_1 k$ 时，滞销品零售价上升；当 $\beta^2 = b_1 k$ 时，滞销品零售价不变；当 $\beta^2 < b_1 k$ 时，滞销品零售价下降。通过式（6.33）与式（6.38）比较畅销品的零售价：$p_{2b}^* - p_{2bw}^* = -\frac{b_1 k[a_2 b_1 + a_1 b_2 - b_1 b_2 (c_1 + c_2)]}{2 b_2 [2 k b_1 (b_1 + b_2) - b_2 \beta^2]} < 0$。

因此，在 SRP 契约下畅销品零售价下降。通过式（6.32）与式（6.37）比较努力水平、式（6.34）与式（6.39）比较努力水平和订货量，易知 SRP 契约协调下零售商努力水平、1:1 捆绑的滞销品畅销品订货量均上升 1 倍，证毕。

6.5 数值分析

前面从模型层面分析了纯捆绑型供应链的协调问题，然而，相比于不协调情形（No coordination，简称 NOC），SRP 契约也带来了新的现象：畅销品零售价下降、滞销品零售价不确定。同时，SRP 契约下零售商供应商利润的上升程度也不确定。因此需要通过数值仿真分析价格和利润的趋势，进一步明确纯捆绑型供应链协调的效果。参数设置同第 4 章、第 5 章：$a_1 = 400$，$a_2 = 1000$，$c_1 = 10$，$c_2 = 30$，$b_2 = 10$，$k = 8$。考虑到现实中滞销品对价格的敏感程度较低，令 $b_1 = 5$。同时根据 $k > \dfrac{b_2 \beta^2}{2b_1(b_1 + b_2)}$，令滞销品努力程度带来的需求影响 $0 < \beta \leqslant 10$，下面主要分析 SRP 契约下 β 的变化对零售价和利润的影响。

6.5.1 SRP 契约协调对零售价的影响

从图 6.3 可以看出，在 SRP 契约下畅销品零售价下降，且 β 越大、畅销品零售价下降越快。从图 6.2 可以看出，SRP 契约协调下滞销品零售价的上升幅度一直高于不协调情形（斜率变化）。当 $\beta^2 > b_1 k$ 时，滞销品零售价上升；当 $\beta^2 = b_1 k$ 时，滞销品零售价不变；当 $\beta^2 < b_1 k$ 时，滞销品零售价下降。说明在零售商仅销售滞销品和畅销品时，SRP 契约对纯捆绑型供应链的协调使得滞销品和畅销品的零售价存在此消彼长的替代关系。

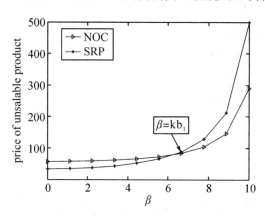

图 6.2　β 对滞销品零售价的影响

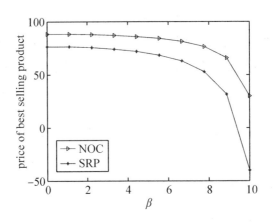

图 6.3　β 对畅销品零售价的影响

6.5.2　SRP 契约协调对利润的影响

从图 6.4 可以看出，在 SRP 契约下供应链总利润一直高于不协调情形，说明 SRP 契约能够使得零售商增加销售努力程度，进而增加滞销品的销量和盈利能力。而且随着 β 的增加，供应链总体利润呈上升态势，特别是当 $\beta \geqslant 8$ 时，总体利润快速上升，说明滞销品销售努力与供应链整体利润高度正相关。

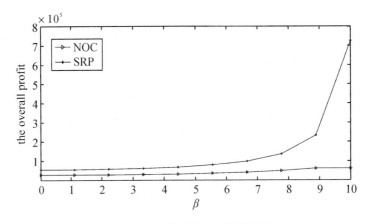

图 6.4　β 对供应链总利润的影响

6.6 本章小结

面对企业内部总是滞销品和畅销品并存的事实，占主导地位的供应商实施捆绑销售行为已非常普遍，而供应商和零售商的利益合作关系使供应链上游的捆绑销售成为可能。因此，一种新型供应链模式——纯捆绑型供应链应运而生，特别是在当前供给侧结构性改革和产能过剩的背景下。在供应链只销售两种产品、零售商对滞销品付出销售努力且需求随机的前提下，对比了SRP协调契约和不协调契约对供应链带来的影响，得出如下结论：

（1）以往对契约协调的研究仅限于传统的供应链结构（两产品单独销售），本书把契约协调引入纯捆绑型供应链结构，发现SRP契约能够协调捆绑型供应链，使纯捆绑型供应链分散决策下零售商供应商的总利润等于集中决策的总利润。

（2）当销售返利（惩罚）满足一定条件时，SRP契约协调下供应商可以通过改变销售目标T来分配双方利润。事实上，在供应商主导的供应链中，由于畅销品的存在，供应商为零售商设置销售目标，并通过返利或惩罚的手段激励零售商，这种模式在现实中非常多见。SRP契约增进了供应商与零售商的相互依赖程度，提高了双方的利润。同时，也加强了供应商对供应链的控制，而零售商利润的不减少实现了激励相容。

（3）SRP契约对纯捆绑型供应链的协调效果明显。能够使零售商努力水平上升1倍，1∶1捆绑的滞销品畅销品订货量均上升1倍，从而提高供应链效率。同时，畅销品零售价下降，也能在一定程度上让利消费者。说明了捆绑情形下SRP契约真正形成了对零售商的销售压力，零售商通过付出更多努力扩大了畅销品和滞销品的需求量，供应商通过捆绑分散了滞销品经营风险。

虽然本书基于滞销品随机需求的实践，探讨了供应商将滞销品和畅销品纯捆绑销售的可行性，并在供应链视角下给出了模型推导。然而，滞销品销售不畅的原因多种多样，比如产品质量低、售后服务不及时等，这些问题需要在未来的研究中进一步挖掘。

7 两产品完全混合捆绑(价格捆绑)的基准供应链模型

近三十年来，由于多产品问题的复杂性，多产品供应链管理一直未能取得理想的进步。Pasternack 和 Drezner（1991）考虑了一个两产品的单周期随机模型，假设随着需求的增加产品之间可以相互替代，并对比了产品替代前后的库存水平差异。尽管他们的工作涉及了多产品，但并未涉及供应链运营。然而，多产品供应链运作更符合企业实际，特别是随着产品线的日益丰富，产品的广度、宽度和深度更加复杂。多个产品之间的关系问题是多产品供应链管理的重要考量，企业的营销实践也证明了这一点。

完全混合捆绑是指企业同时提供产品 1、产品 2、捆绑产品 12（按 1∶1 比例捆绑）在市场上销售，消费者有四种购买决策：只购买产品 1、只购买产品 2、分别购买产品 1 和 2、购买捆绑产品 12。完全混合捆绑的重要性由 Bhargava 提出，他第一次把混合捆绑分为完全混合捆绑和部分混合捆绑两种类型，这种区分具有重大意义。

完全混合捆绑本质上是一种价格折扣策略，Stremersch（2002）研究了价格捆绑（price bundling）和产品捆绑（product bundling）的区别。其指出价格捆绑是指两种以上的产品捆绑在一起，采用折扣价格出售，这些产品本身都是独立的，没有进行产品整合，因此产品本身没有附加值，只是价格比单独购买便宜。

7.1 引言

假设消费者对产品 1 的最高支付意愿是 a_1，对产品 2 的最高支付意愿是 a_2，那么捆绑产品 12 的最高支付意愿应该是多少呢？以往学者的研究认为，捆绑产品 12 的最高支付意愿应该是 $a_1 + a_2$，等于产品 1、产品 2 最高支付意愿之和。Bhargava（2013）也认同这一点，即 $P_b < a_1 + a_2$，但这一约束过于宽泛。事实上，完全混合捆绑模式给出了一个新的参考点，因为过去企业价格的制定参考点是外部竞争对手的价格，而完全混合捆绑形成了内部的价格参考效应。假设产品 1、产品 2 的价格分别是 P_1，P_2，捆绑产品 12 的最高支付意愿应该是 $P_1 + P_2$，即捆绑产品 12 的价格 $P_b < P_1 + P_2$。否则消费者就不会购买捆绑产品，完全混合捆绑变成单独销售的情形。因此本书认为，$P_b < P_1 + P_2$ 应成为完全混合捆绑的基本原则。

同时，完全混合捆绑还会带来成本质量参考效应，也是一种心理效应，该效应强化了消费者对产品的认知。当捆绑产品价格折扣较少时，消费者就会认为产品 1、产品 2 的价格比较真实，而价格真实背后反映的是成本和质量的真实，因为消费者多数是依靠价格来判断成本和质量的，一般说来成本高质量好的商品价格就高。因此，消费者就会提高对产品 1、产品 2 的最高支付意愿，从而增加对产品 1、产品 2 的购买。如此，形成良性循环。相反，当捆绑产品价格折扣较多时，消费者就会认为产品 1、产品 2 的价格比较虚假，而价格虚假背后反映的是成本和质量的虚假，消费者就会降低对产品 1、产品 2 的最高支付意愿，从而减少对产品 1、产品 2 的购买。如此，形成恶性循环。因此，完全混合捆绑是一把双刃剑。

同时，1∶1 捆绑的模式使得捆绑产品的需求面临更多的随机性。若捆绑时，产品 1 价格变动 1 单位，消费者有 1 单位的需求；产品 2 价格变动 1 单位，消费者有 5 单位的需求；那么当 1∶1 捆绑的产品价格变动 2 单位时，消费者就面临多种选择：风险偏好者最多购买 5 单位的捆绑产品；风险厌恶者最少购买 1 单位的捆绑产品；风险中性者可能购买 3 单位的捆绑产品。如何刺激捆绑产品的需求是完全混合模式能否成功的关键。

直到 2006 年，学者们才开始关注竞争条件下的捆绑问题。不同于上述垄断企业产品捆绑的研究，Thanassoulis 发现，在竞争性市场上，如果消费者知道产品成本并且有确定性的偏好，捆绑同样能够增加企业利润。直到 2013 年，混合捆绑的分类才完全确立。Bhargava 发表在 MS 的文章 *Mixed bundling of two independently valued goods* 第一次提出完全混合捆绑与部分混合捆绑的思想。

目前，产品捆绑问题已成为学术研究的热点，国内外学者更多从营销角度关注了捆绑问题的两个方面：垄断的市场结构、产品定价。存在的主要问题是：第一，所有研究都只关注捆绑产品集中决策下的优化，对分散决策的供应链运作研究尚未发现。第二，大多数研究对混合捆绑的认识存在缺陷。在 Bhargava 之前，学者们没有对混合捆绑进行分类，Bhargava（2013）虽然对混合捆绑做出了科学的分类，但其关于完全混合捆绑原则的界定范围 $P_b < a_1 + a_2$ 过于宽泛，影响了结论的可靠程度。我们给出的 $P_b < P_1 + P_2$ 更符合社会现实，具有更强的应用价值。

7.2 假设、符合含义与需求函数

7.2.1 假设

本章共有 7 个假设。

假设 7.1 两产品是不相关的，即产品 1 的需求量不受产品 2 的需求量和价格的影响。该假设主要目的是简化计算，因为本书是多元决策问题，需要分别对产品 1、产品 2、捆绑产品 12 的价格进行决策，如果两产品之间存在较强的相关关系，会使目标函数出现 3 次以上的情况，增加了计算难度。

假设 7.2 两产品销售模式为完全混合捆绑。因为相比于其他销售模式，该模式覆盖的销售范围更广，具有更强的应用价值。

假设 7.3 两产品采用 1∶1 捆绑的模式。虽然现实中产品捆绑的具体模式千差万别，但 1∶1 的模式能使我们更容易发现科学规律，其他模式都是由 1∶1 变化而来。

假设 7.4 产品需求是确定的。即产品的销售实现是完全可以做到的，企业既没有库存也不存在缺货。若需求随机，本书则会有产品 1、产品 2、捆绑产品 12 三个随机需求变量，目前在供应链中处理三种随机因素还比较困难，可以作为未来研究的考虑。

假设 7.5 供应链采用批发价契约。批发价契约是最原始、最常用的契约，其重要特点是通过批发价和零售价两类定价权的博弈，为供应商和零售商优化利润分配提供了重要支撑。

假设 7.6 制造商具有捆绑权。这是因为批发价契约中供应链的主导权是制造商，只有这样制造商才能保证捆绑自己的产品，从而通过增加本企业产品的销售量以降低成本。

假设 7.7 价格的制定采用古诺定价模式。即对产品 1、产品 2、捆绑产品 12 同时定价。与 Stackelberg 定价不同的是，该模式可以较早锁定消费者的最高支付意愿。若捆绑产品 12 的折扣不大，则消费者对产品 1、产品 2 的最高支付意愿就会与产品 1、产品 2 的零售价格趋于一致。因为过去消费者判断产品 1、产品 2 的零售价格多数是来源于竞争对手的价格，完全混合捆绑出现以后，通过捆绑产品 12 的零售价格消费者就能判断产品 1、产品 2 的价格区间，进而给出自己的最高支付意愿。

7.2.2 符号含义

a_1 为产品 1 的市场规模；

a_2 为产品 2 的市场规模；

c_1 为产品 1 的生产成本；

c_2 为产品 2 的生产成本；

p_1 为不捆绑集中决策时产品 1 的零售价格；

p_2 为不捆绑集中决策时产品 2 的零售价格；

p'_1 为不捆绑分散决策时产品 1 的零售价格；

p'_2 为不捆绑分散决策时产品 2 的零售价格；

q_1 为不捆绑集中决策时产品 1 的需求量；

q_2 为不捆绑集中决策时产品 2 的需求量；

q'_1 为不捆绑分散决策时产品 1 的需求量；

q'_2 为不捆绑分散决策时产品 2 的需求量；

w_1 为不捆绑分散决策时产品 1 的批发价格；

w_2 为不捆绑分散决策时产品 2 的批发价格；

$\pi(p_1, p_2)$ 为不捆绑时供应链总体利润；

$\pi_s(w_1, w_2)$ 为不捆绑时制造商利润；

$\pi_r(p'_1, p'_2)$ 为不捆绑时零售商利润；

P_1 为完全混合捆绑集中决策时产品 1 的零售价格；

P_2 为完全混合捆绑集中决策时产品 2 的零售价格；

P_b 为完全混合捆绑集中决策时捆绑产品的零售价格；

Q_1 为完全混合捆绑集中决策时产品 1 的需求量；

Q_2 为完全混合捆绑集中决策时产品 2 的需求量；

Q_b 为完全混合捆绑集中决策时产品 1、产品 2 的需求量；

$\pi(P_1, P_2, P_b)$ 为完全混合捆绑集中决策时供应链总体利润；

P'_1 为完全混合捆绑分散决策时产品 1 的零售价格；

P'_2 为完全混合捆绑分散决策时产品 2 的零售价格；

P'_b 为完全混合捆绑分散决策时产品捆绑产品的零售价格；

Q'_1 为完全混合捆绑分散决策时产品 1 的需求量；

Q'_2 为完全混合捆绑分散决策时产品 2 的需求量；

Q'_b 为完全混合捆绑分散决策时产品捆绑产品的需求量；

W_1 为完全混合捆绑分散决策时产品 1 的批发价格；

W_2 为完全混合捆绑分散决策时产品 2 的批发价格；

W_b 为完全混合捆绑分散决策时产品 1、产品 2 的批发价格；

$\pi_s(W_1, W_2, W_b)$ 为制造商捆绑分散决策时制造商利润；

$\pi_r(P'_1, P'_2, P'_b)$ 为制造商捆绑分散决策时零售商利润。

注：上述变量均大于 0。

c_b 为产品 12 额外的捆绑成本，有大于 0、等于 0、小于 0 三种可能。

7.2.3　需求函数

Bhargava（2013）给出的完全混合捆绑需求函数的基本思路是：假设消费者对产品 1、产品 2 的最高支付意愿不会随着产品销售策略的变化而变化。即若消费者购买产品 1 的最高支付意愿是 a_1，购买产品 2 的最高支付意愿是 a_2，那么购买捆绑时的最高支付意愿是 $a_1 + a_2$，即 $P_b \leqslant a_1 + a_2$。

本书认为，在完全混合捆绑情形下，消费者对产品 1、产品 2 的最高支付意愿会随着产品销售策略的变化而变化。购买捆绑产品 12 时消费者的最高支付意愿是 $P_1 + P_2$，而不是 $a_1 + a_2$，因为在完全混合捆绑下消费者做购买捆绑产品的决策时有了一个参考点 $P_1 + P_2$。消费者的购买决策必须满足 $P_b \leqslant P_1 + P_2$，否则消费者就不会购买捆绑产品，完全混合捆绑变为单独销售（pure component）的情形。因此，$P_b \leqslant P_1 + P_2$ 应该成为完全混合捆绑的基本原则。

因此，本章定义完全混合捆绑的需求函数（图7.1）为

$$Q_1 = a_1 - b_1 P_1$$

$$Q_2 = a_2 - b_2 P_2$$

$$Q_b = \frac{b_1 + b_2}{4}(P_1 + P_2 - P_b)$$

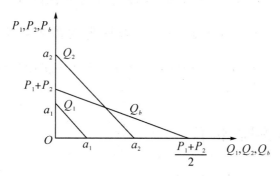

图 7.1　两产品完全混合捆绑的需求函数

$Q_1 = a_1 - b_1 P_1$，$Q_2 = a_2 - b_2 P_2$ 为大多数产品的需求函数形式，比较易于理解。下面解释捆绑产品需求函数的由来：从现实情况看，捆绑产品12的需求对价格的敏感程度明显要低于单一产品对价格的敏感程度。即若产品 1 价格上升或下降 1 单位，消费者减少或增加 b_1 单位的需求；产品 2 价格上升或下降 1 单位，消费者减少或增加 b_2 单位的需求；若捆绑产品12价格上升或下降 1 单位，消费者减少或增加的需求小于 $\min(b_1, b_2)$，可以从表7.1的分析得到。

表 7.1　产品价格上升或下降 1 单位引起的需求变动（ $b_1 < b_2$ ）

消费者	类型	价格变动	需求变动
产品 1	偏好相同	$\Delta P_1 = 1$	$\Delta Q_1 = b_1$
产品 2	偏好相同	$\Delta P_2 = 1$	$\Delta Q_2 = b_2$
捆绑产品	喜好风险者	$\Delta P_b = 1$	$\Delta Q_b = \dfrac{b_1}{2}$
	风险中性者		$\Delta Q_b = \dfrac{b_1 + b_2}{4}$
	厌恶风险者		$\Delta Q_b = \dfrac{b_2}{2}$

假定消费者对捆绑产品的需求服从均匀分布，当 $b_1 < b_2$ 时，产品1、产品2价格每变动1单位，消费者对捆绑产品的需求区间是 $\left[\dfrac{b_1}{2}, \dfrac{b_2}{2} \right]$，其期望值为 $\dfrac{b_1 + b_2}{4}$。显然，当 $P_b \geqslant P_1 + P_2$ 时，完全混合捆绑简化为不捆绑情形。

进一步研究发现，三产品捆绑的需求函数是 $Q_b(P_b) = \dfrac{b_1 + b_2 + b_3}{9}$ $(P_1 + P_2 + P_3 - P_b)$，n 产品完全混合捆绑的需求函数为 $Q_b(P_b) = \dfrac{b_1 + b_2 + \cdots + b_n}{n^2}(P_1 + P_2 + \cdots + P_n - P_b)$，这是本书最重要的贡献。

7.3 不捆绑的情形

根据不捆绑情形的需求函数 $q_1(p_1) = a_1 - b_1 p_1$；$q_2(p_2) = a_2 - b_2 p_2$，得到集中决策的目标函数为 $\pi(p_1, p_2) = (p_1 - c_1)(a_1 - b_1 p_1) + (p_2 - c_2)(a_2 - b_2 p_2)$，分散决策的目标函数为

$$\pi_s(w_1, w_2) = (w_1 - c_1)(a_1 - b_1 p_1') + (w_2 - c_2)(a_2 - b_2 p_2')$$

$$\pi_r(p_1', p_2') = (p_1' - w_1)(a_1 - b_1 p_1') + (p_2' - w_2)(a_2 - b_2 p_2')$$

容易求得最优解（见表7.2）：

表 7.2　不捆绑情形的均衡结果

集中决策	$p_1 = \dfrac{a_1 + b_1 c_1}{2 b_1}$；$p_2 = \dfrac{a_2 + b_2 c_2}{2 b_2}$
	$q_1 = \dfrac{a_1 - b_1 c_1}{2}$；$q_2 = \dfrac{a_2 - b_2 c_2}{2}$
	$\pi(p_1, p_2) = \dfrac{(a_1 - b_1 c_1)^2}{4 b_1} + \dfrac{(a_2 - b_2 c_2)^2}{4 b_2}$

表7.2(续)

分散决策	$p'_1 = \dfrac{3a_1 + b_1c_1}{4b_1}$; $p'_2 = \dfrac{3a_2 + b_2c_2}{4b_2}$ $q'_1 = \dfrac{a_1 - b_1c_1}{4}$; $q'_2 = \dfrac{a_2 - b_2c_2}{4}$ $w_1 = \dfrac{b_1c_1 + a_1}{2b_1} =$; $w_2 = \dfrac{b_2c_2 + a_2}{2b_2}$ $\pi_s(w_1, w_2) = \dfrac{(a_1 - b_1c_1)^2}{8b_1} + \dfrac{(a_2 - b_2c_2)^2}{8b_2}$ $\pi_r(p'_1, p'_2) = \dfrac{(a_1 - b_1c_1)^2}{16b_1} + \dfrac{(a_2 - b_2c_2)^2}{16b_2}$
供应链效率	$\dfrac{\pi_r(p'_1, p_2) + \pi_s(w_1, w_2)}{\pi(p_1, p_2)} = 75\%$

7.4 完全混合捆绑的情形

7.4.1 供应链结构

下面首先研究制造商具有捆绑权的情形，如图 7.2 所示。

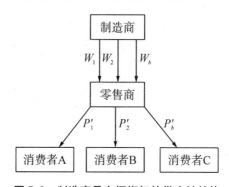

图 7.2 制造商具有捆绑权的供应链结构

决策流程：第一、制造商具有捆绑权，向零售商分别提供产品 1、产品 2、捆绑产品 12；第二、制造商分别决定产品 1、产品 2、捆绑产品 12 的批发价；第三、零售商根据制造商给出的批发价决定零售价，由于需求确定可以计算出订货量。

7.4.2 集中决策

7.4.2.1 目标函数

$$\pi(P_1, P_2, P_b) = (P_1 - c_1)(a_1 - b_1 P_1) + (P_2 - c_2)(a_2 - b_2 P_2) +$$
$$\frac{b_1 + b_2}{4}(P_1 + P_2 - P_b)(P_b - c_1 - c_2 - c_b)$$

7.4.2.2 求解过程

$$
\begin{vmatrix}
\dfrac{\partial^2 \pi(P_1, P_2, P_b)}{\partial P_1^2}, & \dfrac{\partial^2 \pi(P_1, P_2, P_b)}{\partial P_1 \partial P_2}, & \dfrac{\partial^2 \pi(P_1, P_2, P_b)}{\partial P_1 \partial P_b} \\[3mm]
\dfrac{\partial^2 \pi(P_1, P_2, P_b)}{\partial P_2 \partial P_1}, & \dfrac{\partial^2 \pi(P_1, P_2, P_b)}{\partial P_2^2}, & \dfrac{\partial^2 \pi(P_1, P_2, P_b)}{\partial P_2 \partial P_b} \\[3mm]
\dfrac{\partial^2 \pi(P_1, P_2, P_b)}{\partial P_b \partial P_1}, & \dfrac{\partial^2 \pi(P_1, P_2, P_b)}{\partial P_b \partial P_2}, & \dfrac{\partial \pi^2(P_1, P_2, P_b)}{\partial P_b^2}
\end{vmatrix}
$$

$$
= \begin{vmatrix}
-2b_1, & 0, & \dfrac{b_1 + b_2}{4} \\[3mm]
0, & -2b_2, & \dfrac{b_1 + b_2}{4} \\[3mm]
\dfrac{b_1 + b_2}{4}, & \dfrac{b_1 + b_2}{4}, & -\dfrac{b_1 + b_2}{2}
\end{vmatrix}
= \frac{b_1 + b_2}{8}(b_1^2 + b_2^2 - 14 b_1 b_2)
$$

很显然，海赛矩阵为负定阵的必要条件是 $b_1^2 + b_2^2 < 14 b_1 b_2$，事实上这对大多数商品都是符合的。此时目标函数存在最优解。令一阶导数为 0，得到

$$
\begin{cases}
P_1^* = \dfrac{a_1 + b_1 c_1}{2b_1} + \dfrac{b_1 + b_2}{2b_1} \dfrac{a_1 b_2 - b_1 b_2 c_1 + a_2 b_1 - b_1 b_2 c_2 - 2b_1 b_2 c_b}{14 b_1 b_2 - b_1^2 - b_2^2} \\[3mm]
P_2^* = \dfrac{a_2 + b_2 c_2}{2b_2} + \dfrac{b_1 + b_2}{2b_2} \dfrac{a_1 b_2 - b_1 b_2 c_1 + a_2 b_1 - b_1 b_2 c_2 - 2b_1 b_2 c_b}{14 b_1 b_2 - b_1^2 - b_2^2} \\[3mm]
P_b^* = \dfrac{4(a_1 b_2 + b_1 b_2 c_1 + a_2 b_1 + b_1 b_2 c_2) + (c_1 + c_2 + c_b)(6 b_1 b_2 - b_1^2 - b_2^2)}{14 b_1 b_2 - b_1^2 - b_2^2}
\end{cases}
$$

显然，$P_1^* + P_2^* > P_b^*$ 的必要条件是 $a_1 b_2 - b_1 b_2 c_1 + a_2 b_1 - b_1 b_2 c_2 > 2 b_1 b_2 c_b$

$$\begin{cases} Q_1^* = (a_1 - b_1 P_1^*) + \dfrac{b_1 + b_2}{4}(P_1^* + P_2^* - P_b^*) \\[4mm] \qquad = \dfrac{a_1 - b_1 c_1}{2} + \dfrac{b_1 + b_2}{2}\dfrac{a_1 b_2 - b_1 b_2 c_1 + a_2 b_1 - b_1 b_2 c_2 - 2 b_1 b_2 c_b}{14 b_1 b_2 - {}_1^2 - b_2{}^2} \\[6mm] Q_2^* = (a_2 - b_2 P_2^*) + \dfrac{b_1 + b_2}{4}(P_1^* + P_2^* - P_b^*) \\[4mm] \qquad = \dfrac{a_2 - b_2 c_2}{2} - \dfrac{b_1 + b_2}{2}\dfrac{a_1 b_2 - b_1 b_2 c_1 + a_2 b_1 - b_1 b_2 c_2 - 2 b_1 b_2 c_b}{14 b_1 b_2 - b_1^2 - b_2{}^2} \end{cases}$$

$$\pi(P_1^*, P_2^*, P_b^*) = \frac{1}{4 b_1 b_2}\big[b_2\,(a_1 - b_1 c_1)^2 + b_1\,(a_2 - b_2 c_2)^2 +$$

$$\frac{(b_1 + b_2)(a_1 b_2 - b_1 b_2 c_1 + a_2 b_1 - b_1 b_2 c_2 - 2 b_1 b_2 c_b)^2}{14 b_1 b_2 - b_1^2 - b_2^2}\big]$$

7.4.3 分散决策

7.4.3.1 供应商与零售商的目标函数

$$\pi_s(W_1, W_2, W_b) = (a_1 - b_1 P_1')(W_1 - c_1) + (a_2 - b_2 P_2')(W_2 - c_2) +$$
$$\frac{b_1 + b_2}{4}(P_1' + P_2' - P_b')(W_b - c_1 - c_2 - c_b)$$

$$\pi_r(P_1', P_2', P_b') = (a_1 - b_1 P_1')(P_1' - W_1) + (a_2 - b_2 P_2')(P_2' - W_2) +$$
$$\frac{b_1 + b_2}{4}(P_1' + P_2' - P_b')(P_b' - W_b)$$

7.4.3.2 先求零售商的最优

对零售商目标函数求一阶导数,类似于 7.4.2,很显然可以得到海赛矩阵为负定阵,零售商的利润有最大值。令一阶导数为 0,得到

$$\begin{cases} P_1' = \dfrac{a_1 + b_1 W_1}{2 b_1} + \dfrac{b_1 + b_2}{2 b_1}\dfrac{(a_1 b_2 + b_1 b_2 W_1 + a_2 b_1 + b_1 b_2 W_2 - 2 b_1 b_2 W_b)}{14 b_1 b_2 - b_1^2 - b_2^2} \\[5mm] P_2' = \dfrac{a_2 + b_2 W_2}{2 b_2} + \dfrac{b_1 + b_2}{2 b_2}\dfrac{(a_1 b_2 + b_1 b_2 W_1 + a_2 b_1 + b_1 b_2 W_2 - 2 b_1 b_2 W_b)}{14 b_1 b_2 - b_1^2 - b_2^2} \\[5mm] P_b' = \dfrac{4(a_1 b_2 + b_1 b_2 W_1 + a_2 b_1 + b_1 b_2 W_2) + W_b[8 b_1 b_2 - (b_1 + b_2)^2]}{14 b_1 b_2 - b_1^2 - b_2^2} \end{cases}$$

7.4.3.3 再求供应商的最优

把零售商的最优价格 P_1', P_2', P_b' 代入制造商的目标函数:

$$\pi_s(W_1, W_2, W_b) = (a_1 - b_1 P_1')(W_1 - c_1) + (a_2 - b_2 P_2')(W_2 - c_2) +$$
$$\frac{b_1 + b_2}{4}(P_1' + P_2' - P_b')(W_b - c_1 - c_2 - c_b)$$

$$= \left[\frac{a_1 - b_1 W_1}{2} - \frac{b_1 + b_2}{2} \frac{(a_1 b_2 + b_1 b_2 W_1 + a_2 b_1 + b_1 b_2 W_2 - 2b_1 b_2 W_b)}{14 b_1 b_2 - b_1^2 - b_2^2}\right](W_1 - c_1)$$

$$+ \left[\frac{a_2 - b_2 W_2}{2} - \frac{b_1 + b_2}{2} \frac{(a_1 b_2 + b_1 b_2 W_1 + a_2 b_1 + b_1 b_2 W_2 - 2b_1 b_2 W_b)}{14 b_1 b_2 - b_1^2 - b_2^2}\right](W_2 - c_2)$$

$$+ (b_1 + b_2) \frac{a_1 b_2 + b_1 b_2 W_1 + a_2 b_1 + b_1 b_2 W_2 - 2b_1 b_2 W_b}{14 b_1 b_2 - b_1^2 - b_2^2}(W_b - c_1 - c_2 - c_b)$$

$$\begin{vmatrix} \dfrac{\partial^2 \pi_s(W_1, W_2, W_b)}{\partial W_1^2}, & \dfrac{\partial^2 \pi_s(W_1, W_2, W_b)}{\partial W_1 \partial W_2}, & \dfrac{\partial^2 \pi_s(W_1, W_2, W_b)}{\partial W_1 \partial W_b} \\[3mm] \dfrac{\partial^2 \pi_s(W_1, W_2, W_b)}{\partial W_2 \partial W_1}, & \dfrac{\partial^2 \pi_s(W_1, W_2, W_b)}{\partial W_2^2}, & \dfrac{\partial^2 \pi_s(W_1, W_2, W_b)}{\partial W_2 \partial W_b} \\[3mm] \dfrac{\partial^2 \pi_s(W_1, W_2, W_b)}{\partial W_b \partial W_1}, & \dfrac{\partial^2 \pi_s(W_1, W_2, W_b)}{\partial W_b \partial W_2}, & \dfrac{\partial^2 \pi_s(W_1, W_2, W_b)}{\partial W_b^2} \end{vmatrix}$$

$$= \frac{1}{14 b_1 b_2 - b_1^2 - b_2^2} \begin{vmatrix} b_1^3 - 15 b_1^2 b_2, & -b_1 b_2(b_1 + b_2), & 2 b_1 b_2(b_1 + b_2) \\ -b_1 b_2(b_1 + b_2), & b_2^3 - 15 b_1 b_2^2, & 2 b_1 b_2(b_1 + b_2) \\ 2 b_1 b_2(b_1 + b_2), & 2 b_1 b_2(b_1 + b_2), & -4 b_1 b_2(b_1 + b_2) \end{vmatrix}$$

$$= \frac{-4 b_1^2 b_2^2 (b_1 + b_2)}{14 b_1 b_2 - b_1^2 - b_2^2}(b_1^2 + b_2^2 - 14 b_1 b_2)^2$$

$$= -4 b_1^2 b_2^2 (b_1 + b_2)(14 b_1 b_2 - b_1^2 + b_2^2) < 0$$

先看二阶主子式：

$$\begin{vmatrix} b_1^3 - 15 b_1^2 b_2, & -b_{12}(b_1 + b_2) \\ -b_1 b_2(b_1 + b_2), & b_2^3 - 15 b_1 b_2^2 \end{vmatrix} = 16 b_1^2 b_2^2 (14 b_1 b_2 - b_1^2 - b_2^2) > 0$$

由于 $14 b_1 b_2 - b_1^2 - b_2^2 > 0 \Rightarrow 15 b_1 b_2 - b_1^2 > b_2^2 + b_1 b_2 > 0$

则海赛阵负定。$\pi_s(W_1, W_2, W_b)$ 有最大值，最优批发价分别为

$$W_1^* = \frac{a_1 + b_1 c_1}{2 b_1}; \quad W_2^* = \frac{a_2 + b_2 c_2}{2 b_2};$$

$$W_b^* = \frac{b_2 a_1 + b_1 b_2 c_1 + b_1 a_2 + b_1 b_2 c_2 + b_1 b_2 c_b}{2 b_1 b_2}$$

最优的零售价格分别为

$$\begin{cases} P'^*_1 = \dfrac{3a_1+b_1c_1}{4b_1} + \dfrac{(b_1+b_2)(a_1b_2+a_2b_1-b_1b_2c_1-b_1b_2c_2-2b_1b_2c_b)}{4b_1(14b_1b_2-b_1{}^2-b_2{}^2)} \\[4mm] P'^*_2 = \dfrac{3a_2+b_2c_2}{4b_2} + \dfrac{(b_1+b_2)(a_1b_2+a_2b_1-b_1b_2c_1-b_1b_2c_2-2b_1b_2c_b)}{4b_2(14b_1b_2-b_1{}^2-b_2{}^2)} \\[4mm] P'^*_b = \dfrac{2b_1b_2(9a_1b_2+9a_2b_1+5b_1b_2c_1+5b_1b_2c_2+3b_1b_2c_b)-(b_1{}^2+b_2{}^2)(a_1b_2+a_2b_1+b_1b_2c_1+b_1b_2c_2+b_1b_2c_b)}{2b_1b_2(14b_1b_2-b_1{}^2-b_2{}^2)} \end{cases}$$

显然，$P'^*_1 + P'^*_2 > P'^*_b$ 的必要条件是 $a_1b_2 - b_1b_2c_1 + a_2b_1 - b_1b_2c_2 > 2b_1b_2c_b$。

最优的需求量分别为

$$\begin{cases} Q'^*_1 = (a_1-b_1P'^*_1) + \dfrac{b_1+b_2}{4}(P'^*_1+P'^*_2-P'^*_b) \\[4mm] \quad = \dfrac{a_1-b_1c_1}{4} + \dfrac{(b_1+b_2)(a_1b_2+a_2b_1-b_1b_2c_1-b_1b_2c_2-2b_1b_2c_b)}{4(14b_1b_2-b_1{}^2-b_2{}^2)} \\[4mm] Q'^*_2 = (a_2-b_2P'^*_2) + \dfrac{b_1+b_2}{4}(P'^*_1+P'^*_2-P'^*_b) \\[4mm] \quad = \dfrac{a_2-b_2c_2}{4} + \dfrac{(b_1+b_2)(a_1b_2+a_2b_1-b_1b_2c_1-b_1b_2c_2-2b_1b_2c_b)}{4(14b_1b_2-b_1{}^2-b_2{}^2)} \end{cases}$$

因此，分散决策的最终结果如下：

供应商最优的利润为

$$\pi_s(W_1^*,\ W_2^*,\ W_b^*) = \frac{1}{8b_1b_2}[b_2(a_1-b_1c_1)^2 + b_1(a_2-b_2c_2)^2 +$$

$$\frac{(b_1+b_2)(a_1b_2+a_2b_1-b_1b_2c_1-b_1b_2c_2-2b_1b_2c_b)^2}{14b_1b_2-b_1{}^2-b_2{}^2}]$$

零售商的最优利润为

$$\pi_r(P'^*_1,\ P'^*_2,\ P'^*_b) = \frac{1}{16b_1b_2}[b_2(a_1-b_1c_1)^2 + b_1(a_2-b_2c_2)^2 +$$

$$\frac{(b_1+b_2)(a_1b_2-b_1b_2c_1+a_2b_1-b_1b_2c_2-2b_1b_2c_b)^2}{14b_1b_2-b_1{}^2-b_2{}^2}]$$

因此可以明显看出，分散决策完全混合捆绑时，零售商利润正好等于制造商利润的一半。

7.4.3.4 完全混合捆绑的供应链效率

$$\frac{\pi_r(P'^*_1, \ P'^*_2, \ P'^*_b) + \pi_s(W^*_1, \ W^*_2)}{\pi(P^*_1, \ P^*_2, \ P^*_b)} = 75\%$$

7.4.4 与不捆绑情形相比，完全混合捆绑基准供应链的特点

可以明显看出，当 $c_b = 0$ 时制造商捆绑与零售商捆绑没有任何区别，供应链效率为 75%。本书认为当 $c_b = 0$ 时，7.4.2 和 7.4.3 为完全混合捆绑的基准供应链模型。

命题 7.1 利润方面，供应链总体利润更高，零售商利润、制造商利润更高。

命题 7.2 价格方面，产品 1、产品 2 的零售价更高。

命题 7.3 需求量方面，产品 1、产品 2 的需求量更大。

命题 7.4 当不考虑捆绑成本时，捆绑产品 12 的批发价与不捆绑相同，且等于产品 1、产品 2 批发价之和；

命题 7.5 供应链效率与不捆绑相同，均为 75%。

根据对均衡解的分析，上述命题容易得证。

命题 7.6 当 $6b_1b_2 > b_1{}^2 + b_2{}^2$ 时，消费者购买捆绑产品总是划算的。反之是不划算的。

证明：当集中决策时，捆绑产品的价格总是小于不捆绑时产品 1、产品 2 的价格之和。

$$P_b - P_1 - P_2 = \frac{4(a_1b_2 + b_1b_2c_1 + a_2b_1 + b_1b_2c_2) + (c_1 + c_2 + c_b)(6b_1b_2 - b_1{}^2 - b_2{}^2)}{14b_1b_2 - b_1{}^2 - b_2{}^2} -$$

$$\frac{a_1 + b_1c_1}{2b_1} - \frac{a_2 + b_2c_2}{2b_2}$$

$$= -\frac{(a_1b_2 + b_1b_2c_1 + a_2b_1 + b_1b_2c_2 - 2b_1b_2c_b)(6b_1b_2 - b_1{}^2 - b_2{}^2)}{2b_1b_2(14b_1b_2 - b_1{}^2 - b_2{}^2)} < 0$$

显然，$P_b < P_1 + P_2$。

当分散决策时，捆绑产品的价格也总是小于不捆绑时产品 1、产品 2 的价格之和。

$$P'_b - p'_1 - p'_2$$

$$= \frac{2b_1b_2(9a_1b_2 + 9a_2b_1 + 5b_1b_2c_1 + 5b_1b_2c_2 + 3b_1b_2c_b) - (b_1{}^2 + b_2{}^2)(a_1b_2 + a_2b_1 + b_1b_2c_1 + b_1b_2c_2 + b_1b_2c_b)}{2b_1b_2(14b_1b_2 - b_1{}^2 - b_2{}^2)}$$

$$-\frac{3a_1+b_1c_1}{4b_1}-\frac{3a_2+b_2c_2}{4b_2}$$

$$=\frac{-(6b_1b_2-b_1^2-b_2^2)(a_1b_2+a_2b_1-b_1b_2c_1-b_1b_2c_2-2b_1b_2c_b)}{4b_1b_2(14b_1b_2-b_1^2-b_2^2)}<0$$

显然，$P'_b < p'_1 + p'_2$。

7.5 需求敏感系数变动的影响

以下假设 b_2 不变，b_1 变化。同理，当 b_1 不变，b_2 变化时，结论相同。

7.5.1 对价格的影响

从图7.3可以看出，在不捆绑情形、完全混合捆绑情形下，集中决策时产品1需求敏感系数对价格均具有负相关的影响，完全混合捆绑情形的影响高于不捆绑情形。

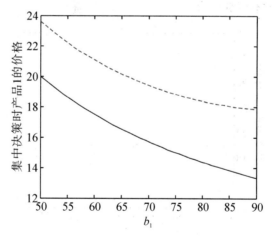

注：以下假设 b_2 不变，b_1 变化。同理，当 b_1 不变，b_2 变化时，结论相同。图中上线为完全混合捆绑情形，下线为不捆绑情形。

图7.3　集中决策时产品1需求敏感系数对价格的影响

从图7.4可以看出，在不捆绑情形下，集中决策时产品1需求敏感系数对产品2价格没有影响，完全混合捆绑情形下，集中决策时产品1需求敏感系数对产品2价格具有正相关的影响且其影响高于不捆绑情形。

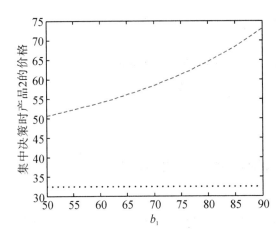

注：以下假设 b_2 不变，b_1 变化。同理，当 b_1 不变，b_2 变化时，
结论相同。图中上线为完全混合捆绑情形，下线为不捆绑情形。

图 7.4　集中决策时产品 1 需求敏感系数对产品 2 价格的影响

从图 7.5 可以看出，在不捆绑情形、完全混合捆绑情形下，分散决策时产品 1 需求敏感系数对价格均具有负相关的影响，完全混合捆绑情形对价格的影响高于不捆绑情形。

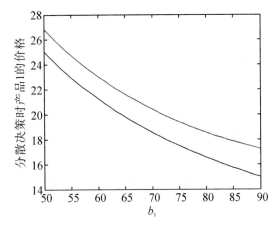

注：以下假设 b_2 不变，b_1 变化。同理，当 b_1 不变，b_2 变化时，
结论相同。图中上线为完全混合捆绑情形，下线为不捆绑情形。

图 7.5　分散决策时产品 1 需求敏感系数对价格的影响

从图 7.6 可以看出，在不捆绑情形、完全混合捆绑情形下，分散决策时产品 1 需求敏感系数对产品 2 价格均具有负相关的影响，完全混合捆绑情形对产品 2 价格的影响高于不捆绑情形。

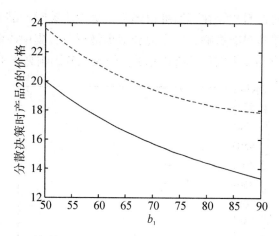

注：以下假设 b_2 不变，b_1 变化。同理，当 b_1 不变，b_2 变化时，结论相同。图中上线为完全混合捆绑情形，下线为不捆绑情形。

图 7.6 分散决策时产品 1 需求敏感系数对产品 2 价格的影响

7.5.2 对需求量的影响

从图 7.7 可以看出，在不捆绑情形、完全混合捆绑情形下，集中决策时产品 1 需求敏感系数对需求量均具有负相关的影响，完全混合捆绑情形对需求量的影响高于不捆绑情形。

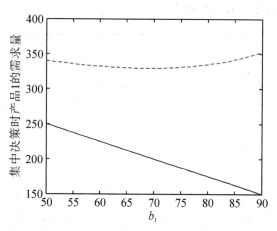

注：以下假设 b_2 不变，b_1 变化。同理，当 b_1 不变，b_2 变化时，结论相同。图中上线为完全混合捆绑情形，下线为不捆绑情形。

图 7.7 集中决策时产品 1 需求敏感系数对需求量的影响

从图 7.8 可以看出，在不捆绑情形下，集中决策时产品 1 需求敏感系数对产品 2 需求量没有影响，完全混合捆绑情形下，集中决策时产品 1 需求敏感系数对产品 2 需求量具有正相关的影响且其影响高于不捆绑情形。

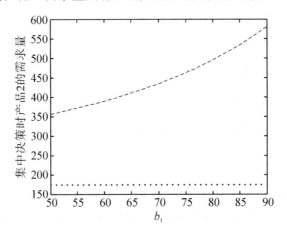

注：以下假设 b_2 不变，b_1 变化。同理，当 b_1 不变，b_2 变化时，结论相同。图中上线为完全混合捆绑情形，下线为不捆绑情形。

图 7.8 集中决策时产品 1 需求敏感系数对产品 2 需求量的影响

从图 7.9 可以看出，在不捆绑情形、完全混合捆绑情形下，分散决策时产品 1 需求敏感系数对需求量均具有负相关的影响，完全混合捆绑情形对需求量的影响高于不捆绑情形。

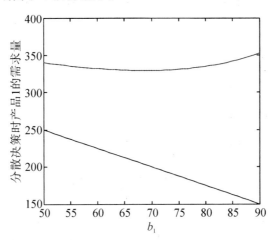

注：以下假设 b_2 不变，b_1 变化。同理，当 b_1 不变，b_2 变化时，结论相同。图中上线为完全混合捆绑情形，下线为不捆绑情形。

图 7.9 分散决策时产品 1 需求敏感系数对需求量的影响

从图 7.10 可以看出，在不捆绑情形下，分散决策时产品 1 需求敏感系数对产品 2 需求量没有影响，在完全混合捆绑情形下，分散决策时产品 1 需求敏感系数对产品 2 需求量具有正相关的影响且其影响高于不捆绑情形。

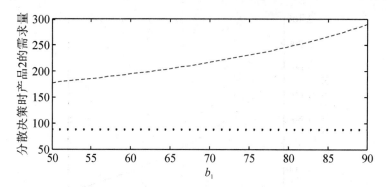

注：以下假设 b_2 不变，b_1 变化。同理，当 b_1 不变，b_2 变化时，结论相同。图中上线为完全混合捆绑情形，下线为不捆绑情形。

图 7.10　分散决策时产品 1 需求敏感系数对产品 2 需求量的影响

7.5.3　对利润的影响

从图 7.11 可以看出，在不捆绑、完全混合捆绑情形下，分散决策时产品 1 需求敏感系数对制造商利润均具有负相关影响，完全混合捆绑情形下制造商利润高于不捆绑情形。

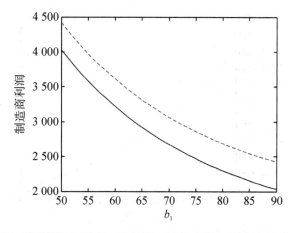

注：以下假设 b_2 不变，b_1 变化。同理，当 b_1 不变，b_2 变化时，结论相同。图中上线为完全混合捆绑情形，下线为不捆绑情形。

图 7.11　分散决策时产品 1 需求敏感系数对制造商利润的影响

从图 7.12 可以看出,在不捆绑、完全混合捆绑情形下,分散决策时产品 1 需求敏感系数对零售商利润均具有负相关影响,完全混合捆绑情形下零售商利润低于不捆绑情形。

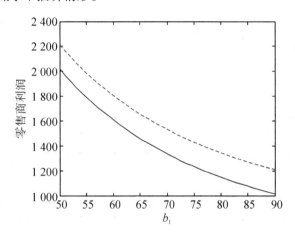

注:以下假设 b_2 不变,b_1 变化。同理,当 b_1 不变,b_2 变化时,结论相同。图中上线为不捆绑情形,下线为完全混合捆绑情形。

图 7.12 分散决策时产品 1 需求敏感系数对零售商利润的影响

从图 7.13 可以看出,在不捆绑、完全混合捆绑情形下,分散决策时产品 1 需求敏感系数对供应链总体利润均具有负相关影响,完全混合捆绑情形下供应链总体利润高于不捆绑情形。

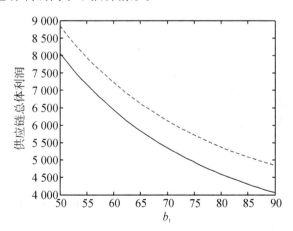

注:以下假设 b_2 不变,b_1 变化。同理,当 b_1 不变,b_2 变化时,结论相同。图中上线为不捆绑情形,下线为完全混合捆绑情形。

图 7.13 分散决策时产品 1 需求敏感系数对供应链总体利润的影响

7.6 完全混合捆绑产品的基本特征和必要条件

7.6.1 价格浮动规则

定理 7.1：从上述研究可以发现，集中决策时相比于不捆绑情形，完全混合捆绑的基准模型加价如下：

$$\frac{\Delta P_1}{\Delta P_2} = \frac{P_1 - p_1}{P_2 - p_2} = \frac{\dfrac{b_1 + b_2}{2b_1}\dfrac{a_1b_2 - b_1b_2c_1 + a_2b_1 - b_1b_2c_2 - 2b_1b_2c_b}{14b_1b_2 - b_1^2 - b_2^2}}{\dfrac{b_1 + b_2}{2b_2}\dfrac{a_1b_2 - b_1b_2c_1 + a_2b_1 - b_1b_2c_2 - 2b_1b_2c_b}{14b_1b_2 - b_1^2 - b_2^2}}$$

$$= \frac{b_2}{b_1}$$

分散决策时，加价规则如下：

$$\frac{\Delta P'_1}{\Delta P'_2} = \frac{P'_1 - P'_1}{P'_2 - P'_2}$$

$$= \frac{\dfrac{(b_1 + b_2)(a_1b_2 + a_2b_1 - b_1b_2c_1 - b_1b_2c_2 - 2b_1b_2c_b)}{4b_1(14b_1b_2 - b_1^2 - b_2^2)}}{\dfrac{(b_1 + b_2)(a_1b_2 + a_2b_1 - b_1b_2c_1 - b_1b_2c_2 - 2b_1b_2c_b)}{4b_2(14b_1b_2 - b_1^2 - b_2^2)}}$$

$$= \frac{b_2}{b_1}$$

因此完全混合捆绑时产品 1、产品 2 的价格浮动规则是：$\dfrac{\Delta P'_1}{\Delta P'_2} = \dfrac{b_2}{b_1}$。

7.6.2 必要条件

引理 7.1：根据完全混合捆绑的总原则 $P_1 + P_2 > P_b$、$P'_1 + P'_2 > P_b'$，得出必要条件：

$$\begin{cases} a_1b_2 - b_1b_2c_1 + a_2b_1 - b_1b_2c_2 - 2b_1b_2c_b > 0 \\ 14b_1b_2 > b_1^2 + b_2^2 \end{cases}$$

$$\Rightarrow a_1b_2 - b_1b_2c_1 + a_2b_1 - b_1b_2c_2 > 2b_1b_2c_b > \frac{b_1^2 + b_2^2}{7}c_b$$

7.7 本章小结

多产品合作一直是企业经营实践中的具体政策。企业希望通过产品合作达到增加消费者购买、打击竞争对手、增强自身利润、促进供应链效率提升的目的。然而，如何区别单一产品与多产品，特别是如何界定多产品需求的不同特点是一直以来的最大难题。

Bhargava（2013）关于完全混合捆绑的研究给予我们新的启迪，该文虽然只是基于集中决策的供应链总体利润研究，但却开启了完全混合捆绑研究的新时代。正是在该文的基础上，本章发现了完全混合捆绑的基本原则 $P_b < P_1 + P_2$，并进一步发现了两产品捆绑的需求函数 $Q_b(P_b) = \dfrac{b_1 + b_2}{4}(P_1 + P_2 - P_b)$，这是本书最重要的贡献。同时，进一步研究发现，三产品捆绑的需求函数是 $Q_b(P_b) = \dfrac{b_1 + b_2 + b_3}{9}(P_1 + P_2 + P_3 - P_b)$，$n$ 产品完全混合捆绑的需求函数为

$$Q_b(P_b) = \frac{b_1 + b_2 + \cdots + b_n}{n^2}(P_1 + P_2 + \cdots + P_n - P_b)$$

其相应的供应链效率及捆绑条件都可以通过类似于本书的计算得出，这里不再重复。但 n 产品完全混合捆绑的必要条件的计算可能比较困难。

通过本章的研究我们发现五大规律：第一，完全混合捆绑要比不捆绑好。第二，当 $6b_1b_2 > b_1{}^2 + b_2{}^2$ 时，消费者购买捆绑产品总是划算的。第三，发现了捆绑产品价格浮动规则 $\dfrac{\Delta P_1}{\Delta P_2} = \dfrac{b_2}{b_1}$，即两产品零售价格变动之比，等于敏感系数之比的倒数。第四，给出了两产品完全混合捆绑的必要条件 $a_1b_2 - b_1b_2c_1 + a_2b_1 - b_1b_2c_2 > 2b_1b_2c_b > \dfrac{b_1^2 + b_2^2}{7}c_b$。第五，给出了 n 产品完全混合捆绑的需求函数为 $Q_b(P_b) = \dfrac{b_1 + b_2 + \cdots + b_n}{n^2}(P_1 + P_2 + \cdots + P_n - P_b)$。这些结论的出现对企业的产品合作提供了理论和模型支撑，并

进一步凸显了供应链整合的重要性与必要性，为沃尔玛、家乐福、国美、苏宁等连锁超市的销售策略选择提供了新的借鉴。

然而，面对电子渠道销售的异军突起，传统实体店铺如何改进服务，把产品和服务的供应链有效整合，实现利润增加和效率提高，将是未来研究的方向。

8 三产品完全混合捆绑(价格捆绑)的基准供应链模型

符号含义：a_1，a_2，a_3 分别为消费者愿意为产品 1、产品 2、产品 3 愿意支付的最高价格；p_1，p_2，p_3 分别为产品 1、产品 2、产品 3 不捆绑时的零售价格；P_1，P_2，P_3 分别为产品 1、产品 2、产品 3 完全混合捆绑时单独销售的零售价格；P_b 为产品 1、产品 2、产品 3 捆绑销售的价格；q_1，q_2，q_3 分别为产品 1、产品 2、产品 3 不捆绑时的需求量；Q_1，Q_2，Q_3 分别为产品 1、产品 2、产品 3 完全混合捆绑时单独销售的需求量；Q_b 为产品 1、产品 2、产品 3 捆绑销售的需求量；w_1，w_2，w_3 分别为产品 1、产品 2、产品 3 不捆绑分散决策时的批发价格；W_1，W_2，W_3 分别为产品 1、产品 2、产品 3 完全混合捆绑分散决策时的批发价格；c_1，c_2，c_3 分别为产品 1、产品 2、产品 3 的生产成本（暂不考虑运输成本等其他成本）。

假设：上述变量均大于 0；零售商与供应商之间采用批发价契约；捆绑成本为 0；三种产品互不相关，即各产品需求不受其他产品价格和需求量的影响；采用产品 1、产品 2、产品 3 和捆绑产品同时定价模式。

8.1 不捆绑的情形

8.1.1 产品 1、产品 2、产品 3 的需求函数

$$q_1(p_1) = a_1 - p_1$$
$$q_2(p_2) = a_2 - p_2$$
$$q_3(p_3) = a_3 - p_3$$

8.1.2 集中决策

$$\pi(p_1, p_2, p_3) = (p_1 - c_1)(a_1 - p_1) + (p_2 - c_2)(a_2 - p_2) + (p_3 - c_3)(a_3 - p_3)$$

为使供应链利润最大化，分别对 p_1，p_2，p_3 求一阶偏导数：

$$\frac{\partial \pi(p_1, p_2, p_3)}{\partial p_1} = -2p_1 + (a_1 + c_1)$$

$$\frac{\partial \pi(p_1, p_2, p_3)}{\partial p_2} = -2p_2 + (a_2 + c_2)$$

$$\frac{\partial \pi(p_1, p_2, p_3)}{\partial p_3} = -2p_3 + (a_3 + c_3)$$

分别对 p_1，p_2，p_3 求二阶偏导数：

$$\begin{vmatrix} \dfrac{\partial^2 \pi(p_1, p_2, p_3)}{\partial p_1^2}, & \dfrac{\partial^2 \pi(p_1, p_2, p_3)}{\partial p_1 p_2}, & \dfrac{\partial^2 \pi(p_1, p_2, p_3)}{\partial p_1 p_3} \\ \dfrac{\partial^2 \pi(p_1, p_2, p_3)}{\partial p_2 \partial p_1}, & \dfrac{\partial^2 \pi(p_1, p_2, p_3)}{\partial p_2^2}, & \dfrac{\partial^2 \pi(p_1, p_2, p_3)}{\partial p_2 \partial p_b} \\ \dfrac{\partial^2 \pi(p_1, p_2, p_3)}{\partial p_3 \partial p_1}, & \dfrac{\partial^2 \pi(p_1, p_2, p_3)}{\partial p_3 \partial p_2}, & \dfrac{\partial^2 \pi(p_1, p_2, p_3)}{\partial p_3^2} \end{vmatrix}$$

$$= \begin{vmatrix} -2, & 0, & 0 \\ 0, & -2, & 0 \\ 0, & 0, & -2 \end{vmatrix} = -8 < 0$$

海赛阵负定，因此 $\pi(p_1, p_2, p_3)$ 有最大值，最优价格分别为

$$p_1^* = \frac{a_1 + c_1}{2}; \quad p_2^* = \frac{a_2 + c_2}{2}; \quad p_3^* = \frac{a_3 + c_3^*}{2}$$

此时的需求量分别为：$q_1^* = \dfrac{a_1 - c_1}{2}$；$q_2^* = \dfrac{a_2 - c_2}{2}$；$q_3^* = \dfrac{a_3 - c_3}{2}$。

因此，集中决策时最优的供应链利润为

$$\pi(p_1^*, p_2^*, p_3^*) = \frac{(a_1 - c_1)^2 + (a_2 - c_2)^2 + (a_3 - c_3)^2}{4}$$

8.1.3 分散决策

分散决策时，供应商与零售商的利润分别为

$$\pi_s(w_1, w_2, w_3) = (w_1 - c_1)(a_1 - p_1') + (w_2 - c_2)(a_2 - p_2') + (w_3 - c_3)(a_3 - p_3')$$

$$\pi_r(p'_1, p'_2, p'_3) = (p'_1 - w_1)(a_1 - p'_1) + (p'_2 - w_2)(a_2 - p'_2) + (p'_3 - w_3)(a_3 - p'_3)$$

第一，先求零售商的最优。

为使供应链利润最大化，分别对 p'_1，p'_2，p'_3 求一阶偏导数：

$$\frac{\partial \pi_r(p'_1, p'_2, p'_3)}{\partial p_1} = -2p'_1 + (a_1 + w_1)$$

$$\frac{\partial \pi_r(p'_1, p'_2, p'_3)}{\partial p_2} = -2p'_2 + (a_2 + w_2)$$

$$\frac{\partial \pi_r(p'_1, p'_2, p'_3)}{\partial p_3} = -2p'_3 + (a_3 + w_3)$$

分别对 p'_1，p'_2，p'_3 求二阶偏导数：

$$
\begin{vmatrix}
\dfrac{\partial^2 \pi_r(p'_1, p'_2, p'_3)}{\partial p'^2_1}, & \dfrac{\partial^2 \pi_r(p'_1, p'_2, p'_3)}{\partial p'_1 p'_2}, & \dfrac{\partial^2 \pi_r(p'_1, p'_2, p'_3)}{\partial p'_1 p'_3} \\[3mm]
\dfrac{\partial^2 \pi_r(p'_1, p'_2, p'_3)}{\partial p'_2 \partial p'_1}, & \dfrac{\partial^2 \pi_r(p'_1, p'_2, p'_3)}{\partial p'^2_2}, & \dfrac{\partial^2 \pi_r(p'_1, p'_2, p'_3)}{\partial p'_2 \partial p'_3} \\[3mm]
\dfrac{\partial^2 \pi_r(p'_1, p'_2, p'_3)}{\partial p'_3 \partial p'_1}, & \dfrac{\partial^2 \pi_r(p'_1, p'_2, p'_3)}{\partial p'_3 \partial p'_2}, & \dfrac{\partial^2 \pi_r(p'_1, p'_2, p'_3)}{\partial p'^2_3}
\end{vmatrix}
$$

$$= \begin{vmatrix} -2, & 0, & 0 \\ 0, & -2, & 0 \\ 0, & 0, & -2 \end{vmatrix} = -8 < 0$$

因此，$\pi_r(p'_1, p'_2, p'_3)$ 有最大值，最优价格分别为

$$p'_1 = \frac{a_1 + w_1}{2}; \quad p'_2 = \frac{a_2 + w_2}{2}; \quad p'_3 = \frac{a_3 + w_3}{2}$$

此时的需求量分别为：$q'_1 = \dfrac{a_1 - w_1}{2}$；$q'_2 = \dfrac{a_2 - w_2}{2}$；$q'_3 = \dfrac{a_3 - w_3}{2}$。

最优的零售商利润为

$$\pi_r(p'_1, p'_2, p'_3) = \frac{(a_1 - w_1)^2 + (a_2 - w_2)^2 + (a_3 - w_3)^2}{4}$$

第二，再求供应商的最优。

由零售商的最优零售价代入：$p_1 = \dfrac{a_1 + w_1}{2}$；$p_2 = \dfrac{a_2 + w_2}{2}$；$p_3 =$

$\dfrac{a_3 + w_3}{2}$，则

$$\pi_s(w_1, w_2, w_3) = (w_1 - c_1)(a_1 - p_1') + (w_2 - c_2)(a_2 - p_2') +$$
$$(w_3 - c_3)(a_3 - p_3')$$

$$= (w_1 - c_1)\frac{a_1 - w_1}{2} + (w_2 - c_2)\frac{a_2 - w_2}{2} +$$

$$(w_3 - c_3)\frac{a_3 - w_3}{2}$$

为使自身利润最大化，分别对 w_1，w_2，w_3 求一阶偏导数：

$$\frac{\partial \pi_s(w_1, w_2, w_3)}{\partial w_1^2} = \frac{1}{2}(-2w_1 + c_1 + a_1)$$

$$\frac{\partial \pi_s(w_1, w_2, w_3)}{\partial w_2^2} = \frac{1}{2}(-2w_2 + c_2 + a_2)$$

$$\frac{\partial \pi_s(w_1, w_2, w_3)}{\partial w_3^2} = \frac{1}{2}(-2w_3 + c_3 + a_3)$$

分别对 w_1，w_2，w_3 求二阶偏导数：

$$\begin{vmatrix} \dfrac{\partial^2 \pi_s(w_1, w_2, w_3)}{\partial w_1^2}, & \dfrac{\partial^2 \pi_s(w_1, w_2, w_3)}{\partial w_1 \partial w_2}, & \dfrac{\partial^2 \pi_s(w_1, w_2, w_3)}{\partial w_1 \partial w_3} \\ \dfrac{\partial^2 \pi_s(w_1, w_2, w_3)}{\partial w_2^2}, & \dfrac{\partial^2 \pi_s(w_1, w_2, w_3)}{\partial w_2 \partial w_1}, & \dfrac{\partial^2 \pi_s(w_1, w_2, w_3)}{\partial w_2 \partial w_3} \\ \dfrac{\partial^2 \pi_s(w_1, w_2, w_3)}{\partial w_3 \partial w_1}, & \dfrac{\partial^2 \pi_s(w_1, w_2, w_3)}{\partial w_3 \partial w_2}, & \dfrac{\partial^2 \pi_s(w_1, w_2, w_3)}{\partial w_3^2} \end{vmatrix}$$

$$= \begin{vmatrix} -1, & 0, & 0 \\ 0, & -1, & 0 \\ 0, & 0, & -1 \end{vmatrix} = -1 < 0$$

因此，$\pi_s(w_1, w_2, w_3)$ 有最大值，最优批发价格分别为

$$w_1^* = \frac{a_1 + c_1}{2}; \quad w_2^* = \frac{a_2 + c_2}{2}; \quad w_3^* = \frac{a_3 + c_3}{2}$$

因此，分散决策的最终结果是：

零售价格分别为 $p_1'^* = \dfrac{3a_1 + c_1}{4}$；$p_2'^* = \dfrac{3a_2 + c_2}{4}$；$p_3'^* = \dfrac{3a_3 + c_3}{4}$。

需求量分别为 $q'^*_1 = \dfrac{a_1 - c_1}{4}$；$q'^*_2 = \dfrac{a_2 - c_2}{4}$；$q'^*_3 = \dfrac{a_3 - c_3}{4}$。

制造商最优的利润为

$$\pi_s(w^*_1, w^*_2, w^*_3) = \left(\frac{a_1 + c_1}{2} - c_1\right)\frac{a_1 - c_1}{4} + \left(\frac{a_2 + c_2}{2} - c_2\right)\frac{a_2 - c_2}{4} +$$

$$\left(\frac{a_3 + c_3}{2} - c_3\right)\frac{a_3 - c_3}{4}$$

$$= \frac{(a_1 - c_1)^2 + (a_2 - c_2)^2 + (a_3 - c_3)^2}{8}$$

同时把批发价格代入后，可以把零售商的最优利润改写为

$$\pi_r(p'^*_1, p'^*_2, p'^*_3) = \frac{(a_1 - c_1)^2 + (a_2 - c_2)^2 + (a_3 - c_3)^2}{16}$$

8.1.4 供应链效率

$$\frac{\pi_r(p'^*_1, p'^*_2, p'^*_3) + \pi_s(w_1, w_2, w_3)}{\pi(p^*_1, p^*_2, p^*_3)}$$

$$= \frac{\dfrac{3}{16}\left[(a_1 - c_1)^2 + (a_2 - c_2)^2 + (a_3 - c_3)^2\right]}{\dfrac{1}{4}\left[(a_1 - c_1)^2 + (a_2 - c_2)^2 + (a_3 - c_3)^2\right]} = 75\%$$

8.2 完全混合捆绑需求函数

以往文献研究的基本思路是：消费者对产品 1、产品 2、产品 3 的最高支付意愿不会随着产品销售策略的变化而变化，消费者购买产品 1 的最高支付意愿是 a_1，购买产品 2 的最高支付意愿是 a_2，购买产品 3 的最高支付意愿是 a_3，购买捆绑时的最高支付意愿是 $a_1 + a_2 + a_3$，即 $P_b \leqslant a_1 + a_2 + a_3$。

8.2.1 完全混合捆绑的两个基本原则

完全混合捆绑指的是供应商同时提供产品 1、产品 2、产品 3、捆绑产品 123 在市场上销售。

（1）$P_b \leqslant P_1 + P_2 + P_3$

在完全混合捆绑情形下，消费者对产品 1、产品 2、产品 3 的最高支付

意愿会随着产品销售策略的变化而变化。即消费者购买产品 1 的最高支付意愿是 a_1，购买产品 2 的最高支付意愿是 a_2，购买产品 3 的最高支付意愿是 a_3，购买捆绑时消费者对捆绑产品的最高支付意愿是 $P_1 + P_2 + P_3$，而不是 $a_1 + a_2 + a_3$，因为在完全混合捆绑下消费者做购买捆绑产品的决策时有了一个参考点 $P_1 + P_2 + P_3$，必须满足 $P_b \leqslant P_1 + P_2 + P_3$，否则消费者就不会购买捆绑产品，混合捆绑变为单独销售（pure component）的情形。

（2）$\max(P_1, P_2, P_3) \leqslant P_b$

该原则保证了混合捆绑的发生，因为若 $P_b \leqslant P_1$ 或 $P_b \leqslant P_2$ 或 $P_b \leqslant P_3$，消费者就不会购买捆绑产品，混合捆绑变为单独销售（pure component）的情形。

8.2.2 混合捆绑需求函数

三产品完全混合捆绑的需求函数，见图 8.1，为

$$Q_1 = a_1 - P_1$$

$$Q_2 = a_2 - P_2$$

$$Q_3 = a_3 - P_3$$

$$Q_b = \frac{1}{3}(P_1 + P_2 + P_3 - P_b)$$

这里：$a_1 > P_1 > Q_1 > 0$，$a_2 > P_2 > Q_2 > 0$，$a_3 > P_3 > Q_3 > 0$。

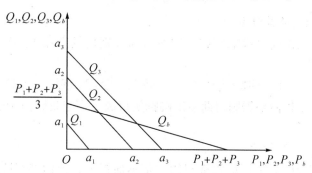

图 8.1　三产品完全混合捆绑的需求函数

从现实情况看，捆绑产品需求对价格的敏感程度明显要低于单一产品对价格的敏感程度。即若产品 1 价格上升或下降 1 单位，消费者减少或增加 ΔQ_1 单位的需求；若捆绑产品价格上升或下降 1 单位，消费者减少或增加 ΔQ_b 单位的需求，则 $\Delta Q_1 > > \Delta Q_b$。同理，$\Delta Q_2 > > \Delta Q_b$，$\Delta Q_3 > > \Delta Q_b$。由于本书研究的是三产品，取捆绑产品的斜率为 $\frac{1}{3}$。

可以看出，该需求函数与不捆绑情形的区别是：完全混合捆绑时，购买捆绑产品 123 的条件是：$P_b < P_1 + P_2 + P_3$。而不捆绑情形没有上述要求。

8.3　完全混合捆绑的供应链效率

8.3.1　供应链系统结构

下面研究制造商具有捆绑权的情形，如下图 8.2 所示：

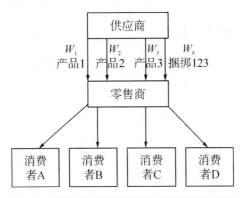

图 8.2　制造商具有捆绑权的供应链系统结构

8.3.1.1　决策流程

第一，制造商具有捆绑权，向零售商分别提供产品 1、产品 2、产品 3、产品 123；

第二，制造商分别决定产品 1、产品 2、产品 3、捆绑产品 123 的批发价；

第三，零售商根据制造商给出的批发价决定零售价，由于需求确定可以计算出订货量。

8.3.1.2　契约特点

在供应链成员签订批发价契约的基本前提下，把捆绑权赋予制造商，即制造商具有捆绑权和批发价定价权；零售商具有零售价定价权，需求是确定的。

8.3.1.3　适用情形

从实践观察来看，古诺定价较适合于新产品的定价行为，因为新产品的客户群体尚未形成。从产品生命周期来看，处于引入期与成长期的企业由于产品销量较少，因此定价较高，企业多数采用古诺定价的模式，而企业产能达到规模经济后，为了垄断市场，企业多采用 Stackelberg 定价的模式。

8.3.2 集中决策

（1）目标函数

$$\pi(P_1, P_2, P_3, P_b) = (P_1 - c_1)(a_1 - P_1) + (P_2 - c_2)(a_2 - P_2) + (P_3 - c_3)(a_3 - P_3) + \frac{1}{3}(P_1 + P_2 + P_3 - P_b)(P_b - c_1 - c_2 - c_3)$$

（2）最优性判定

$$\begin{cases} \dfrac{\partial \pi(P_1, P_2, P_3, P_b)}{\partial P_1} = (-2P_1 + a_1 + c_1) + \dfrac{1}{3}(P_b - c_1 - c_2 - c_3) \\[3mm] \dfrac{\partial \pi(P_1, P_2, P_3, P_b)}{\partial P_2} = (-2P_2 + a_2 + c_2) + \dfrac{1}{3}(P_b - c_1 - c_2 - c_3) \\[3mm] \dfrac{\partial \pi(P_1, P_2, P_3, P_b)}{\partial P_3} = (-2P_3 + a_3 + c_3) + \dfrac{1}{3}(P_b - c_1 - c_2 - c_3) \\[3mm] \dfrac{\partial \pi(P_1, P_2, P_3, P_b)}{\partial P_b} = \dfrac{1}{3}(-2P_b + P_1 + P_2 + P_3 + c_1 + c_2 + c_3) \end{cases}$$

$$\begin{vmatrix} \dfrac{\partial^2 \pi(P_1,P_2,P_3,P_b)}{\partial P_1^2}, & \dfrac{\partial^2 \pi(P_1,P_2,P_3,P_b)}{\partial P_1 \partial P_2}, & \dfrac{\partial^2 \pi(P_1,P_2,P_3,P_b)}{\partial P_1 \partial P_3}, & \dfrac{\partial^2 \pi(P_1,P_2,P_3,P_b)}{\partial P_1 \partial P_b} \\[3mm] \dfrac{\partial^2 \pi(P_1,P_2,P_3,P_b)}{\partial P_2 \partial P_1}, & \dfrac{\partial^2 \pi(P_1,P_2,P_3,P_b)}{\partial P_2^2}, & \dfrac{\partial^2 \pi(P_1,P_2,P_3,P_b)}{\partial P_2 \partial P_3}, & \dfrac{\partial^2 \pi(P_1,P_2,P_3,P_b)}{\partial P_2 \partial P_b} \\[3mm] \dfrac{\partial^2 \pi(P_1,P_2,P_3,P_b)}{\partial P_3 \partial P_1}, & \dfrac{\partial^2 \pi(P_1,P_2,P_3,P_b)}{\partial P_3 P_2}, & \dfrac{\partial^2 \pi(P_1,P_2,P_3,P_b)}{\partial P_3^2}, & \dfrac{\partial^2 \pi(P_1,P_2,P_3,P_b)}{\partial P_3 \partial P_b} \\[3mm] \dfrac{\partial^2 \pi(P_1,P_2,P_3,P_b)}{\partial P_b \partial P_1}, & \dfrac{\partial^2 \pi(P_1,P_2,P_3,P_b)}{\partial P_b \partial P_2}, & \dfrac{\partial \pi^2(P_1,P_2,P_3,P_b)}{\partial P_b P_3}, & \dfrac{\partial^2 \pi(P_1,P_2,P_3,P_b)}{\partial P_b^2} \end{vmatrix}$$

$$= \begin{vmatrix} -2, 0, 0, \dfrac{1}{3} \\[3mm] 0, -2, 0, \dfrac{1}{3} \\[3mm] 0, 0, -2, \dfrac{1}{3} \\[3mm] \dfrac{1}{3}, \dfrac{1}{3}, \dfrac{1}{3}, -\dfrac{2}{3} \end{vmatrix} = \frac{44}{9} > 0$$

很显然，海赛矩阵为负定阵，存在最优解。

$$
\begin{cases}
P_1^* = \dfrac{10a_1 + 8c_1 + a_2 - c_2 + a_3 - c_3}{18} \\[3mm]
P_2^* = \dfrac{10a_2 + 8c_2 + a_1 - c_1 + a_3 - c_3}{18} \\[3mm]
P_3^* = \dfrac{10a_3 + 8c_3 + a_1 - c_1 + a_2 - c_2}{18} \\[3mm]
P_b^* = \dfrac{a_1 + 2c_1 + a_2 + 2c_2 + a_3 + 2c_3}{3}
\end{cases}
$$

显然，$P_1^* + P_2^* + P_3^* > P_b^*$。

$$
\pi(P_1^*, P_2^*, P_3^*, P_b^*) = (P_1^* - c_1)(a_1 - P_1^*) + (P_2^* - c_2)(a_2 - P_2^*) +
$$

$$
(P_3^* - c_3)(a_3 - P_3^*) + \frac{1}{3}(P_1^* + P_2^* + P_3^* - P_b^*)(P_b^* - c_1 - c_2 - c_3)
$$

$$
= \frac{5\left[(a_1 - c_1)^2 + (a_2 - c_2)^2 + (a_3 - c_3)^2\right]}{18} +
$$

$$
\frac{\left[(a_1 - c_1)(a_2 - c_2) + (a_2 - c_2)(a_3 - c_3) + (a_1 - c_1)(a_3 - c_3)\right]}{18}
$$

8.3.3 分散决策

分散决策时，在批发价契约下，零售商分别决定产品 1、产品 2、产品 3 及捆绑产品 123 的零售价格；供应商决定产品 1、产品 2、产品 3 及捆绑产品 123 的批发价格。供应商与零售商的利润分别为

$$
\pi_s(W_1, W_2, W_3, W_b) = (a_1 - P_1')(W_1 - c_1) + (a_2 - P_2')(W_2 - c_2) +
$$

$$
(a_3 - P_3')(W_3 - c_3) + \frac{1}{3}(P_1' + P_2' + P_3' - P_b')(W_b - c_1 - c_2 - c_3)
$$

$$
\pi_r(P_1', P_2', P_3', P_b') = (a_1 - P_1')(P_1' - W_1) + (a_2 - P_2')(P_2' - W_2) +
$$

$$
(a_3 - P_3')(P_3' - W_3) + \frac{1}{3}(P_1' + P_2' + P_3' - P_b')(P_b' - W_b)
$$

（1）先求零售商的最优

$$\begin{cases} \dfrac{\partial \pi(P_1', \ P_2', \ P_3', \ P_b')}{\partial P_1'} = (-2P_1' + a_1 + W_1) + \dfrac{1}{3}(P_b' - W_b) \\[3mm] \dfrac{\partial \pi(P_1', \ P_2', \ P_3', \ P_b')}{\partial P_2'} = (-2P_2' + a_2 + W_2) + \dfrac{1}{3}(P_b' - W_b) \\[3mm] \dfrac{\partial \pi(P_1', \ P_2', \ P_3', \ P_b')}{\partial P_3'} = (-2P_3' + a_3 + W_3) + \dfrac{1}{3}(P_b' - W_b) \\[3mm] \dfrac{\partial \pi(P_1', \ P_2', \ P_3', \ P_b')}{\partial P_b'} = \dfrac{1}{3}(-2P_b' + P_1' + P_2' + P_3' + W_b) \end{cases}$$

$$\begin{vmatrix} \dfrac{\partial^2 \pi(P_1',P_2',P_3',P_b')}{\partial P_1'^2}, & \dfrac{\partial^2 \pi(P_1',P_2',P_3',P_b')}{\partial P_1'\partial P_2'}, & \dfrac{\partial^2 \pi(P_1',P_2',P_3',P_b')}{\partial P_1'\partial P_3'}, & \dfrac{\partial^2 \pi(P_1',P_2',P_3',P_b')}{\partial P_1'\partial P_b'} \\[4mm] \dfrac{\partial^2 \pi(P_1',P_2',P_3',P_b')}{\partial P_2'\partial P_1'}, & \dfrac{\partial^2 \pi(P_1',P_2',P_3',P_b')}{\partial P_2'^2}, & \dfrac{\partial^2 \pi(P_1',P_2',P_3',P_b')}{\partial P_2'\partial P_3'}, & \dfrac{\partial^2 \pi(P_1',P_2',P_3',P_b')}{\partial P_2'\partial P_b'} \\[4mm] \dfrac{\partial^2 \pi(P_1',P_2',P_3',P_b')}{\partial P_3'\partial P_1'}, & \dfrac{\partial^2 \pi(P_1',P_2',P_3',P_b')}{\partial P_3'P_2'}, & \dfrac{\partial^2 \pi(P_1',P_2',P_3',P_b')}{\partial P_3'^2}, & \dfrac{\partial^2 \pi(P_1',P_2',P_3',P_b')}{\partial P_3'\partial P_b'} \\[4mm] \dfrac{\partial^2 \pi(P_1',P_2',P_3',P_b')}{\partial P_b'\partial P_1'}, & \dfrac{\partial^2 \pi(P_1',P_2',P_3',P_b')}{\partial P_b'\partial P_2'}, & \dfrac{\partial \pi^2(P_1',P_2',P_3',P_b')}{\partial P_b'P_3'}, & \dfrac{\partial^2 \pi(P_1',P_2',P_3',P_b')}{\partial P_b'^2} \end{vmatrix}$$

$$= \begin{vmatrix} -2, 0, 0, \dfrac{1}{3} \\[3mm] 0, -2, 0, \dfrac{1}{3} \\[3mm] 0, 0, -2, \dfrac{1}{3} \\[3mm] \dfrac{1}{3}, \dfrac{1}{3}, \dfrac{1}{3}, -\dfrac{2}{3} \end{vmatrix} = \dfrac{44}{9} > 0$$

很显然，海赛矩阵为负定阵，存在最优解。

$$\begin{cases} P_1' = \dfrac{10a_1 + 10W_1 + a_2 + W_2 + a_3 + W_3 - 2W_b}{18} \\[2mm] P_2' = \dfrac{10a_2 + 10W_2 + a_1 + W_1 + a_3 + W_3 - 2W_b}{18} \\[2mm] P_3' = \dfrac{10a_3 + 10W_3 + a_1 + W_1 + a_2 + W_2 - 2W_b}{18} \\[2mm] P_b' = \dfrac{a_1 + W_1 + a_2 + W_2 + a_3 + W_3 + W_b}{3} \end{cases}$$

显然，$P_1' + P_2' + P_3' > P_b'$。

（2）再求供应商的最优

把零售商的最优价格 P_1'，P_2'，P_3'，P_b' 代入：

$\pi_s(W_1, W_2, W_3, W_b) = (a_1 - P_1')(W_1 - c_1) + (a_2 + P_2')(W_2 - c_2) + (a_3 + P_3')(W_3 - c_3)$

$+ \dfrac{1}{3}(P_1' + P_2' + P_3' - P_b')(W_b - c_1 - c_2 - c_3)$

$= (a_1 - \dfrac{10a_1 + 10W_1 + a_2 + W_2 + a_3 + W_3 - 2W_b}{18})(W_1 - c_1)$

$+ (a_2 - \dfrac{10a_2 + 10W_2 + a_1 + W_1 + a_3 + W_3 - 2W_b}{18})(W_2 - c_2)$

$+ (a_3 - \dfrac{10a_3 + 10W_3 + a_1 + W_1 + a_2 + W_2 - 2W_b}{18})(W_3 - c_3)$

$+ \dfrac{1}{3}(\dfrac{10a_1 + 10W_1 + a_2 + W_2 + a_3 + W_3 - 2W_b}{18} + \dfrac{10a_2 + 10W_2 + a_1 + W_1 + a_3 + W_3 - 2W_b}{18}$

$+ \dfrac{10a_3 + 10W_3 + a_1 + W_1 + a_2 + W_2 - 2W_b}{18} - \dfrac{a_1 + W_1 + a_2 + W_2 + a_3 + W_3 + W_b}{3})(W_b - c_1 - c_2 - c_3)$

$= \dfrac{8a_1 - 10W_1 - a_1 - W_1 - a_2 - W_2 + 2W_b}{18}(W_1 - c_1) + \dfrac{8a_2 - 10W_2 - a_1 - W_1 - a_3 - W_3 + 2W_b}{18}(W_2 - c_2)$

$+ (\dfrac{8a_3 - 10W_3 - a_1 - W_1 - a_2 - W_2 + 2W_b}{18})(W_3 - c_3) + \dfrac{a_1 + W_1 + a_2 + W_2 + a_3 + W_3 - 2W_b}{9}(W_b - c_1 - c_2 - c_3)$

$$\begin{cases} \dfrac{\partial \pi_s(W_1,W_2,W_3,W_b)}{\partial W_1} = \dfrac{1}{18}(-20W_1-2W_2-2W_3+4W_b+8a_1-a_2-a_3+8c_1-c_2-c_3) \\[2mm] \dfrac{\partial \pi_s(W_1,W_2,W_3,W_b)}{\partial W_2} = \dfrac{1}{18}(-20W_2-2W_1-2W_3+4W_b+8a_2-a_1-a_3+8c_2-c_1-c_3) \\[2mm] \dfrac{\partial \pi_s(W_1,W_2,W_3,W_b)}{\partial W_3} = \dfrac{1}{18}(-20W_3-2W_1-2W_2+4W_b+8a_3-a_1-a_2+8c_3-c_1-c_2) \\[2mm] \dfrac{\partial \pi_s(W_1,W_2,W_3,W_b)}{\partial W_b} = \dfrac{1}{9}(-4W_b+a_1+2W_1+a_2+2W_2+a_3+2w_3+c_1+c_2+c_3). \end{cases}$$

$$\begin{vmatrix} -\dfrac{10}{9}, & -\dfrac{1}{9}, & -\dfrac{1}{9}, & \dfrac{2}{9} \\[2mm] -\dfrac{1}{9}, & -\dfrac{10}{9}, & -\dfrac{1}{9}, & \dfrac{2}{9} \\[2mm] -\dfrac{1}{9}, & -\dfrac{1}{9}, & -\dfrac{10}{9}, & \dfrac{2}{9} \\[2mm] \dfrac{2}{9}, & \dfrac{2}{9}, & \dfrac{2}{9}, & -\dfrac{4}{9} \end{vmatrix} > 0$$

因此，海赛阵负定。$\pi_s(W_1，W_2，W_3，W_b)$ 有最大值，最优批发价分别为

$$W_1^* = \frac{a_1+c_1}{2}; \quad W_2^* = \frac{a_2+c_2}{2}; \quad W_3^* = \frac{a_3+c_3}{2};$$

$$W_b^* = \frac{a_1+c_1+a_2+c_2+a_3+c_3}{2} = W_1^*+W_2^*+W_3^*$$

最优的零售价格分别为

$$\begin{cases} P'^*_1 = \dfrac{10a_1+10W_1^*+a_2+W_2^*+a_3+W_3-2W_b^*}{18} = \dfrac{28a_1+8c_1+a_2-c_2+a_3-c_3}{36} \\[3mm] P'^*_2 = \dfrac{10a_2+10W_2^*+a_1+W_1^*+a_3+W_3-2W_b^*}{18} = \dfrac{28a_2+8c_2+a_1-c_1+a_3-c_3}{36} \\[3mm] P'^*_3 = \dfrac{10a_3+10W_3+a_1+W_1^*+a_2+W_2^*-2W_b^*}{18} = \dfrac{28a_3+8c_3+a_2-c_2+a_1-c_1}{36} \\[3mm] P'^*_b = \dfrac{a_1+W_1^*+a_2+W_2^*+a_3+W_3+W_b^*}{3} = \dfrac{2a_1+c_1+2a_2+c_2+2a_3+c_3}{3} \end{cases}$$

最优的需求量分别为

$$
\begin{cases}
Q'^{*}_1 = (a_1 - P'^{*}_1) + \dfrac{1}{3}(P'^{*}_1 + P'^{*}_2 + P'^{*}_3 - P'^{*}_b) = \dfrac{10a_1 - 10c_1 + a_2 - c_2 + a_3 - c_3}{36} \\[3mm]
Q'^{*}_2 = (a_2 - P'^{*}_2) + \dfrac{1}{3}(P'^{*}_1 + P'^{*}_2 + P'^{*}_3 - P'^{*}_b) = \dfrac{10a_2 - 10c_2 + a_1 - c_1 + a_3 - c_3}{36} \\[3mm]
Q'^{*}_3 = (a_3 - P'^{*}_3) + \dfrac{1}{3}(P'^{*}_1 + P'^{*}_2 + P'^{*}_3 - P'^{*}_b) = \dfrac{10a_3 - 10c_3 + a_1 - c_1 + a_2 - c_2}{36}
\end{cases}
$$

因此，分散决策的最终结果如下：

供应商最优的利润为

$$
\pi_s(W^{*}_1, W^{*}_2, W^{*}_3, W^{*}_b) = (a_1 - P'^{*}_1)(W^{*}_1 - c_1) + (a_2 - P'^{*}_2)(W^{*}_2 - c_2) + (a_3 - P'^{*}_3)
$$

$$
(W^{*}_3 - c_3) + \frac{1}{3}(P'^{*}_1 + P'^{*}_2 + P'^{*}_3 - P'^{*}_b)(W^{*}_b - c_1 - c_2 - c_3)
$$

$$
= \left[(a_1 - P'^{*}_1) + \frac{1}{3}(P'^{*}_1 + P'^{*}_2 - P'^{*}_b)\right](W^{*}_1 - c_1) + \left[(a_2 - P'^{*}_2) + \frac{1}{3}(P'^{*}_1 + P'^{*}_2 + \right.
$$

$$
\left. P'^{*}_3 - P'^{*}_b)\right](W^{*}_2 - c_2) + \left[(a_3 - P'^{*}_3) + \frac{1}{3}(P'^{*}_1 + P'^{*}_2 + P'^{*}_3 - P'^{*}_b)\right](W^{*}_3 - c_3)
$$

$$
= \frac{5\left[(a_1 - c_1)^2 + (a_2 - c_2)^2 + (a_3 - c_3)^2\right] + \left[(a_1 - c_1)(a_2 - c_2) + (a_2 - c_2)(a_3 - c_3) + (a_1 - c_1)(a_3 - c_3)\right]}{36}
$$

零售商的最优利润为

$$
\pi_r(P'^{*}_1, P'^{*}_2, P'^{*}_3, P'^{*}_b) = (a_1 - P'^{*}_1)(P'^{*}_1 - W^{*}_1) + (a_2 - P'^{*}_2)(P'^{*}_2 - W^{*}_2) +
$$

$$
(a_3 - P'^{*}_3)(P'^{*}_3 - W^{*}_3) + \frac{1}{3}(P'^{*}_1 + P'^{*}_2 + P'^{*}_3 - P'^{*}_b)(P'^{*}_b - W^{*}_1 - W^{*}_2 - W^{*}_3)
$$

$$
= \frac{5\left[(a_1 - c_1)^2 + (a_2 - c_2)^2 + (a_3 - c_3)^2\right] + \left[(a_1 - c_1)(a_2 - c_2) + (a_2 - c_2)(a_3 - c_3) + (a_1 - c_1)(a_3 - c_3)\right]}{72}
$$

因此可以明显看出，分散决策完全混合捆绑时，零售商利润正好等于制造商利润的一半。

8.3.4　完全混合捆绑的供应链效率

$$
\frac{\pi_r(P'^{*}_1, P'^{*}_2, P'^{*}_3, P'^{*}_b) + \pi_s(W^{*}_1, W^{*}_2, W^{*}_3, W^{*}_b)}{\pi(P^{*}_1, P^{*}_2, P^{*}_3, P^{*}_b)} = \frac{18}{24} \times 100\% = 75\%
$$

8.3.5　与不捆绑情形相比，完全混合捆绑的特点

（1）集中决策时，完全混合捆绑的供应链总体利润更高。

$$\pi(P_1^*, P_2^*, P_3^*, P_b^*) = \frac{5[(a_1 - c_1)^2 + (a_2 - c_2)^2 + (a_3 - c_3)^2]}{18} +$$

$$\frac{[(a_1 - c_1)(a_2 - c_2) + (a_2 - c_2)(a_3 - c_3) + (a_1 - c_1)(a_3 - c_3)]}{18}$$

$$> \frac{(a_1 - c_1)^2 + (a_2 - c_2)^2 + (a_3 - c_3)^2}{4} = \pi(p_1^*, p_2^*, p_3^*)$$

（2）集中决策时，完全混合捆绑时产品 1、产品 2、产品 3 单独销售的价格更高。

$$\begin{cases} P_1^* = \dfrac{10a_1 + 8c_1 + a_2 - c_2 + a_3 - c_3}{18} > \dfrac{a_1 + c_1}{2} \\[2mm] P_2^* = \dfrac{10a_2 + 8c_2 + a_1 - c_1 + a_3 - c_3}{18} > \dfrac{a_1 + c_1}{2} \\[2mm] P_3^* = \dfrac{10a_3 + 8c_3 + a_1 - c_1 + a_2 - c_2}{18} > \dfrac{a_1 + c_1}{2} \end{cases}$$

（3）集中决策时，完全混合捆绑时产品 1、产品 2、产品 3 单独销售的需求量更高。

$$\begin{cases} Q_1^* = (a_1 - P_1^*) + \dfrac{1}{3}(P_1^* + P_2^* + P_3^* - P_b^*) = \dfrac{10a_1 - 10c_1 + a_2 - c_2 + a_3 - c_3}{18} > \dfrac{a_1 - c_1}{2} \\[2mm] Q_2^* = (a_2 - P_2^*) + \dfrac{1}{3}(P_1^* + P_2^* + P_3^* - P_b^*) = \dfrac{10a_2 - 10c_2 + a_1 - c_1 + a_3 - c_3}{18} > \dfrac{a_2 - c_2}{2} \\[2mm] Q_3^* = (a_3 - P_3^*) + \dfrac{1}{3}(P_1^* + P_2^* + P_3^* - P_b^*) = \dfrac{10a_3 - 10c_3 + a_1 - c_1 + a_2 - c_2}{18} > \dfrac{a_3 - c_3}{2} \end{cases}$$

（4）分散决策时，完全混合捆绑的零售商利润更高。

$$\pi_r(P_1'^*, P_2'^*, P_3'^*, P_b'^*) = \frac{5[(a_1 - c_1)^2 + (a_2 - c_2)^2 + (a_3 - c_3)^2]}{72} +$$

$$\frac{[(a_1 - c_1)(a_2 - c_2) + (a_2 - c_2)(a_3 - c_3) + (a_1 - c_1)(a_3 - c_3)]}{72} >$$

$$\frac{(a_1 - c_1)^2 + (a_2 - c_2)^2 + (a_3 - c_3)^2}{16} = \pi_r(p_1'^*, p_2'^*, p_3'^*)$$

（5）分散决策时，完全混合捆绑的供应商利润更高。

$$\pi_s(W_1^*, W_2^*, W_3^*, W_b^*) = \frac{5[(a_1 - c_1)^2 + (a_2 - c_2)^2 + (a_3 - c_3)^2]}{36} +$$

$$\frac{[(a_1 - c_1)(a_2 - c_2) + (a_2 - c_2)(a_3 - c_3) + (a_1 - c_1)(a_3 - c_3)]}{36} >$$

$$\frac{(a_1 - c_1)^2 + (a_2 - c_2)^2 + (a_3 - c_3)^2}{8} = \pi_s(w_1^*, w_2^*, w_3^*)$$

（6）分散决策时，完全混合捆绑时产品1、产品2、产品3单独销售的零售价更高。

$$\begin{cases} P'^*_1 = \dfrac{28a_1 + 8c_1 + a_2 - c_2 + a_3 - c_3}{36} > \dfrac{a_1 + c_1}{2} \\[3mm] P'^*_2 = \dfrac{28a_2 + 8c_2 + a_1 - c_1 + a_3 - c_3}{36} > \dfrac{a_2 + c_2}{2} \\[3mm] P'^*_3 = \dfrac{28a_3 + 8c_3 + a_2 - c_2 + a_1 - c_1}{36} > \dfrac{a_3 + c_3}{2} \end{cases}$$

（7）分散决策时，完全混合捆绑时产品1、产品2、产品3单独销售的需求量更高。

$$\begin{cases} Q'^*_1 = \dfrac{10a_1 - 10c_1 + a_2 - c_2 + a_3 - c_3}{36} > \dfrac{a_1 - c_1}{4} \\[3mm] Q'^*_2 = \dfrac{10a_2 - 10c_2 + a_1 - c_1 + a_3 - c_3}{36} > \dfrac{a_2 - c_2}{4} \\[3mm] Q'^*_3 = \dfrac{10a_3 - 10c_3 + a_1 - c_1 + a_2 - c_2}{36} > \dfrac{a_3 - c_3}{4} \end{cases}$$

（8）分散决策时，完全混合捆绑时捆绑产品123的批发价与不捆绑相同。

$$w_1 = \frac{a_1 + c_1}{2} = W_1; \quad w_2 = \frac{a_2 + c_2}{2} = W_2; \quad w_3 = \frac{a_3 + c_3}{2} = W_3$$

（9）分散决策时，完全混合捆绑时捆绑产品123的批发价等于产品1、产品2、产品3批发价之和。

$$W_1 = \frac{a_1 + c_1}{2}; \quad W_2 = \frac{a_2 + c_2}{2}; \quad W_3 = \frac{a_3 + c_3}{2};$$

$$W_b = \frac{a_1 + c_1 + a_2 + c_2 + a_3 + c_3}{2} = W_1 + W_2 + W_3$$

（10）供应链效率与不捆绑时的效率相同，均为75%。

8.4　完全混合捆绑的必要条件

8.4.1　集中决策约束条件

根据完全混合捆绑的总原则 $\begin{cases} P_1 + P_2 + P_3 > P_b \\ P_b > P_1 \\ P_b > P_2 \\ P_b > P_3 \end{cases}$ ，

由 $\begin{cases} P_1 = \dfrac{10a_1 + 8c_1 + a_2 - c_2 + a_3 - c_3}{18} \\[3mm] P_2 = \dfrac{10a_2 + 8c_2 + a_1 - c_1 + a_3 - c_3}{18} \\[3mm] P_3 = \dfrac{10a_3 + 8c_3 + a_1 - c_1 + a_2 - c_2}{18} \\[3mm] P_b = \dfrac{a_1 + 2c_1 + a_2 + 2c_2 + a_3 + 2c_3}{3} \end{cases}$ 得

$$\begin{cases} \dfrac{a_1 + 2c_1 + a_2 + 2c_2 + a_3 + 2c_3}{3} > \dfrac{10a_1 + 8c_1 + a_2 - c_2 + a_3 - c_3}{18} \\[3mm] \dfrac{a_1 + 2c_1 + a_2 + 2c_2 + a_3 + 2c_3}{3} > \dfrac{10a_2 + 8c_2 + a_1 - c_1 + a_3 - c_3}{18} \\[3mm] \dfrac{a_1 + 2c_1 + a_2 + 2c_2 + a_3 + 2c_3}{3} > \dfrac{10a_3 + 8c_3 + a_1 - c_1 + a_2 - c_2}{18} \end{cases} \Rightarrow$$

$$\begin{cases} -4(a_1 + c_1) + 13(c_2 + c_3) > -5(a_2 + a_3) \\ -4(a_2 + c_2) + 13(c_1 + c_3) > -5(a_1 + a_3) \\ -4(a_3 + c_3) + 13(c_1 + c_2) > -5(a_1 + a_2) \end{cases}$$

该约束条件保证了供应链总体利润大于不捆绑的总体利润，即实现了"把蛋糕做大"的目标。

8.4.2　分散决策约束条件

同理，根据 $\begin{cases} P_1' + P_2' + P_3' > P_b' \\ P_b' > P_1' \\ P_b' > P_2' \\ P_b' > P_3' \end{cases}$ ，由 $\begin{cases} P_1' = \dfrac{28a_1 + 8c_1 + a_2 - c_2 + a_3 - c_3}{36} \\ P_2' = \dfrac{28a_2 + 8c_2 + a_1 - c_1 + a_3 - c_3}{36} \\ P_3' = \dfrac{28a_3 + 8c_3 + a_2 - c_2 + a_1 - c_1}{36} \\ P_b' = \dfrac{2a_1 + c_1 + 2a_2 + c_2 + 2a_3 + c_3}{3} \end{cases}$ 得

$$\begin{cases} \dfrac{2a_1 + c_1 + 2a_2 + c_2 + 2a_3 + c_3}{3} > \dfrac{28a_1 + 8c_1 + a_2 - c_2 + a_3 - c_3}{36} \\ \dfrac{2a_1 + c_1 + 2a_2 + c_2 + 2a_3 + c_3}{3} > \dfrac{28a_2 + 8c_2 + a_1 - c_1 + a_3 - c_3}{36} \\ \dfrac{2a_1 + c_1 + 2a_2 + c_2 + 2a_3 + c_3}{3} > \dfrac{28a_3 + 8c_3 + a_2 - c_2 + a_1 - c_1}{36} \end{cases} \Rightarrow$$

$$\begin{cases} -4(a_1 + c_1) + 13(c_2 + c_3) > -23(a_2 + a_3) \\ -4(a_2 + c_2) + 13(c_1 + c_3) > -23(a_1 + a_3) \\ -4(a_3 + c_3) + 13(c_1 + c_2) > -23(a_1 + a_2) \end{cases}$$

该约束实现了分散决策下供应商与零售商各自利益均高于不捆绑情形。

8.4.3　总约束条件

$$\begin{cases} -4(a_1 + c_1) + 13(c_2 + c_3) > -5(a_2 + a_3) \\ -4(a_2 + c_2) + 13(c_1 + c_3) > -5(a_1 + a_3) \\ -4(a_3 + c_3) + 13(c_1 + c_2) > -5(a_1 + a_2) \\ -4(a_1 + c_1) + 13(c_2 + c_3) > -23(a_2 + a_3) \\ -4(a_2 + c_2) + 13(c_1 + c_3) > -23(a_1 + a_3) \\ -4(a_3 + c_3) + 13(c_1 + c_2) > -24(a_1 + a_2) \end{cases} \Rightarrow$$

$$\begin{cases} -4(a_1+c_1)+13(c_2+c_3) > -5(a_2+a_3) \\ -4(a_2+c_2)+13(c_1+c_3) > -5(a_1+a_3) \Rightarrow -4(a_l+c_l)+13(c_m+c_n) \\ -4(a_3+c_3)+13(c_1+c_2) > -5(a_1+a_2) \end{cases}$$

$$> -5(a_m+a_n) \cdots\cdots l,\ m,\ n=1,\ 2,\ 3 \, \text{且} \, l \neq m \neq n$$

总的约束条件使得供应链总体利润变大,供应商与零售商各自利润变大的总目标,实现了激励相容。

8.5 本章小结

本章通过把第 7 章两产品完全混合捆绑的线性模型拓展到三产品领域,旨在探索多产品情形的一般规律,研究发现:

(1) 集中决策时,完全混合捆绑的供应链总体利润更高;完全混合捆绑时产品 1、产品 2、产品 3 单独销售的价格更高、需求量更大。

(2) 分散决策时,完全混合捆绑的零售商利润更高、供应商利润更高。完全混合捆绑时产品 1、产品 2、产品 3 单独销售的价格更高、需求量更大。完全混合捆绑时捆绑产品 1、产品 2、产品 3 的批发价等于产品 1、产品 2、产品 3 批发价之和,该批发价与不捆绑相同。

(3) 供应链效率与不捆绑时的效率相同,均为 75%。

(4) 总的约束条件为 $-4(a_l+c_l)+13(c_m+c_n) > -5(a_m+a_n) \cdots\cdots l$, $m,\ n=1,\ 2,\ 3 \, \text{且} \, l \neq m \neq n$,满足该条件时供应链总体利润变大,供应商与零售商各自利润变大的总目标,实现了激励相容。

9 产品与物流服务的捆绑定价

McWilliams[①]研究表明，网上购物的退货率通常是实体店的 2 倍。Banjo[②]指出，根据《华尔街日报》的统计，在线销售中每 3 次购物就有 1 次退回。包邮、退款承诺（money-back guarantee，MBG）、评价制度、"七天无理由退货"等模式旨在为消费者减少退货带来的损失。百思买、亚马逊推出的展厅服务试图通过双渠道改进消费体验。然而，服装、日常生活用品、珠宝等产品退货率仍然居高不下。有数据显示，电商直播平台退货率高达 60%[③]。

为解决上述问题，需要分析退货的影响因素、进行深度的原因分析，以探究退货问题形成的机理。进而从实证角度发现减少退货的可能方式，尤其是企业实践中正在推行的管理手段、技术手段，比如淘宝、天猫、亚马逊等对解决退货问题的有益尝试。通过对实践痛点的梳理，旨在发现其中蕴含的科学问题，凝练关键学术问题，并依据运营管理、金融管理等学科方法构建理论模型，以解决上述难题。

9.1 文献综述

9.1.1 有关退货原因的研究

众多研究发现，网上购物最大的缺点是在购买前无法评估产品的适用

---

① MCWILLIAMS, B. Money - Back Guarantees: Helping the Low - Quality Retailer [J]. Management Science, 2012, 58 (8): 1521-1524.

② BANJO S. Rampant returns plague e-retailers. New York: Wall Street Journal, 2013.

③ "买买买"变"退退退"，"双 11"高退货率背后乱象频生 [EB/OL]. https://baijiahao.baidu.com/s? id=1717297600588183567&wfr=spider&for=pc, 证券日报, 2021-11-24.

性，消费者在收到并体验产品后，可能不确定他们是否对产品满意，因为他们在网上购物时无法触摸和感觉到产品（Mostard et al.，2006[①]；Swinney，2008；Ofek et al.，2010[②]）。尤其是新产品，消费者由于无法尝试或体验进而难以确定其价值。事实上，Lawton[③]的研究表明，退货的主因是产品不能满足消费的需求（mismatch）。只有5%的退货原因是产品缺陷（Hong et al.[④]）。

9.1.2 有关减少退货的策略研究

当考虑质量等产品自身因素时，减少退货的主要办法是 MBG 和评价制度。为了解决消费者的担忧，哈德逊湾、西尔斯、沃尔玛、亚马逊、天猫和京东等电商平台对销售的大部分产品主动采取退货政策，采取 MBG 模式（Chen et al.[⑤]）。然而关注在线评论与产品退货率之间关系的经典文献仍然比较少。Sahoo 等[⑥]指出，过于积极的评价不是带来更多的购买，而是带来更多的退货。

除产品质量原因外，减少退货方式主要是降低产品的不适用性、降低供需的信息不对称。百思买、亚马逊推出的展厅服务试图通过双渠道模式（dual-channel）改进消费体验，消费者可以先在线下实体店检查产品，以确保在购买前符合他们的需求和偏好（Balakrishnan et al.[⑦]）。线上体验产品的主要方式是 AR 技术。众多企业努力为在线购买者模拟真实的购物场景。宜家（IKEA）利用 Ikea Place 软件，模拟出家具在家中放置的效果图，耐克（Nike）采用智能手机应用程序让用户体验鞋服穿戴效果，珠宝品

① MOSTARD J R. The newsboy problem with resalable returns: A single period model and case study [J]. European Journal of Operational Research, 2006, 169 (1): 81-96.

② OFEK E, KATONA Z, SARVARY M. "Bricks and Clicks": The Impact of Product Returns on the Strategies of Multichannel Retailers [J]. Marketing Science, 2011, 30 (1): 42-60.

③ LAWTON, CHRISTOPHER. The war on returns. New York: Wall Street Journal, 2008, 8 (1).

④ HONG K Y, PAVLOU P A. Product Fit Uncertainty in Online Markets: Nature, Effects, and Antecedents [J]. Social Science Electronic Publishing, 2014, 25 (2): 328-344.

⑤ JING C, GREWAL R. Competing in a supply chain via full-refund and no-refund customer returns policies [J]. International journal of production economics, 2013, 146 (1): 246-258.

⑥ SAHOO, NACHIKETA, CHRYSANTHOS DELLAROCAS, et al. The impact of online product reviews on product returns. MSI working paper series, 2016.

⑦ BALAKRISHNAN A, SUNDARESAN S, ZHANG B. Browse and switch: Retail-online competition under value uncertainty [J]. Production and Operations Management, 2014, 23 (7): 1129-1145.

牌 Kendra Scott 利用 AR 技术推出虚拟试戴功能，用户可以远程试戴产品。

9.1.3 有关运营和金融层面的退货研究

9.1.3.1 运营层面的退货研究

Padmanabhan 等[1]提出了一个框架，研究何时允许退货、怎样退货的问题。Mukhopadhyay 等[2]研究了逆向物流的最优价格和退货政策并得出结论，合理的退货政策可以提高商家的利润。Suwelack 等[3]指出，退货服务减少了消费者由于产品不适用带来的购物风险和损失，增加了消费者支付意愿。Bower 等[4]建议零售商采取免费退货政策。但 Yao 等[5]却发现，网络零售商的产品报价同物流服务质量呈现正相关关系，商家提供的免费退货服务往往会伴随产品报价的提高。Ohmura 等[6]认为，商家采用全额退款或不退款行为主要依赖于商家的风险态度。

从产品和运费的定价策略看，有单独定价和捆绑定价两种。Marceau 等[7]指出，企业有两种重要的战略：产品和服务整合（product-service integration）——在产品运作的不同阶段把服务整合进来；产品与服务捆绑（product-service bundling）——在产品售卖时或售卖以后把服务捆绑进来。随着全渠道（omni-channels）趋势的日益形成，线上购买线下退货（buy online and return to store, BORS）开始流行。Nageswaran 等[8]认为，拥有良

---

① PADMANABHAN V, PNG I P L. Returns policies：Make money by making good ［J］. Sloan Management Rev. 1995, 37（1）：65-72.

② MUKHOPADHYAY S K, SETOPUTRO R. Optimal return policy and modular design for build-to-order products ［J］. Journal of Operations Management, 2005, 23（5）：496-506.

③ SUWELACK T, HOGREVE J, HOYER W D. Understanding Money-Back Guarantees：Cognitive, Affective, and Behavioral Outcomes ［J］. Journal of Retailing, 2011, 87（4）：462-478.

④ BOWER A B, MAXHAM J G I. Return shipping policies of online retailers：Normative assumptions and the long-term consequence of fee and free returns ［J］. Journal of Marketing, 2012, 76（5）：110-124.

⑤ YAO Y, JIE Z. Pricing for shipping services of online retailers：Analytical and empirical approaches ［J］. Decision Support Systems, 2012, 53（2）：368-380.

⑥ OHMURA S, MATSUO H. The effect of risk aversion on distribution channel contracts：implications for return Policies ［J］. International Journal of Production Economics, 2016, 176（1）：29-40.

⑦ MARCEAU J, MARTINEZ C. Selling Solutions：Product-Service Packages as Links between New and Old Economies ［C］//DRUID Summer Conference on Industrial Dynamics of the New and Old Economy：Who is Embracing Whom, 2002：289-303.

⑧ NAGESWARAN L, CHO S H, SCHELLER-WOLF A. Consumer Return Policies in Omnichannel Operations ［J］. Management Science, 2020, 66（12）：5558-5575.

好的退货合作伙伴的全渠道公司、拥有更多零售店式顾客的公司应该采取全额退款政策。Yan 等[①]研究表明，是否采用 BORS 策略依赖于退货率和交叉销售带来的利润。

9.1.3.2　金融层面的退货研究

华泰保险在 2010 年与淘宝网合作推出了最早的退货运费险（return-freight insurance，RFI），分为退货运费险买家版和卖家版两种，但仅对"七天无理由退换货"的商品适用。2013 年，人民保险、人寿保险在京东、当当平台推出退货运费险业务。2019 年我国退货运费险累计保单数量约 150 亿件。Lin 等[②]指出，天猫平台接近一半的订单有卖家或平台提供了退货运费险。

从积极作用看，退货运费险是一个产品真实质量的信号（Shao 等[③]；Zhang 等[④]），或是第三方提供的质量证明（Zhang 等），因为有保险公司作为产品质量的背书。杨雷等[⑤]发现在退货率较低时，退货运费险的采用是帕累托无效[⑥]的，在退货率较低时卖家购买退货运费险、退货率较高时买家购买退货运费险有利于提高社会总福利水平。史维娜[⑦]指出，如果退货补偿对于消费者退货量的影响较大，应由消费者承担退货风险；如果退货补偿对于消费者的需求量影响远大于其对退货的影响时，零售商应当采用卖家版退货运费险；如果退货补偿对于消费者的需求量影响大于其对退货量的影响且属于正常范围时，零售商应依据市场竞争水平决定其退货运费险

①　YAN S, ARCHIBALD T W, HAN X, et al. Whether to adopt "buy online and return to store" strategy in a competitive market? ［J］European Journal of Operational Research, Elsevier, 2022, 301 （3）：974-986.

②　LIN J, ZHANG J, CHENG T. Optimal pricing and return policy and the value of freight insurance for a retailer facing heterogeneous consumers with uncertain product values ［J］. International Journal of Production Economics, 2020 （229）：107767.

③　SHAO B, CHANG L, ZHANG L. The effect of online return shipping insurance and regulatory focus on consumer behavior ［J］. Proc. 23rd International Business Research Conference, 2013：18-20.

④　ZHANG C, YU M, CHEN J. Signaling Quality with Return Insurance：Theory and Empirical Evidence ［J］. Management Science, 2021, 68 （8）：5847-5867.

⑤　杨雷, 常娜. 考虑退货运费险情况下的供应链运作决策研究 ［J］. 系统工程学报, 2018, 33 （1）：116-124.

⑥　帕累托无效, 描述资源配置无法达到或尚未达到最优化的状态。在博弈中, 人们为实现每次博弈会得到更好的收益, 总是倾向于不去选择严格劣势策略。然而这样的选择, 导致无法出现最优结果, 这样的状态称为帕累托无效。

⑦　史维娜. 竞争环境下考虑零售商服务努力的退货运费险策略研究 ［D］. 厦门：厦门大学, 2020.

水平。退货运费险也存在消极作用。Fan 等[1]研究了单制造商单零售商组成的供应链，发现退货运费险策略不一定有利于供应链。Ren 等[2]认为，退货运费险对在线零售商和消费者都有害，反映在较低的利润和消费者剩余上。

9.1.4 发展动态分析

从企业实践看，近百年来世界经历了传统经济、工业经济、互联网经济、服务经济四个发展阶段。传统经济和工业经济是供给方和需求方直接互动的结果，基于先筛选、后支付模式，物流和金融等服务尚未完全独立。而互联网经济基于先支付、后筛选模式，在外部性理论和平台理论支撑下，物流和金融等服务实现了专业化外包和独立。然而，互联网型平台经济"先支付后筛选"模式对供需匹配的不足凸显出来。比如，售卖服装的线上零售商在竞争压力下采取了打折销售、包邮销售等政策，造成了大量的退货和物流资源浪费。

从学术研究看，在线购物带来的产品与退货服务的双边市场黏性特征凸显，现有研究紧跟企业实践中的退货运费险业务，力图通过消费者、在线零售商、平台（第三方金融机构）的三方合作实现各方利益共赢。然而，由于数据不完全和风险防控技术不完善、定价过低，存在严重的逆向选择和道德风险，导致赔付率过高。自 2010 年退货运费险推出近 10 年后，直到 2019 年部分承包公司才扭亏为盈。因此，企业急需新的运营模式和技术手段支撑退货运费险业务。

因此，从传统的企业合作转向基于产品与服务的合作成为了新的选择，正如乔布斯所言"一切都不是偶然，好产品自己会说话。"如何进行合作？以"产品+退货险服务"的捆绑为抓手，探讨纯捆绑（Adams et al.）、部分混合捆绑（Eckalbar）、完全混合捆绑（Bhargava）模式相比于单独销售的价值所在。事实上，京东快捷的退货服务反向提升了京东平台的产品销售，淘宝多元化的商家主体刺激了菜鸟物流量的增加，产品与物流服务的相互促进已是未来服务型经济的大势所趋，"产品+退货运费险服

① FAN Z P, CHEN Z W. When should the e-tailer offer complimentary return-freight insurance [J]. International Journal of Production Economics, 2020（230）：107890.

② REN M, LIU J, FENG S, et al. Pricing and return strategy of online retailers based on return insurance [J]. Journal of Retailing and Consumer Services, 2021（59）：102350.

务"的捆绑正显示出勃勃生机，因此将为供应链与物流服务的高效协作、减少退货、绿色物流发展提供一定的理论借鉴。

9.2 模型假设

本书引入 Hotelling 位置模型，考虑一个线上市场中存在两个相互竞争的电子零售商：1 和 2，它们各自向消费者销售同一种实体产品并提供退货运费险服务。假设市场上存在 N 个消费者，他们对核心产品和退货运费险服务的评价是异质性的，每个消费者只能从一家零售商选择一个产品进行购买，并且消费者沿单位线长均匀分布，零售商 1 与 2 位于线上的两端，记为 $x_1 = 0$ 和 $x_2 = 1$。消费者的位置代表他期望的理想产品与服务，如果产品（产品及退货运费险服务）并不完全匹配消费者的期望，则会产生单位不匹配成本 $\lambda a(a)$，这种成本随着他与特定零售商之间的距离不断增加。零售商存在三种营销策略：一种是将产品与退货运费险服务单独销售（I）；一种是将产品与退货运费险服务部分混合捆绑销售（B）；最后一种则是将产品与退货运费险服务纯捆绑销售（A）。由于退货运费险服务的特殊性，当零售商选择部分混合捆绑销售策略时，其实质上等同于完全混合捆绑销售。两个零售商独立决策采取何种营销策略，由此产生九类子博弈情形，不同情形下消费者选择零售商进行消费并决策是否购买退货运费险服务。决策事件顺序如图 9.1 所示。不同子博弈情形及决策变量如表 9.1 所示。

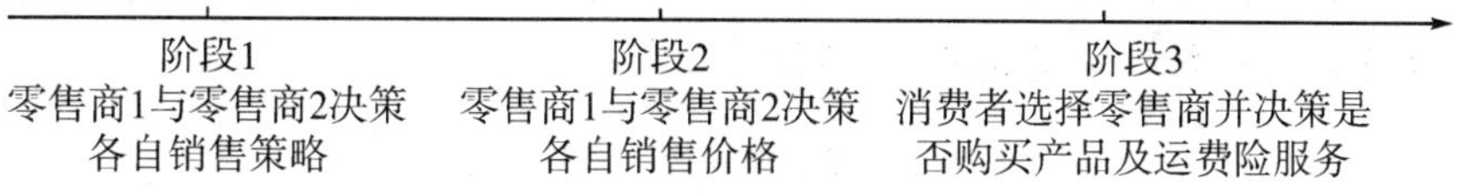

| 阶段1 | 阶段2 | 阶段3 |
| 零售商1与零售商2决策
各自销售策略 | 零售商1与零售商2决策
各自销售价格 | 消费者选择零售商并决策是
否购买产品及运费险服务 |

图 9.1 决策事件顺序

表 9.1 不同情境下零售商的决策变量

零售商 2 的策略	零售商 1 的策略		
	单独销售（I）	部分混合捆绑销售（B）	纯捆绑销售（A）
单独销售（I）	II 情形：决策 p_1^{II}, p_2^{II}	BI 情形	AI 情形

表9.1(续)

零售商 2 的策略	零售商 1 的策略		
	单独销售（I）	部分混合捆绑销售（B）	纯捆绑销售（A）
部分混合捆绑销售（B）	IB 情形：决策 p_1^{IB}, p_2^{IB}, p_{b2}^{IB}	BB 情形：决策 p_1^{BB}, p_{b1}^{BB}, p_2^{BB}, p_{b2}^{BB}	AB 情形
纯捆绑销售（A）	IA 情形：决策 p_1^{IA}, p_{b2}^{IA}	BA 情形：决策 p_1^{BA}, p_{b1}^{BA}, p_{b2}^{BA}	AA 情形：决策 p_{b1}^{AA}, p_{b2}^{AA}

假设两家零售商均对产品发货物流提供免费包邮服务，但不承担退货物流费用。消费者在线购买时会考虑是否购买退货运费险服务：当消费者决定购买运费险时，零售商单独销售策略下需要支付运费险 f，捆绑销售下则需要支付捆绑销售价格 p_b；当消费者决定不够买运费险时，如果发生退货则需要为退货承担物流费用 γ。为了保证运费险具有实际意义，令 $f < \gamma$。假设消费者退货事件 X 服从伯努利分布，发生退货的概率为 ξ。为便于研究，本书对退货的原因仅考虑产品不符合消费者期望而发生的退货，即退货责任在消费者而不是产品质量问题引起的退货，并且不考虑零售商处理退货的成本以及产品净值。消费者对产品(产品及退货运费险服务)的估值为 $v(s)$。当零售商采用单独销售策略时，消费者分为：购买产品与运费险以及只购买产品两类；当零售商采用部分混合捆绑销售时，消费者分为：购买产品与运费险以及只购买产品两类；当零售商采用纯混合捆绑策略时，消费者只能选择购买产品与运费险服务。由于不同情形下消费者效用存在较大差异，我们将在第 4 节详细介绍不同子博弈中的消费者效用，模型变量的符号与含义如表 9.2 所示。

表9.2　模型变量的符合及含义

符号	含义
k	不同情境($k = II$, $IB(IB)$, BB, $AI(IA)$, $BA(AB)$, AA)
i	不同零售商($i = 1, 2$)
U_i^k	k 情境下在 i 零售商处购买产品及运费险的消费者效用
$U_i'^k$	k 情境下在 i 零售商处只购买产品不购买运费险的消费者效用
Q_i^k	k 情境下在 i 零售商处消费该产品以及运费险服务需求

表9.2(续)

符号	含义
$Q_i'^k$	k 情境下在 i 零售商处只购买产品的消费者需求
Π_i^k	k 情境下 i 零售商的利润
v	消费者对产品的估值
s	消费者对产品以及运费险的估值
x	消费者对不同零售商的产品(服务)偏好选择
α	单位产品及运费险服务的不匹配成本
$\lambda(0 < \lambda < 1)$	单位产品与单位产品及运费险服务的不匹配成本差异系数
$p_i^k(p_i^k > \gamma)$	k 情境下 i 零售商对该产品的单独销售价格
$p_{bi}^k(p_{bi}^k > p_i^k)$	k 情境下 i 零售商对该产品的捆绑销售价格
γ	退货物流费用
f	运费险
$\xi(0 < \xi < 1)$	消费者购物之后因不合适而发生退货的概率

9.3 子博弈情形分析

根据零售商 1 和零售商 2 的销售策略选择不同,一共得到九种子博弈情形,对相似情形我们只取其一研究(例如 BI 情形与 IB 情形,我们只研究后者,前者结论是类似的)。采取逆序求解的方式得到六种情形下零售商的最优定价决策及其利润,需求函数构建参考 Zhang 等[①]的研究,具体分析如下。

9.3.1 *II* 情形:均采用单独销售策略

当零售商 1 与零售商 2 同时采用单独销售策略时,产品与运费险服务独立向消费者销售。消费者可以选择只购买产品也可以选择购买产品之后

---

① ZHANG Z, NAN G, LI M, et al. Duopoly pricing strategy for information products with premium service: free product or bundling? [J]. Journal of Management Information Systems, 2016, 33 (1): 260-295.

再购买退货运费险服务，此时线上市场中消费者效用分布如图9.2所示。

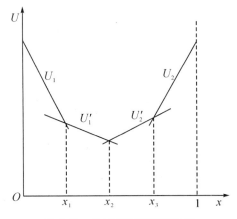

图9.2　II情境下消费者效用

不同选择下的消费者效用如下：

$$U_1^{II} = s - \alpha x - p_1^{II} - f \tag{9.1}$$

$$U_1^{II} = v - \lambda \alpha x - p_1^{II} - \xi\gamma \tag{9.2}$$

$$U_2^{I} = s - \alpha(1 - x) - p_2^{II} - f \tag{9.3}$$

$$U_2^{'I} = v - \lambda\alpha(1 - x) - p_2^{II} - \xi\gamma \tag{9.4}$$

分析图9.2可以计算出消费者不同选择的需求：$Q_1^{II} = \dfrac{s - v - f + \xi\gamma}{(1 - \lambda)\alpha}$，

$Q_1^{'II} = \dfrac{1}{2} + \dfrac{p_2^{II} - p_1^{II}}{2\alpha} - \dfrac{s - v - f + \xi\gamma}{(1 - \lambda)\alpha}$，$Q_2^{II} = \dfrac{s - v - f + \xi\gamma}{(1 - \lambda)\alpha}$，$Q_2^{'II} = \dfrac{1}{2} - \dfrac{p_2^{II} - p_1^{II}}{2\alpha}$

$- \dfrac{s - v - f + \xi\gamma}{(1 - \lambda)\alpha}$，为了保证此情形下需求非负，满足以下条件：

$\dfrac{2s - 2f + 2\gamma\xi - \alpha(1 - \lambda)}{2} < v < s + \gamma\xi - f$。此时零售商利润如下：

$$\Pi_1^{II} = p_1^{II}(1 - \xi)(Q_1^{II} + Q_1^{'II}) + fQ_1^{II} \tag{9.5}$$

$$\Pi_2^{II} = p_2^{II}(1 - \xi)(Q_2^{II} + Q_2^{'II}) + fQ_2^{II} \tag{9.6}$$

零售商1与零售商2以其利润最大化为决策目标，通过求解他们的价格博弈可以得到该子博弈情形下的最优均衡价格及最优利润：$p_1^{II*} = \alpha$，

$p_2^{II*} = \alpha\lambda$，$\Pi_1^{II*} = \dfrac{\alpha\lambda(1 - \xi)}{2} + \dfrac{f(s - v - f + \xi\gamma)}{(1 - \lambda)}$，$\Pi_2^{II*} = \dfrac{\alpha\lambda(1 - \xi)}{2} +$

$\dfrac{f(s - v - f + \xi\gamma)}{(1 - \lambda)}$，对以上求解结果进行敏感性分析，得到命题1。

命题1： (1) 当 $0<\alpha<\sqrt{\dfrac{2\gamma^2}{\lambda\ (1-\lambda)}}$ 且 $\max\left(\dfrac{2s-2v+2\gamma\xi-\alpha\ (1-\lambda)}{2},\dfrac{\alpha^2\lambda-\alpha^2\lambda^2}{2\gamma}\right)<$

$f<\gamma$，则有 $\dfrac{\partial\Pi_1^{II*}}{\partial\xi}>0$ 且 $\dfrac{\partial\Pi_2^{II*}}{\partial\xi}>0$；反之 $\dfrac{\partial\Pi_1^{II*}}{\partial\xi}<0$ 且 $\dfrac{\partial\Pi_2^{II*}}{\partial\xi}<0$。即均

选择单独销售情形下，当产品及退货运费险服务的单位不匹配成本较低以及退货运费险较大时，零售商1与零售商2的均衡最优利润将随着退货率的增大而增大。

(2) 存在 $\dfrac{\partial\Pi_1^{II*}}{\partial\gamma}>0$ 且 $\dfrac{\partial\Pi_2^{II*}}{\partial\gamma}>0$。即均选择单独销售情形下，零售商1与零售商2的均衡最优利润将随着退货物流费用的增大而增大。

(3) 当 $\alpha>\dfrac{2f}{1-\lambda}$ 时，$\dfrac{\partial\Pi_1^{II*}}{\partial f}>0$ 且 $\dfrac{\partial\Pi_2^{II*}}{\partial f}>0$；反之，$\dfrac{\partial\Pi_1^{II*}}{\partial f}<0$ 且

$\dfrac{\partial\Pi_2^{II*}}{\partial f}<0$。即均选择单独销售情形下，当产品及退货运费险服务的单位不匹配成本较高时，零售商1与零售商2的均衡最优利润将随着退货运费险费用的增大而增大。

9.3.2 *IB* 情形：零售商1采用单独销售策略，零售商2采用部分混合捆绑策略

当零售商1采用单独销售策略而零售商2采用部分混合捆绑销售策略时，消费者在可以选择在零售商1处只购买产品或者购买了产品之后继续购买运费险服务，也可以选择在零售商2处只购买产品或者购买产品与运费险服务捆绑的产品。此时线上市场中消费者效用分布如图9.3所示。

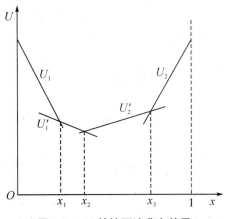

图9.3 *IB* 情境下消费者效用

不同选择下的消费者效用如下：

$$U_1^{IB} = s - \alpha x - p_1^{IB} - f \qquad (9.7)$$

$$U_1^{'IB} = v - \lambda \alpha x - p_1^{IB} - \xi \gamma \qquad (9.8)$$

$$U_2^{IB} = s - \alpha(1 - x) - p_{b2}^{IB} \qquad (9.9)$$

$$U_2^{'IB} = v - \lambda \alpha(1 - x) - p_2^{IB} - \xi \gamma \qquad (9.10)$$

分析图9.3可以计算出消费者不同选择的需求：$Q_1^{IB} = \dfrac{s - v - f + \xi \gamma}{(1 - \lambda)\alpha}$,

$Q_1^{'IB} = \dfrac{1}{2\alpha\lambda} + \dfrac{p_2^{IB} - p_1^{IB}}{2\alpha} - \dfrac{s - v - f + \xi \gamma}{\alpha(1 - \lambda)}$, $Q_2^{IB} = \dfrac{s - v + \xi \gamma + p_2^{IB} - p_{b2}^{IB}}{(1 - \lambda)\alpha}$, $Q_2^{'IB} =$

$\dfrac{1}{2} - \dfrac{p_2^{IB} - (1 - \lambda)p_1^{IB} + \lambda\left[p_2^{IB} - 2(p_{b2}^{IB} - s + v - \xi\gamma)\right]}{2\alpha\lambda(1 - \lambda)}$, 为了保证此情形下

需求非负，满足以下条件：$\alpha > \max\left(\dfrac{s - v + \gamma\xi}{1 - \lambda}, \dfrac{2s - 2v - 2f + 2\gamma\xi}{1 - \lambda}\right)$。 此

时零售商利润如下：

$$\Pi_1^{IB} = p_1^{IB}(1 - \xi)(Q_1^{IB} + Q_1^{'IB}) + fQ_1^{IB} \qquad (9.11)$$

$$\Pi_2^{IB} = p_{b2}^{IB}(1 - \xi)Q_2^{IB} + p_2^{IB}(1 - \xi)Q_2^{'IB} \qquad (9.12)$$

零售商1与零售商2以其利润最大化为决策目标，通过求解他们的价格博弈可以得到该子博弈情形下的最优均衡价格及最优利润：$p_1^{IB*} = \alpha\lambda$,

$p_2^{IB*} = \alpha\lambda$, $p_{b2}^{IB*} = \dfrac{1}{2}(s - v + 2\alpha\lambda + \xi\gamma)$, $\Pi_1^{IB*} = \dfrac{\alpha\lambda(1 - \xi)}{2} +$

$\dfrac{f(s - v - f + \xi\gamma)}{(1 - \lambda)\alpha}$, $\Pi_2^{IB*} = \dfrac{(1 - \xi)(2\alpha^2\lambda(1 - \lambda) + (s - v + \xi\gamma)^2)}{4\alpha(1 - \lambda)}$, 对以

上求解结果进行敏感性分析，得到命题2。

命题2：（1）当 $\alpha > \max\left(\dfrac{2f}{1 - \lambda}, \dfrac{s - v + \gamma\xi}{1 - \lambda}, \dfrac{2s - 2v - 2f + 2\gamma\xi}{1 - \lambda}\right)$ 且

$\dfrac{2s - 2f + 2\gamma\xi - \alpha(1 - \lambda)}{2} < v < s + \gamma\xi - f$ 时，则有 $\dfrac{\partial\Pi_1^{IB*}}{\partial f} > 0$; 反之，

$\dfrac{\partial\Pi_1^{IB*}}{\partial f} < 0$, 同时，$\dfrac{\partial\Pi_2^{IB*}}{\partial f} < 0$。 即零售商1采用单独销售策略、零售商2采用部分混合捆绑策略情形下，零售商1的均衡利润与运费险仍存在命题1中的关系，而零售商2的均衡利润始终随退货运费险费用增加而减少。

（2）$\frac{\partial \Pi_1^{IB*}}{\partial \gamma} > 0$，$\frac{\partial \Pi_2^{IB*}}{\partial \gamma} > 0$。即零售商 1 采用单独销售策略、零售商 2 采用部分混合捆绑策略情形下，零售商 1 与零售商 2 的均衡最优利润将随着退货物流费用的增大而增大。

（3）$\frac{\partial \Pi_1^{IB*}}{\partial s} > 0$，$\frac{\partial \Pi_2^{IB*}}{\partial s} > 0$。即零售商 1 采用单独销售策略、零售商 2 采用部分混合捆绑策略情形下，零售商 1 与零售商 2 的均衡最优利润将随着消费者对产品以及运费险的估值的增大而增大。

（4）$\frac{\partial \Pi_1^{IB*}}{\partial v} < 0$，$\frac{\partial \Pi_2^{IB*}}{\partial v} < 0$。即零售商 1 采用单独销售策略、零售商 2 采用部分混合捆绑策略情形下，零售商 1 与零售商 2 的均衡最优利润将随着消费者对产品的估值的增大而减小。

9.3.3 *BB* 情形：均采用部分混合捆绑销售策略

当零售商 1 和零售商 2 均采用部分混合捆绑销售策略时，消费者在可以选择在零售商 1 或零售商 2 处只购买产品或者购买产品与运费险服务捆绑的产品。此时线上市场中消费者效用分布如图 9.4 所示。

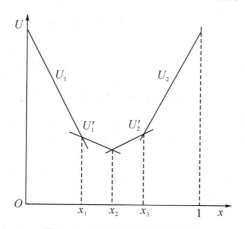

图 9.4 *BB* 情境下消费者效用

不同选择下的消费者效用如下：

$$U_1^{BB} = s - \alpha x - p_{b1}^{BB} \tag{9.13}$$

$$U_1^{'BB} = v - \lambda \alpha x - p_1^{BB} - \xi \gamma \tag{9.14}$$

$$U_2^{BB} = s - \alpha(1 - x) - p_{b2}^{BB} \tag{9.15}$$

$$U_2^{'BB} = v - \lambda\alpha(1-x) - p_2^{BB} - \xi\gamma \qquad (9.16)$$

分析图 9.4 可以计算出消费者不同选择的需求：$Q_1^{BB} = \dfrac{p_1^{BB} - p_{b1}^{BB} + s - v + \xi\gamma}{(1-\lambda)\ \alpha}$,

$Q_1^{'BB} = \dfrac{p_2^{BB} - p_1^{BB} + \alpha\lambda}{2\alpha\lambda} - \dfrac{2\ (p_1^{BB} - p_{b1}^{BB} + s - v + \xi\gamma)}{2\alpha\ (1-\lambda)}$, $Q_2^{BB} = \dfrac{p_2^{BB} - p_{b2}^{BB} + s - v + \xi\gamma}{(1-\lambda)\ \alpha}$, $Q_2^{'BB} = \dfrac{1}{2} +$

$\dfrac{(1-\lambda)\ p_1^{BB} - (1+\lambda)\ p_2^{BB} + 2\lambda\ (p_{2b}^{BB} - s + v - \xi\gamma)}{2\alpha\lambda\ (1-\lambda)}$，为了保证此情形下需求非负，

满足以下条件：$s - (1-\lambda)\alpha + \gamma\xi < v < s$。此时零售商利润如下：

$$\Pi_1^{BB} = p_{b1}^{BB}(1-\xi)Q_1^{BB} + p_1^{BB}(1-\xi)Q_1^{'BB} \qquad (9.17)$$

$$\Pi_2^{BB} = p_{b2}^{BB}(1-\xi)Q_2^{BB} + p_2^{BB}(1-\xi)Q_2^{'BB} \qquad (9.18)$$

零售商 1 与零售商 2 以其利润最大化为决策目标，通过求解他们的价格博弈可以得到该子博弈情形下的最优均衡价格及最优利润：$p_1^{BB*} = \alpha\lambda$,

$p_2^{BB*} = \alpha\lambda$, $p_{b1}^{BB*} = \dfrac{1}{2}\ (s - v + 2\alpha\lambda + \xi\gamma)$, $p_{b2}^{BB*} = \dfrac{1}{2}\ (s - v + 2\alpha\lambda + \xi\gamma)$, $\Pi_1^{BB*} =$

$\dfrac{(1-\xi)\ (2\lambda\ (1-\lambda)\ \alpha^2 + (s - v - f + \xi\gamma)^2)}{4\alpha\ (1-\lambda)}$, $\Pi_2^{BB*} = \dfrac{(1-\xi)\ (2\alpha^2\lambda\ (1-\lambda)\ + (s - v + \xi\gamma)^2)}{4\alpha\ (1-\lambda)}$,

对以上求解结果进行敏感性分析，得到命题 3。

命题 3：当 $\max\ (s - (1-\lambda)\alpha + \gamma\xi,\ s - \dfrac{\alpha}{2} + \gamma\xi) < v < \min\ (s,\ v_1)$ 时，

则有 $\dfrac{\partial\Pi_1^{BB*}}{\partial\xi} > 0$ 且 $\dfrac{\partial\Pi_2^{BB*}}{\partial\xi} > 0$；反之，$\dfrac{\partial\Pi_1^{BB*}}{\partial} < 0$ 且 $\dfrac{\partial\Pi_2^{BB*}}{\partial\xi} < 0$。即零售

商 1 和零售商 2 均采用部分混合捆绑策略情形下，当消费者对产品的估值处于一个适中的范围内时，零售商 1 与零售商 2 的均衡最优利润将随着产品退货率的增大而增大，反之则随着退货率的增大而减小。

9.3.4 *IA* 情形：零售商 1 采用单独销售策略，零售商 2 采用纯捆绑策略

当零售商 1 采用单独销售策略而零售商 2 采用纯捆绑销售策略时，消费者在可以选择在零售商 1 处只购买产品或者购买了产品之后继续购买运费险服务，也可以选择在零售商 2 处只购买产品与运费险服务捆绑的产品。此时线上市场中消费者效用分布如图 9.5 所示。

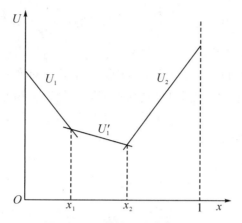

图9.5　*IA* 情境下消费者效用

不同选择下的消费者效用如下：

$$U_1^{IA} = s - \alpha x - p_1^{IA} - f \tag{9.19}$$

$$U_1^{'IA} = v - \lambda \alpha x - p_1^{IA} - \xi\gamma \tag{9.20}$$

$$U_2^{IA} = s - \alpha(1 - x) - p_{b2}^{IA} \tag{9.21}$$

分析图9.5可以计算出消费者不同选择的需求：$Q_1^{IA} = \dfrac{s-v-f+\xi\gamma}{(1-\lambda)\ \alpha}$，$Q_1^{'IA} = \dfrac{(1-\lambda)\ (p_{b2}^{IA}-p_1^{IA}+\alpha)\ +f(1+\lambda)\ -2(s-v+\xi\gamma)}{\alpha\ (1-\lambda^2)}$，$Q_2^{IA} = \dfrac{p_1^{IA}-p_{b2}^{IB}+s-v+\xi\gamma+\alpha\lambda}{(1+\lambda)\ \alpha}$，为了保证此情形下需求非负，满足以下条件：$f < \min\ (\gamma\xi,\ s - v + \gamma\xi,\ \dfrac{(2+\lambda)(2s-2v-\alpha(1-\lambda)+2\gamma\xi)}{3(1+\lambda)})$。此时零售商利润如下：

$$\Pi_1^{IA} = p_1^{IA}(1 - \xi)(Q_1^{IA} + Q_1^{'IA}) + fQ_1^{IA} \tag{9.22}$$

$$\Pi_2^{IA} = p_{b2}^{IA}(1 - \xi)Q_2^{IA} \tag{9.23}$$

零售商1与零售商2以其利润最大化为决策目标，通过求解他们的价格博弈可以得到该子博弈情形下的最优均衡价格及最优利润：$p_1^{IA*} = \dfrac{(2+\lambda)\ \alpha-\ (s-v+\xi\gamma)}{3}$，$p_{b2}^{IA*} = \dfrac{(1+2\lambda)\ \alpha+s-v+\xi\gamma}{3}$，$\Pi_1^{IA*} = \dfrac{9f\ (s-v-f+\xi\gamma)}{9\alpha\ (1+\lambda)} + \dfrac{(1-\xi)\ (s-v+\alpha\ (1+2\lambda)\ +\xi\gamma)^2}{9\alpha\ (1+\lambda)}$，$\Pi_2^{IA*} = \dfrac{(1-\xi)\ (s-v+\alpha\ (1+2\lambda)\ +\xi\gamma)^2}{9\alpha\ (1+\lambda)}$，

对以上求解结果进行敏感性分析，得到命题4。

命题4：（1）当 $\dfrac{s-v-f+\gamma\xi}{1-\lambda} < \alpha < \alpha_1$ 且 $\max(0,\ v+f-\gamma\xi) < s < s_1$

时，则有 $\dfrac{\partial \Pi_1^{IA*}}{\partial \gamma} < 0$，反之，$\dfrac{\partial \Pi_1^{IA*}}{\partial \gamma} > 0$，同时 $\dfrac{\partial \Pi_2^{IA*}}{\partial \gamma} > 0$。即零售商 1 采用单独销售策略而零售商 2 采用纯捆绑销售策略时，当单位产品及运费险服务的不匹配成本处于一个适中的范围内且消费者对产品以及运费险的估值适中时，零售商 1 的均衡最优利润将随着产品退货物流费用的增大而减小；反之则随着退货率的增大而增大，而零售商 2 的均衡最优利润始终随着退货率的增大而增大。

（2）当 $\max\left(0, \dfrac{2f-s+v}{\gamma}\right) < \xi < 1$ 且 $\alpha > \dfrac{s-f-v+\gamma\xi}{1-\lambda}$ 时，$\dfrac{\partial \Pi_1^{IA*}}{\partial f} > 0$；反之，$\dfrac{\partial \Pi_1^{IA*}}{\partial f} < 0$，同时 $\dfrac{\partial \Pi_2^{IA*}}{\partial f} > 0$。即零售商 1 采用单独销售策略而零售商 2 采用纯捆绑销售策略时，当产品退货率与单位产品及运费险服务的不匹配成本均较大时，零售商 1 的均衡最优利润将随着退货运费险的增大而增大，反之则随着退货运费险的增大而减小，而零售商 2 的均衡最优利润始终随着退货运费险的增大而增大。

9.3.5 *BA* 情形：零售商 1 采用部分混合捆绑策略，零售商 2 采用纯捆绑策略

当零售商 1 采用部分混合捆绑策略而零售商 2 采用纯捆绑销售策略时，消费者可以选择在零售商 1 处只购买产品或者购买产品与运费险服务捆绑销售产品，也可以选择在零售商 2 处只购买产品与运费险服务捆绑的产品。此时线上市场中消费者效用分布如图 9.6 所示。

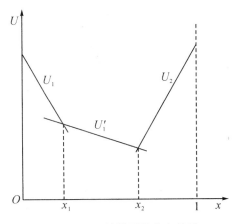

图 9.6　*BA* 情境下消费者效用

不同选择下的消费者效用如下：

$$U_1^{BA} = s - \alpha x - p_{b1}^{BA} \tag{9.24}$$

$$U_1^{'BA} = v - \lambda\alpha x - p_1^{IA} - \xi\gamma \tag{9.25}$$

$$U_2^{BA} = s - \alpha(1-x) - p_{b2}^{IA} \tag{9.26}$$

分析图9.6可以计算出消费者不同选择的需求：$Q_1^{BA} = \dfrac{p_1^{BA} - p_{b1}^{BA} + s - v + \xi\gamma}{\alpha(1-\lambda)}$,

$Q_1^{'BA} = \dfrac{p_{b2}^{BA} - 2p_1^{BA} - 2(s-v+\xi\gamma) + \alpha - \lambda(\alpha + p_{b2}^{BA}) + (1+\lambda)p_{b1}^{BA}}{\alpha(1-\lambda^2)}$, $Q_2^{BA} = \dfrac{p_1^{BA} - p_{b2}^{BA} + s - v + \xi\gamma + \alpha\lambda}{\alpha(1+\lambda)}$,

为了保证此情形下需求非负，满足以下条件：$\alpha > \dfrac{(5+\lambda)(s-v+\gamma\xi)}{2(2-\lambda^2-\lambda)}$,

$s \geqslant v$。此时零售商利润如下：

$$\Pi_1^{BA} = p_{b1}^{BA}(1-\xi)Q_1^{BA} + p_1^{BA}(1-\xi)Q_1^{'BA} \tag{9.27}$$

$$\Pi_2^{BA} = p_{b2}^{IA}(1-\xi)Q_2^{BA} \tag{9.28}$$

零售商1与零售商2以其利润最大化为决策目标，通过求解他们的价格博弈可以得到该子博弈情形下的最优均衡价格及最优利润：$p_1^{BA*} = \dfrac{(2+\lambda)\alpha - (s-v+\xi\gamma)}{3}$, $p_{b1}^{BA*} = \dfrac{(1+2\lambda)2\alpha + s - v + \xi\gamma}{6}$, $p_{b2}^{BA*} = \dfrac{(1+2\lambda)\alpha + s - v + \xi\gamma}{3}$,

$\Pi_1^{BA*} = \dfrac{1-\xi}{36\alpha(1-\lambda^2)}[4\alpha^2(1-\lambda)(2+\lambda)^2 + s^2(13+5\lambda) + v^2(13+5\lambda) - 8v\alpha(\lambda^2+\lambda-2) - 2v\gamma(13+5\lambda)\xi + 8\alpha\gamma\xi(\lambda^2+\lambda-2) + \gamma^2\xi^2(13+5\lambda) + 2s(4\alpha(\lambda^2+\lambda-2) + (\gamma\xi-v)(13+5\lambda))]$, $\Pi_2^{BA*} = \dfrac{(1-\xi)(s-v+\alpha(1+2\lambda)+\xi\gamma)^2}{9\alpha(1+\lambda)}$,

对以上求解结果进行敏感性分析，得到命题5。

命题5： 当 $\max\left(\dfrac{\alpha(2\lambda^2+2\lambda-4) + 5(s+\gamma\xi) + s\lambda + \gamma\lambda\xi}{5+\lambda}, v_2\right) < v$ 时，$\dfrac{\partial\Pi_1^{BA*}}{\partial\xi} < 0$；反之，$\dfrac{\partial\Pi_1^{BA*}}{\partial\xi} > 0$。同时，当 $\dfrac{\alpha(2\lambda^2+2\lambda-4)+5(s+\gamma\xi)+s\lambda+\gamma\lambda\xi}{5+\lambda} < v < \min(s, s+\alpha(1+2\lambda)-2\gamma+3\gamma\xi)$ 时，$\dfrac{\partial\Pi_2^{BA*}}{\partial\xi} < 0$；反之，$\dfrac{\partial\Pi_2^{BA*}}{\partial\xi} > 0$。即零售商1采用部分混合捆绑策略而零售商2采用纯捆绑销售策略时，在特定范围内，零售商1与零售商2的均衡最优利润随着产品退货率的增加而减少，不在该范围内时，将随之增大而增大。

9.3.6　*AA* 情形：均采用纯捆绑策略

当零售商 1 和零售商 2 采用纯捆绑销售策略时，消费者在可以选择在零售商 1 或者零售商 2 处购买产品与运费险服务捆绑的产品。此时线上市场中消费者效用分布如图 9.7 所示。

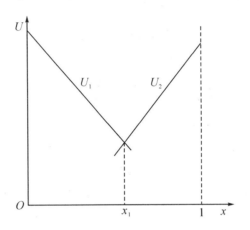

图 9.7　*AA* 境下消费者效用

不同选择下的消费者效用如下：

$$U_1^{AA} = s - \alpha x - p_{b1}^{AA} \tag{9.29}$$

$$U_2^{AA} = s - \alpha(1 - x) - p_{b2}^{AA} \tag{9.30}$$

分析图 9.7 可以计算出消费者不同选择的需求：$Q_1^{AA} = \dfrac{p_{b2}^{AA} - p_{b1}^{AA} + \alpha}{2\alpha}$，

$Q_2^{AA} = \dfrac{p_{b1}^{AA} - p_{b2}^{AA} + \alpha}{2\alpha}$，此情形下需求非负。此时零售商利润如下：

$$\Pi_1^{AA} = p_{b1}^{AA}(1 - \xi)Q_1^{AA} \tag{9.31}$$

$$\Pi_2^{AA} = p_{b2}^{IA}(1 - \xi)Q_2^{AA} \tag{9.32}$$

零售商 1 与零售商 2 以其利润最大化为决策目标，通过求解他们的价格博弈可以得到该子博弈情形下的最优均衡价格及最优利润：$p_{b1}^{AA*} = \alpha$，$p_{b2}^{AA*} = \alpha$，$\Pi_1^{AA*} = \dfrac{\alpha(1 - \xi)}{2}$，$\Pi_2^{AA*} = \dfrac{\alpha(1 - \xi)}{2}$，对以上求解结果进行敏感性分析，得到命题 6。

命题 6： $\dfrac{\partial \Pi_1^{AA*}}{\partial \xi} < 0$，$\dfrac{\partial \Pi_2^{AA*}}{\partial \xi} < 0$。即零售商 1 和零售商 2 采用纯捆绑销售策略时，零售商 1 与零售商 2 的均衡最优利润随着产品退货率的增加而减少。

9.4 捆绑销售策略分析

本节关注零售商 1 与零售商 2 在不同子博弈情形下的利润差异，分析了线上零售商对产品与退货运费险服务捆绑销售的策略选择。同时，我们对不同情形下零售商的利润与退货率等因素进行了数值模拟，直观地呈现了不同捆绑策略下零售商利润的变化情况，增强了本研究的鲁棒性。我们将研究得出的结论按零售商 1 与零售商 2 采用相同销售策略（*II*，*BB*，*AA*）与不同销售策略（*IB*，*IA*，*BA*）两类情形进行梳理展示。

9.4.1 相同销售策略情形

当零售商 1 与零售商 2 采用同种销售策略时，竞争环境下对手销售策略的不同对零售商自身盈利的影响可以消除。此时，本书关注消费者对纯产品或捆绑产品的估值对零售商采用不同销售策略的影响，得到以下结论：

命题 7： 当 $v < s - \sqrt{2}\alpha(1-\lambda) + \gamma\xi$ 或 $v > s + \sqrt{2}\alpha(1-\lambda) + \gamma\xi$ 时，存在 $\Pi_1^{BB*} > \Pi_1^{AA*}$，$\Pi_2^{BB*} > \Pi_2^{AA*}$；反之，$\Pi_1^{BB*} < \Pi_1^{AA*}$，$\Pi_2^{BB*} < \Pi_2^{AA*}$。

分析命题 7，零售商在采用相同销售策略下，当消费者对产品的估值较小或者较大时，此时零售商们采用部分混合捆绑销售策略比采用纯捆绑销售策略盈利更多，而当消费者对产品的估值适中时，纯捆绑策略比部分混合捆绑策略盈利更多。当消费者对产品的估值较大或者较小时，他们对纯产品或捆绑产品有较强的区分意识，此时采用部分混合捆绑策略能够满足更多消费者个性化的需求，因此会比纯捆绑策略下获益更多。而当消费者对产品的估值适中时，他们对产品或捆绑产品的区分不明显，此时零售商采用纯捆绑策略能够让更多的消费者购买与退货运费险捆绑销售的产品，此时商家能够获得更多利润。

命题 8： 当 $0 < v < \dfrac{\alpha^2(2\lambda - 1 - 2\lambda^2)(1 - \xi)}{2f} + s + \xi\gamma - f$ 且 $s >$

$\max\left(0,\ \dfrac{\alpha^2(2\lambda-1-2\lambda^2)(1-\xi)}{2f}+f-\gamma\xi\right)$ 时，存在 $\Pi_1^{II*}>\Pi_1^{AA*}$，$\Pi_2^{II*}>$

Π_2^{AA*}；反之，$\Pi_1^{II*}<\Pi_1^{AA*}$，$\Pi_2^{II*}<\Pi_2^{AA*}$。

分析命题 8，商家在采用相同策略下，当消费者对产品的估值较小，而对产品与退货运费的估值较大时，零售商们采用独立销售会比纯捆绑销售策略获利更多，反之零售商采用纯捆绑策略则更有利。当消费者对产品估值不大而对产品与退货运费险估值较大时，他们在单独销售下偏向于购买产品之后再追加购买退货运费险，而在纯捆绑销售下这部分消费者同等偏向于购买捆绑产品，此时单独销售策略下对产品与退货运费险各自定价的方式获得的利润将会更高，反之当消费者对产品估值较大或对产品与运费险的估值较小时，零售商则能在捆绑产品的定价中获取更多利润。

命题 9： 当 $\max\left(0,\ 2\sqrt{\dfrac{\xi f^2}{(1-\xi)^2}}+\dfrac{2f+(1-\xi)(v-\gamma\xi)}{1-\xi}\right)<s<\min$

$\left(\left(-\sqrt{\dfrac{\xi f^2}{(1-\xi)^2}}+\dfrac{2f+(1-\xi)(v-\gamma\xi)}{1-\xi}\right)^+,\ +\infty\right)$ 时，存在 $\Pi_1^{BB*}>\Pi_1^{II*}$，

$\Pi_2^{BB*}>\Pi_2^{II*}$；反之，$\Pi_1^{BB*}<\Pi_1^{II*}$，$\Pi_2^{BB*}<\Pi_2^{II*}$。

分析命题 9，商家在采用相同策略下，当消费者对产品及退货运费险服务估值适中时，零售商采用部分混合捆绑策略比单独销售策略盈利更多，反之采用单独销售策略下盈利更多。部分混合捆绑策略与单独销售策略的差异在于对产品与退货运费险是制定一个捆绑销售价格还是各自独立定价，我们发现当消费者对产品与服务整体的估值适中时，制定一个捆绑销售价格能够获取更多利润，而在消费者对产品与服务整体的估值较低或较高时，独立定价的方式能够获得更多利润空间。

9.4.2 不同销售策略情形

分析完零售商 1 与零售商 2 采用同种销售策略之后我们考虑更为复杂的情形：零售商 1 与零售商 2 采用不同销售策略。此时，竞争对手的销售策略也会对零售商的利润产生影响，从而左右其最终销售策略的决策。

命题 10： 当 $\max\left(0,\ v+\alpha(2+\lambda)-\dfrac{3\sqrt{2\lambda\alpha^2(1+\lambda)}}{2}-\gamma\xi\right)<s<v+$

$$\alpha(2 + \lambda) + \frac{3\sqrt{2\lambda\alpha^2(1 + \lambda)}}{2} - \gamma\xi$$ 时，存在 $\Pi_1^{IB*} > \Pi_1^{IA*}$；反之，$\Pi_1^{IB*} < \Pi_1^{IA*}$。

分析命题10，当消费者对产品及退货运费险服务估值适中时，零售商在坚持单独销售策略情况下，竞争对手采用部分混合捆绑策略比采用纯捆绑策略会使自身受益更多，反之，竞争对手采用纯捆绑策略则会让自身获得更多利润。由于市场中消费者总量恒定，当竞争对手改变销售策略时，一方面会影响消费者在消费时的选择从而影响需求；另一方面，不同销售策略下的定价也会影响到零售商的需求从而影响利润，从某种层面上，命题10佐证了更复杂条件下命题7得出的结论。

命题11：当 $\max(0, v_3) < v < \min((v_4)^+, +\infty)$ 时，$\Pi_2^{IB*} > \Pi_2^{IA*}$；反之，$\Pi_2^{IB*} < \Pi_2^{IA*}$。

分析命题10，当消费者对产品的估值适中时，若竞争对手采用单独销售策略，那么此时应用部分混合捆绑销售策略比采用纯捆绑策略更有利，反之则是采用纯捆绑策略更有利。命题11与命题10实际上是以不同主体身份上进行同样两个子博弈的对比，我们发现近似条件下，部分混合捆绑策略的确比纯捆绑销售策略能够帮助商家获得更多利润。而站在竞争对手的立场上，合适条件下对手从纯捆绑销售策略转变为部分混合捆绑销售策略不仅不会对自己有害，反而会使自己受益。

命题12：$\Pi_2^{IA*} = \Pi_2^{BA*}$。

分析命题12，我们发现如果零售商选择纯捆绑销售策略，无论此时竞争对手选择单独销售策略还是部分混合捆绑销售策略对自身利润不会产生影响，其原因在于选择纯捆绑销售策略时无法单独销售产品，而竞争对手为消费者提供的选择是不变的，由此形成对自己同等的市场倾轧。

9.4.3 数值模拟

对更加复杂的子博弈情形对比无法得到解析解，本书采用数值模拟的方式进行探究。退货率作为产品自身属性之一，其大小可以在很大程度上影响零售商的利润以及对销售策略的决策。令退货率作为自变量，将六种子博弈情形下商家的利润作为因变量进行对比，对相关参数赋值如下：$\alpha = 0.5$，$= 0.8$，$f = 0.05$，$s = 1.5$，$v = 1$，$\gamma = 0.1$，零售商1与零售商2在六种子博弈情形中的利润与退货率的关系如图9.8（a）、图9.8（b）所示。

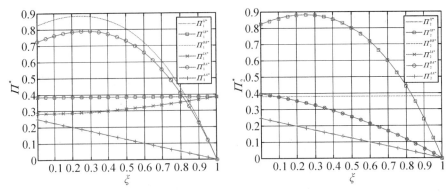

图 9.8(a)　零售商 1 利润与退货率的关系　图 9.8(b)　零售商 2 利润与退货率的关系

从图 9.8（a）、图 9.8（b）中可以看出部分混合捆绑策略下零售商的利润会随退货率的升高先增大后减小。当产品退货率为特定值时商家可以获得最优利润，在单独销售策略下零售商的利润则不会随产品退货率的变化有较大的改变；在纯捆绑策略下零售商的利润会随产品退货率的升高出现下降的趋势。这种差异体现出不同销售策略对产品退货率的敏感程度。当零售商在决策采用何种销售策略时，如果考虑产品的退货因素则可能会做出不同的选择。例如，针对服饰类等线上退货率较大的产品，商家为了保证其利润的稳定性往往会选择独立销售的销售策略。根据观察，在淘宝、京东等线上平台上服饰类商家采用产品与退货运费险单独销售的策略确实更加普遍。对于本身退货率较低的产品，商家往往会选择部分混合捆绑策略来最大化自身利润。这体现在实践中即是零售商们在销售某些品类产品时设计多个套餐，而其中有的套餐为纯产品，有的套餐则包含了诸如退货运费险等服务的捆绑产品。对关键点进行计算得到以下结论。

命题 13：对于零售商 1，当 $0 < \xi < 0.8164$ 时，$\Pi_1^{BB} > \Pi_1^{BA} > \Pi_1^{IB} = \Pi_1^{II} > \Pi_1^{IA} > \Pi_1^{AA}$，当 $\xi > 0.8330$ 时，$\Pi_1^{II} = \Pi_1^{II} >$ 其他情形。对于零售商 2，当 $0.0826 < \xi < 0.8330$ 时，$\Pi_2^{BB} = \Pi_2^{IB} > \Pi_2^{II} > \Pi_2^{BA} = \Pi_2^{IA} > \Pi_2^{AA}$，当 $\xi > 0.8330$ 时，$\Pi_2^{II} > \Pi_2^{BB} = \Pi_2^{IB} > \Pi_2^{BA} = \Pi_2^{IA} > \Pi_2^{AA}$。

分析命题 13，发现在产品退货率适中时，零售商 1 与零售商 2 的最优销售策略均为部分混合捆绑策略，部分混合捆绑销售的价值凸显，同时，当产品存在高退货率时，捆绑策略是不利的，此时独立销售反而获利更大。命题 13 同时还说明，一般情况下，当零售商采用部分混合捆绑策略时，无论竞争对手采用何种策略，其采用部分混合捆绑策略往往能够获得较优的利润，同时也从数值上证明了即使部分混合捆绑策略优于单独销售策略，但是纯捆绑策略并不总是优于单独销售策略。为了增强分析的鲁棒性，令 $\lambda = 0.2$ 与 $\lambda = 0.5$，分别作图 9.9（a）、（b）、（c）、（d），均可分析出相关结论。同时，我们发现纯捆绑销售策略对纯产品与捆绑产品不匹配成本差异系数的敏感程度更高，当纯产品与捆绑产品不匹配成本差异系数变化较大时，存在纯捆绑策略的子博弈情形下零售商的利润会发生更大的变化，这主要是因为在纯捆绑策略下零售商只为消费者提供了产品与退货运费险捆绑销售的产品，其对消费者的消费行为也更加敏感。

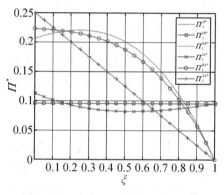

图 9.9（a）　零售商 1 利润与退货率的
　　　　　关系（$\lambda = 0.2$）

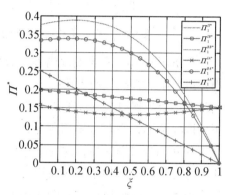

图 9.9（b）　零售商 1 利润与退货率的
　　　　　关系（$\lambda = 0.5$）

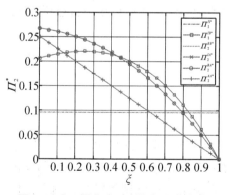

图 9.9（c）　零售商 2 利润与退货率的
　　　　　关系（$\lambda = 0.2$）

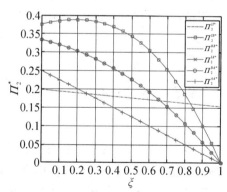

图 9.9（d）　零售商 2 利润与退货率的
　　　　　关系（$\lambda = 0.5$）

在分析完零售商利润与退货率的关系之后，我们关注当零售商采用单独销售策略时，其利润与退货运费险的关系。对相关参数赋值如下：$\alpha =$

0.5，$\lambda = 0.8$，$f = 0.05$，$s = 1.5$，$v = 1$，$\gamma = 0.1$。同时为了增强分析的鲁棒性，令 $\xi = 0.3$，$\xi = 0.5$，$\xi = 0.7$，分别作图 9.10（a）、（b）、（c）。

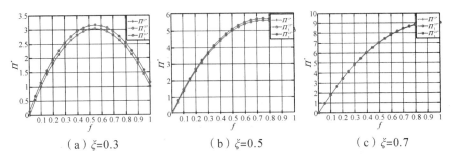

（a）$\xi=0.3$　　　　　　（b）$\xi=0.5$　　　　　　（c）$\xi=0.7$

图 9.10　存在单独销售时零售商利润与退货运费险的关系

分析图 9.10，不难发现当零售商采用单独销售策略时，其利润会随着退货运费险的提高先增大后减小，此时零售商需要收取一个合适的退货运费险费用以确保自身利润的最大化。同时，相比竞争对手采用纯捆绑策略下的博弈情形，当对方采用部分混合捆绑销售策略或者单独销售策略时，双方利润都会得到提高，这一结论从数值上证明了命题 10 的成立，再次说明了部分混合策略相比纯捆绑策略在一般条件下的优越性。同时横向对比不同退货率下的情形，我们发现随着产品退货率的提高，不同子博弈情形下零售商采用单独销售策略获得的利润之间的差异将会减小，同时零售商们可以从制定更高的退货运费险中获得更高的收益，因为此时产品的退货率更高，消费者更倾向于为高额的退货运费险买单从而减小自己潜在的损失。

9.5　本章小结

本章考虑两个竞争关系的线上零售商基于自身利润最大化以及实际市场情况制定产品与退货运费险的捆绑销售策略。通过建立博弈模型和分析均衡结果，讨论竞争环境下单独销售、部分混合捆绑销售以及纯捆绑销售策略对供应链成员决策和利润的影响。研究发现：

（1）竞争对手的捆绑销售策略对零售商采用在不同销售策略下利润的影响较为复杂，与消费者对产品以及捆绑产品的估值有关，同时也与零售商本身采用何种销售策略有关。例如，当零售商采用纯捆绑销售策略时，竞争对手采用单独销售策略或部分混合捆绑销售策略对零售商是没有区别的，而当零售商采用单独销售策略时，竞争对手采用纯捆绑策略或部分混合捆绑销售策略对零售商的影响是不一样的。一般情况下部分混合捆绑销售策略相比纯捆绑策略以及单独销售策略能够为零售商带来更多收益，特定情况下甚至也会帮助竞争对手相应地提高收益。

（2）当零售商采用单独销售策略时，其利润除了销售产品外还有销售退货运费险的收入。此时，其总利润会随着退货运费险的提高先增大后减小，零售商需要制定一个合适的退货运费险费用以最大化自身利润，同时还需要考虑竞争对手的销售策略以及产品退货率的影响。

（3）在产品退货率适中时，零售商1与零售商2的最优销售策略均为部分混合捆绑策略，部分混合捆绑销售策略的价值凸显。同时，当产品存在高退货率时，捆绑策略是不利的，此时独立销售反而获利更大。线上零售商在对产品和退货运费险采用何种销售策略时，不仅需要考虑竞争对手的销售策略的影响还需要结合产品本身的退货情况来综合考虑，我们的研究结论显示除非产品存在较高的退货率的情况，零售商一般而言采用部分混合捆绑销售策略是更有利的。

本章讨论了竞争条件下在线零售商对产品和退货运费险捆绑销售策略的问题。因为退货运费险的特殊性，本书研究的部分混合捆绑销售策略实质上是一种完全混合捆绑销售策略，未来研究可以进一步讨论产品与服务在其他部分混合捆绑销售策略下的具体情况以及零售商在面对更加复杂的市场情况下的决策问题。

10 结论与展望

当前，消费者需求多样化、个性化趋势明显，使得市场竞争越来越激烈。供应商在巩固成熟产品优势的同时，不得不开发新产品以创造竞争优势。因此，企业的产品结构中总是新产品和成熟产品并存。同时，从市场占有率的角度看，供应商总是一部分产品市场占有率高、另一部分产品市场占有率低，因此产品结构中总是滞销品和畅销品并存。从理论上看，传统的供应链间企业协调的模式成本高企、面临信息共享困境，因此从企业合作向产品合作推进势在必行。

将畅销品和滞销品、新产品和成熟产品捆绑销售成为供应商的重要选项。因此，在供应链的供给侧和需求侧实施捆绑策略已成为企业提高产品竞争力的重要手段。本书立足于通过模型研究为企业捆绑运营提供决策支持，研究纯捆绑、混合捆绑两种销售形式相对于单独销售的优势和劣势，探讨两产品捆绑销售的供应链合作价值，把捆绑问题从营销学的定价视角拓展到运作管理上来，为多产品捆绑打下基础，为商业实践提供支撑，为我国企业运作管理提供启迪。

10.1 本书结论

本书主要研究了四个问题：第一，从需求侧看，以新产品和成熟产品为例，二者如何有效地实施纯捆绑策略？第二，从供给侧看，当需求确定时纯捆绑销售对整个供应链的影响如何？是弊大于利，还是利大于弊？如何实施有效的协调？第三，从供给侧看，当需求随机时纯捆绑销售对整个供应链的影响如何？是弊大于利，还是利大于弊？如何实施有效的协调？

第四，产品与服务的捆绑如何进行？通过模型推导和数值分析，得到以下结论（见表10.1）：

表10.1　本书的主要结论

捆绑区域	捆绑模式	需求	产品	主要结论
需求侧捆绑	纯捆绑与单独销售策略比较	确定性需求	新产品成熟产品	新产品成熟产品只要有一定的互补性，捆绑总是有利的
供应侧捆绑	纯捆绑、部分混合捆绑策略比较	确定性需求	滞销品畅销品	滞销品和畅销品采取部分混合捆绑，优于纯捆绑策略
	纯捆绑与单独销售策略比较			纯捆绑对整个供应链是不利的，降低了供应链的利润
	纯捆绑时集中决策与分散决策比较	随机性需求		批发价契约、回购契约、收益共享契约等不能协调捆绑型供应链。SRP契约能够协调捆绑型供应链
产品与服务捆绑	"产品+退货运费险"的纯捆绑与部分混合捆绑比较	确定性需求	线上商品	在产品退货率适中时，零售商1与零售商2的最优销售策略均为部分混合捆绑策略，部分混合捆绑销售策略的价值凸显

10.1.1　产品与产品捆绑时需求侧的研究结论

在需求侧，面对新产品信息缺失，零售商采取成熟产品和新产品单独销售和纯捆绑销售策略时，研究了纯捆绑上市的价值。在消费者对新产品的支付意愿难以确定时，和具有一定互补性的成熟产品一起捆绑销售，能在一定程度上推进新产品成功上市。同时，本书还发现了产品互补性对零售商利润的重要影响。产品互补性越强则捆绑产品零售价越高、零售商的利润越高，为企业对合作产品的选择提供了理论支撑。当成熟产品和新产品有一定的互补性时，"纯捆绑销售+部分信息"策略下的利润就会高于"单独销售+完全信息"策略的利润。

同时，本书采用的Worst-case方法具有较强的鲁棒性。主要体现在：当两产品具有一定互补性时，零售商采用"纯捆绑销售+部分信息"策略，其只需要获得部分信息（新产品支付意愿的均值方差），而不需花费较高成本调研全部信息，就能获得接近于"纯捆绑销售+完全信息"时的利润。（第3章）

10.1.2　产品与产品捆绑时供给侧的研究结论

（1）在供给侧，在供应链只销售滞销品和畅销品两类，且均为确定性需求的前提下，揭示了供应商的纯捆绑销售策略的供应链冲突，并给出了协调手段。

研究表明，该策略使供应商、零售商的利润下降，而且供应商自身的利润下降更多，造成了供应链的进一步扭曲。同时给出了纯捆绑型供应链协调的机制安排：第一，供应商可以在纯捆绑销售的同时做出促销努力，以增加零售商和供应商的利润。第二，供应商可以改变销售策略，通过混合捆绑销售实现供应商、零售商的双赢，获得高于单独销售策略的利润。同时，供应商的不同捆绑销售策略对滞销品的销量提升差异明显。纯捆绑销售策略带来的销售量增加是不确定的，而混合捆绑销售策略带来的订货量增加立竿见影，因此从铺货率和市场份额的角度看，混合捆绑销售更具优势。（第4章、第5章）

（2）在供给侧，研究了零售商对滞销品已经付出销售努力，且滞销品为随机需求、畅销品为确定性需求的前提下，对比了SRP协调契约和不协调契约对供应链带来的影响，得出如下结论：

第一，当销售返利（惩罚）满足一定条件时，SRP契约能够协调纯捆绑型供应链，使纯捆绑型供应链分散决策下零售商供应商的总利润等于集中决策的总利润。第二，相比于不协调情形，SRP契约协调下供应商可以通过改变销售目标 T 来分配双方利润，使零售商供应商利润超过不协调的情形。SRP契约增进了供应商与零售商的相互依赖，提高了双方的利润。同时，也加强了供应商对供应链的控制，而零售商利润的不减少实现了激励相容。第三，SRP契约对纯捆绑型供应链的协调，能够使零售商努力水平上升1倍，1∶1捆绑的滞销品畅销品订货量均上升1倍，从而提高供应链效率。同时，畅销品零售价下降，也能在一定程度上让利于消费者。说明了纯捆绑情形下SRP契约真正形成了对零售商的销售压力，零售商通过付出更多努力扩大了畅销品和滞销品的需求量，供应商通过捆绑分散了滞销品经营风险。（第6章）

10.1.3　产品与服务捆绑的研究结论

考虑两个竞争关系的线上零售商基于自身利润最大化以及实际市场情

况制定产品与退货运费险的捆绑销售策略。通过建立博弈模型和分析均衡结果，讨论竞争环境下单独销售、部分混合捆绑销售以及纯捆绑销售策略对供应链成员决策和利润的影响。

研究发现：

（1）竞争对手的捆绑销售策略对零售商采用不同销售策略下利润的影响较为复杂，与消费者对产品以及捆绑产品的估值有关，同时也与零售商本身采用何种销售策略有关。例如，当零售商采用纯捆绑销售策略时，竞争对手采用单独销售策略或部分混合捆绑销售策略对零售商是没有区别的，而当零售商采用单独销售策略时，竞争对手采用纯捆绑策略或部分混合捆绑销售策略对零售商的影响是不一样的。一般情况下部分混合捆绑销售策略相比纯捆绑策略以及单独销售策略能够为零售商带来更多收益，特定情况下甚至也会帮助竞争对手相应地提高收益。

（2）当零售商采用单独销售策略时，其利润除了销售产品外还有销售退货运费险的收入。此时，其总利润会随着退货运费险的提高先增大后减小，零售商需要制定一个合适的退货运费险费用以最大化自身利润，同时还需要考虑竞争对手的销售策略以及产品退货率的影响。

（3）在产品退货率适中时，零售商 1 与零售商 2 的最优销售策略均为部分混合捆绑策略，部分混合捆绑销售策略的价值凸显。同时，当产品存在高退货率时，捆绑策略是不利的，此时独立销售反而获利更大。线上零售商在对产品和退货运费险采用何种销售策略时，不仅需要考虑竞争对手的销售策略的影响还需要结合产品本身的退货情况来综合考虑。我们的研究结论显示除非产品存在较高的退货率的情况，零售商一般而言采用部分混合捆绑销售策略是更有利的。（第 9 章）

10.2　未来研究展望

本书通过对捆绑型供应链的分析，力图以最小的代价实现最大的产品销售量，使滞销品需求增加，同时又不希望降低供应链利润。然而，任何销售模式都会有利有弊。捆绑销售是企业基于现实竞争压力和分散产品风险而采取的策略，虽在一定程度上能够提高滞销品的销售量，但也会给供应链带来负面影响。在产能过剩的前提下人为的捆绑机制能够发挥一定的作用，但并非所有的产品都能捆绑。因此本书仍存在一些不足、有较大的改进空间，可以在以下方面进一步探索。

10.2.1 产品与其他服务的捆绑问题

在汽车、工业机械等高价值产品领域，或手机及其他消费电子等低价值产品领域，产品与服务的捆绑都大有可为。后工业化时代，服务的地位跃升，消费者更重视服务体验。在金融、教育等诸多领域，如果能实现产品和服务的捆绑，给消费者更多便利，必将形成新的利润增长点。然而产品故障率、维修费用、服务周期等变量相对难以刻画，特别是产品需求和服务因子若同时为随机变量，两随机变量如果不是独立的，在数学上较难以刻画。目前，在该领域已经有一些成果，需要在供应链框架下进一步深入探讨。

10.2.2 电商与实体店双渠道（或双边市场）的捆绑问题

当前，电商与实体店并行发展的 O2O 模式日渐兴起。实体店拥有基础用户（based-user）的相关信息，电商拥有用户规模优势，如果二者合二为一成为 O2O 模式，则能优势互补更好地服务客户。双渠道类似于双边市场，可以借鉴双边市场的定价模式和本书提出的捆绑模式，供应商或零售商可以利用在双渠道中的市场地位或权力，实施捆绑定价、捆绑订货、信息共享等行为，通过双渠道联合优化企业行为，实现双渠道的互动。

10.2.3 私人产品和公共产品的捆绑问题

私人产品之间、私人产品与服务之间实施捆绑顺理成章，属于现代企业运营和营销管理的范畴。然而，私人产品能不能和公共产品捆绑？如何捆绑？有没有政府许可、法律禁忌？这些问题都有待发掘研究。

事实上，私人产品和公共产品的捆绑已经在诸多领域展开。比如政府要求土地竞拍企业在建设商品房的同时配套建设公共租赁住房、廉租房，政府要求私人企业在生产商品的同时治理污染，等等。

参考文献

蔡国成. 双边市场中平台企业的捆绑销售策略研究 [D]. 厦门：厦门大学, 2009.

曹洪. 捆绑销售的经济学层面思考 [J]. 安徽大学学报（哲学社会科学版）, 2004, 28 (2)：91-94.

曹洪. 捆绑销售的社会福利分析 [J]. 学术研究, 2004 (2)：40-43.

程岩. 电子商务中面向延迟购买行为的易逝品动态捆绑策略 [J]. 系统工程理论与实践, 2011, 31 (10)：1892-1902.

陈树桢, 熊中楷, 梁喜. 补偿激励下双渠道供应链协调的合同设计 [J]. 中国管理科学, 2009, 17 (1)：64-75.

但斌, 徐广业. 随机需求下双渠道供应链协调的收益共享契约 [J]. 系统工程学报, 2013, 28 (4)：514-521.

戴跃强, 黄祖庆, 达庆利. 供应链中一种基于营销创新的合作竞争博弈模型 [J]. 系统管理学报, 2008, 17 (2)：156-166.

菲利普·科特勒. 营销管理 [M]. 梅汝和, 梅清豪, 等译. 北京：中国人民大学出版社, 2001.

符国群. 消费者行为学 [M]. 北京：高等教育出版社, 2007.

傅亚强. 注意在座舱空间符号特征捆绑过程中的作用 [J]. 心理学探新, 2016, 36 (2)：141-146.

高尚, 滕春贤, 孙嘉轶. 不同主导力量下基于捆绑销售的旅游供应链决策分析 [J]. 中国软科学, 2016 (7)：155-161.

龚艳萍, 李峰. 基于消费者个体采用决策的新产品扩散模型综述 [J]. 科技管理研究, 2007 (6)：239-242

巩永华, 李帮义, 公彦德. 捆绑销售下产业链价格决策、利益分配机制及效率分析：以移动互联网为例［J］.系统管理学报，2011，20（5）：556-562.

顾成彦，胡汉辉.捆绑销售理论研究评述［J］.经济学动态，2008（7）：112-117.

郭国庆，杨学成，张杨.口碑传播对消费者态度的影响：一个理论模型［J］.管理评论，2007（19）：20-26.

郭琼，杨德礼，迟国泰.基于期权的供应链契约式协调模型［J］.系统工程，2005，23（10）：1-6.

韩兆林，张小燕，陈小平.高科技产品营销的特性分析［J］.经济与管理研究，1999（5）：57-60.

何建佳，徐福缘，马庆国，等.非对称信息下存在逆向回流的供需网协调［J］.系统管理学报，2013，22（1）：67-84.

何应龙，周宗放.国外新产品扩散模型研究的新进展［J］.管理学报，2007，4（4）：529-536.

何勇.具有随机市场需求的供应链契约模型研究［D］.大连：大连理工大学，2004.

何勇，杨德礼，吴清烈.基于努力因素的供应链利益共享契约模型研究［J］.计算机集成制造系统，2006，12（11）：1865-1868.

何勇，赵林度，何炬，等.供应链协同创新管理模式研究［J］.管理科学，2007，20（5）：9-13.

后锐，姬广玉，韩小花，等.考虑环保责任的双寡头厂商新产品推出时机与定价策略［J］.系统工程理论与实践，2015，35（1）：1-12.

胡军，张嫁，芮明杰.线性需求条件下考虑质量控制的供应链协调契约模型［J］.系统工程理论与实践，2013，33（3）：601-609.

胡世良.赢在创新：产品创新新思路［M］.北京：人民邮电出版社，2009.

胡应环.基于遗传算法的捆绑销售定价策略研究［D］.福州：福州大学，2006.

胡知能，谢瑞坤，徐玖平.免费商品对互补产品扩散的影响［J］.中国管理科学，2012（6）：167-175.

滑旭锋.捆绑折扣的反竞争分析：对美国成本法测试捆绑折扣反竞争性的探究［D］.大连：东北财经大学，2012.

华中生，孙毅彪，李四杰. 单周期产品需求不确定性对供应链合作的影响 [J]. 管理科学学报，2004，7 (5): 40-49.

黄玮强，庄新田，姚爽. 网络外部性条件下新产品扩散的赠样策略研究 [J]. 管理科学学报，2009 (4): 51-63.

黄小原，晏妮娜. 供应链鲁棒性问题的研究进展 [J]. 管理学报，2007，4 (4): 521-528.

计国君，杨光勇. 顾客体验之于新产品供应链协调的影响 [J]. 管理科学学报，2011，14 (11): 10-18.

金磊，陈伯成，肖勇波. 双渠道下库存与定价策略的研究 [J]. 中国管理科学，2013，21 (3): 104-111.

金永生主编. 市场营销管理 [M]. 北京：机械工业出版社，2005.

李维安，李勇建，石丹. 供应链治理理论研究：概念、内涵与规范性分析框架 [J]. 南开管理评论，2016，19 (1): 4-15.

李叶. 单边纯捆绑的质量研发效应研究：基于电信竞争的视角 [J]. 科技管理研究，2014 (22): 79-85.

廖成林，孙洪杰. 均势供应链及其利润分配机制探讨 [J]. 管理工程学报，2003 (4): 83-85.

刘松崧，张立平，邢文训. 保持新产品最低转售价格最优策略的分析 [J]. 运筹与管理，2006，15 (2): 32-36.

刘桃香. 具有显著偏好差异产品的捆绑销售策略研究 [D]. 成都：西南交通大学，2013.

刘晓峰，黄沛. 基于策略型消费者的最优动态定价与库存决策 [J]. 管理科学学报，2009，12 (5): 18-26.

柳键，马士华. 供应链合作及其契约研究 [J]. 管理工程学报，2004，18 (1): 85-87.

罗春林，田歆. 基于收益共享的风险厌恶供应链协调研究 [J]. 系统工程学报，2015，30 (2): 210-217.

吕魁，胡汉辉，王旭辉. 考虑范围经济与转换成本的混合捆绑竞争 [J]. 管理科学学报，2012，15 (12): 10-24.

间志俊. 厂家对商家的"压货"现象探讨 [J]. 湖南财经高等专科学校学报，2006，22 (1): 3.

马建华，房勇，陈晓兰. 区间参数线性规划的稳定决策模型 [J]. 系统

科学与数学，2013，33（12）： 1404-1414

马士华. 新编供应链管理［M］. 北京：中国人民大学出版社，2013.

马祖军，陈良勇，刘桃香. 捆绑销售商品购买决策的影响因素研究［J］. 管理学报，2015，12（8）：1184-1190.

毛彦妮，王刊良，王龙伟. 信息产品的捆绑定价问题研究［J］. 情报理论与是实践，2003，26（3）：217-220.

孟庆春，丁雪. 基于模型的城镇家用电脑市场扩散研究［J］. 经济管理，2009，39（4）：105-110.

潘林，周水银. 考虑捆绑销售的多产品供应链定价策略［J］. 运筹与管理，2016，25（6）：11-17.

潘晓军，陈宏民. 基于网络外部性的规模收益与产品差异化［J］. 管理科学学报，2003，6（3）：28-34.

潘小军，陈宏民，廖刚. 基于网络外部性的商品税与产品差异化分析［J］. 管理科学学报，2005，8（4）：43-49.

潘煜，高丽，王芳华. 生活方式、顾客感知价值对中国消费者购买行为的影响［J］. 系统管理学报，2009（12）：602-607.

彭赓，寇纪淞，李敏强. 信息商品捆绑销售与歧视定价分析［J］. 系统工程学报，2001，16（1）：1-6.

秦莉萍. 公共物品供给的捆绑模式研究：以衡阳市雁栖大桥为例［D］. 衡阳：南华大学，2014.

裘益明. 成熟产品营销渠道策略研究［J］. 经济问题，2012（11）：65-68.

全雄文，涂奉生，魏杰. 新产品销售定价的供应商与销售商斯坦克尔伯格博弈［J］. 系统工程理论与实践，2007，33（8）：111-117.

沈厚才，陶青，陈煌波. 供应链管理理论与方法［J］. 中国管理科学，2000，8（1）：1-9.

沈铁松，熊中楷. 基于新产品的供应链最优生产策略［J］. 中国管理科学，2004，12（2）：55-59.

史维娜. 竞争环境下考虑零售商服务努力的退货运费险策略研究［D］. 厦门：厦门大学，2020.

施芳凝，王湘红，程华. 信息产品捆绑销售的模型分析［J］. 南通大学学报（自然科学版），2011，10（1）：82-90.

孙海雷，王勇，陈晓旭，等.基于价格折扣的改良品供应链的协调策略研究 [J].系统工程学报，2014，29（1）：75-84.

孙玉秋.零售商品折扣的两个模型 [J].技术经济与管理研究，2001（6）：59-60.

尚秀芬，陈宏民.双边市场特征的企业竞争策略与规制研究综述 [J].产业经济研究，2009，000（4）：89-94.

谭用.信息产品的捆绑销售：电子期刊的例子 [D].厦门：厦门大学，2008.

陶晓波.零售行业捆绑销售策略对顾客忠诚影响实证研究 [J].北京工商大学学报（社会科学版），2011，26（3）：12-18.

田歆，汪寿阳，华国伟.零售商供应链管理的一个系统框架与系统实现 [J].系统工程理论与实践，2009，29（10）：45-52.

王菲，于辉，孙彩虹.新产品供应链的 VMI 寄售返利契约模型 [J].系统工程理论与实践，2013，33（11）：2804-2810.

王丽丽，吕巍，黄静，等.基于捆绑价格促销的冲动性购买购后评价作用研究 [J].软科学，2009，23（11）：127-131.

王朋.习惯性或忠诚性购买行为下的新产品扩散 [J].科研管理，2004（5）：12-17.

翁轶丛，陈宏民，孔新宇.基于网络外部性的主导厂商技术标准控制策略 [J].管理科学学报，2004，7（2）：1-6.

魏航，谈丹，李佩.具有技术转让的捆绑采购最优决策研究 [J].管理科学学报，2016，19（6）：1-19.

魏航.同质时鲜产品捆绑销售的最优策略 [J].管理科学学报，2012，15（6）：7-21.

魏玲.于滞销品处理成本与效率的退货政策研究 [J].哈尔滨工业大学学报（社会科学版），2009，11（5）：76-81.

吴镇霞，杨志林.销售努力与质保服务联合决策的供应链模型 [J].大学数学，2015，31（3）：16-23.

夏名首.数字产品捆绑销售的模型分析 [J].北方经贸，2007（4）：42-43.

谢康康.零售商主导的国际供应链弹性批发价契约协调 [D].大连：大连海事大学，2015.

徐兵, 朱道立. 零售商水平竞争分析与供应链协调策略设计 [J]. 系统工程学报, 2010, 25 (5): 609-615.

许垒, 李勇建. 考虑消费者行为的供应链混合销售渠道结构研究 [J]. 系统工程理论与实践, 2013, 33 (7): 1672-1681.

胥莉, 陈宏民. 具有网络外部性特征的企业定价策略研究 [J]. 管理科学学报, 2006, 9 (6): 23-30.

胥莉, 陈宏民, 潘小军. 具有双边市场特征的产业中厂商定价策略研究 [J]. 管理科学学报, 2009, 12 (05): 10-17.

雅基, 莫尔著. 胡奇英, 等. 新产品与创新的营销 [M]. 北京: 机械工业出版社, 2002.

杨德礼, 郭琼, 何勇, 等. 供应链契约研究进展 [J]. 管理学报, 2006 (01): 117-125.

杨雷, 常娜. 考虑退货运费险情况下的供应链运作决策研究 [J]. 系统工程学报, 2018, 33 (1): 116-124.

杨毅超. 纵向差异化产品的最优捆绑策略研究 [J]. 上海: 复旦大学, 2011.

叶树昱, 陈华平, 沈祥, 等. 影响顾客网上购物因素的实证研究 [J]. 预测, 2008 (27): 53-58.

袁媛, 樊治平, 尤天慧. 手机产品与电信服务套餐捆绑销售方案的选择方法 [J]. 东北大学学报 (自然科学版), 2016, 37 (4): 599-603.

郁婷. 互补式信息产品捆绑定价的经济学分析 [D]. 南京: 南京财经大学, 2008.

张汉江, 甘兴, 赖明勇. 最优价格与回收努力激励的闭环供应链协调 [J]. 系统工程学报, 2015, 30 (2): 201-209.

张菊亮, 陈剑. 销售商的努力影响需求变化的供应链的合约 [J]. 中国管理科学, 2004, 12 (4): 50-56.

张森. 消费者对 3G 手机购买意图的影响因素研究 [J]. 统计科学与实践, 2011 (4): 33-35.

张宇, 唐小我, 钟林. 在线信息产品捆绑定价研究 [J]. 系统工程学报, 2008, 23 (3): 331-337.

ADAMS W, YELLEN J. Commodity bundling and the burden of monopoly [J]. The Quarterly Journal of Economics, 1976, 90 (3): 475-498.

AKSOY-PIERSON M, ALLON G, FEDERGRUEN A. Price competition under mixed multinomial logit demand functions [J]. Management Science, 2013, 59 (8): 1817-1835.

ALLENBY G M, ARORA N, GINTER J L. On the heterogeneity of demand [J]. Journal of Marketing Research, 1998: 384-389.

ALTINKEMER K, BANDYOPADHYAY S. Bundling and distribution of digitized music over the Internet [J]. Journal of Organizational Computing and Electronic Commerce, 2000, 10 (3): 209-224.

AMELIO A, JULLIEN B. International journal of industrial organization tying and freebies in two-sided markets, 2012, 30 (5).

AMINI M, LI H T. Supply chain configuration for diffusion of new products: an integrated optimization approach [J]. Omega, 2011, 39 (3): 313-322.

ANDERSON S P, LERUTH L. Why firms may prefer not to price discriminate via mixed bundling [J]. International Journal of Industrial Organization, 1993, 11 (1): 49-61.

ANSARI A, SIDDARTH S, WEINBERG C. Pricing a bundle of products or services: The case of nonprofits [J]. Journal of Marketing Research, 1996, 33 (2): 86-93.

ARBENZ P, EMBRECHTS P, PUCCETTI G. The AEP algorithm for the fast computation of the distribution of the sum of dependent random variables [J]. Bernoulli-Bethesda, 2011, 17 (2): 562.

ARCELUS F J, KUMAR S, SRINIVASAN G. Retailer's response to alternate manufacturer's incentives under a single-period, price-dependent, stochastic-demand framework [J]. Decision Sciences, 2005, 36 (4): 599-626.

ARMSTRONG M. Multiproduct nonlinear pricing [J]. Econometrica, 1996, 64 (1): 51-75.

ARMSTRONG M. Competition in two-sided markets [J]. The RAND Journal of Economics, 2006: 37.

ARMSTRONG M. A more general theory of commodity bundling [J]. Journal of Economic Theory, 2013, 148 (2): 448-472.

ARORA R. Price bundling and framing strategies for complementary products [J]. Journal of Product & Brand Management, 2008, 17 (7): 475-484.

ARROW K J, HARRIS T, MARSCHAK J. Optimal inventory policy [J]. Econometrica, 1951, 19 (3): 250-272.

AUCKLY D. 2007. Solving the quartic with a pencil [J]. American Mathematical Monthly, 1951, 114 (1): 29-39.

AVERY C, HENDERSHOTT T. Bundling and optimal auctions of multiple products [J]. The Review of Economic Studies, 2000, 67 (3): 483-497.

BAKOS Y, BRYNJOLFSSON E. Bundling information goods: Pricing, profits, and efficiency [J]. Management science, 1999, 45 (12): 1613-1630.

BAKOS Y, BRYNJOLFSSON E. Bundling and competition on the internet [J]. Marketing Science, 2000, 19 (1): 63-82.

BALAKRISHNAN A, SUNDARESAN S, ZHANG B. Browse and switch: Retail - online competition under value uncertainty [J]. Production and Operations Management, 2014, 23 (7): 1129-1145.

BALASUBRAMANIAN S, BHARDWAJ P. When not all conflict is bad: Manufacturing - marketing conflict and strategic incentive design [J]. Management Science, 2004, 50 (4): 489-502.

BANCIU M, GAL - OR E, MIRCHANDANI P. Bundling strategies when products are vertically differentiated and capacities are limited [J]. Management Science, 2010, 56 (12): 2207-2223.

BANJO S. Rampant returns plague e-retailers. New York: Wall Street Journal, 2013.

BASS F M. A new product growth for model consumer durables [J]. Management science, 1969, 15 (5): 215-227.

BEN-TAL A, NEMIROVSKI A. Robust convex optimization [J]. Mathematics of Operations Research, 1998, 23 (4): 769-805.

BERNSTEIN F, FEDERGRUEN A. Coordination mechanisms for supply chains under price and service competition [J]. Manufacturing & Service Operations Management, 2007, 9 (3): 242-262.

BHARGAVA H K. Retailer - driven product bundling in a distribution channel [J]. Marketing Science, 2012, 31 (6): 1014-1021.

BHARGAVA H K. Mixed bundling of two independently valued goods [J]. Management Science, 2013, 59 (9): 2170-2185.

BOWER A B, MAXHAM J G I. Return shipping policies of online retailers: Normative assumptions and the long-term consequence of fee and free returns [J]. Journal of Marketing, 2012, 76 (5): 110-124.

BRESNAHAN T F, REISS P C. Dealer and manufacturer margins [J]. The RAND Journal of Economics, 1985: 253-268.

BURSTEIN M L. The economics of tie-in sales [J]. The Review of Economics and Statistics, 1960, 42 (1): 68-73.

BUZACOTT J A, ZHANG R Q. Inventory management with asset-based financing [J]. Management Science, 2004, 50 (9): 1274-1292.

CACHON G P, LARIVIERE M A. Contracting to assure supply: How to share demand forecasts in a supply chain [J]. Management Science, 2001, 47 (5): 629-646.

CACHON G. Supply chain coordination with contracts [J]. Handbooks in Operations Research and Management Science: Supply Chain Management, 2003 (11): 229-339.

CARBAJO J, DE MEZA D, SEIDMANN D J. A strategic motivation for commodity bundling [J]. The Journal of Industrial Economics, 1990: 283-298.

CHAKRAVARTY A, MILD A, TAUDES A. Bundling decisions in supply chains [J]. European Journal of Operational Research, 2013, 231 (3): 617-630.

CHAMBERLIN E H. The theory of monopolistic competition [M]. Cambridge, MA: Harvard University Press. 1933.

CHAO Y, DERDENGER T. Mixed bundling in two-sided markets in the presence of installed base effects [J]. Management Science, 2013, 59 (8): 1904-1926.

CHEN J, GREWAL R. Competing in a supply chain via full-refund and no-refund customer returns policies [J]. International Journal of Production Economics, 2013, 146 (1): 246-258.

CHEN F Y, HUM S H, SIM C H. On inventory strategies of online retailers [J]. Journal of Systems Science and Systems Engineering, 2005, 14 (1): 52-72.

CHEN Y. Equilibrium product bundling [J]. Journal of Business, 1997: 85-103.

CHEN Y, IYER G. Research note consumer addressability and customized pricing [J]. Marketing Science, 2002, 21 (2): 197-208.

CHEN Y, RIORDAN M H. Profitability of product bundling [J]. International Economic Review, 2013, 54 (1): 35-57.

CHEN Y, ZHANG T. Interpersonal bundling [J]. Management Science, 2014, 61 (6): 1456-1471.

CHIANG A C, WAINWRIGHT K. Fundamental methods of mathematical economics [J]. McGraw- Hill, New York. 2005.

CHIU C H, CHOI T M, LI X. Supply chain coordination with risk sensitive retailer under target sales rebate [J]. Automatica, 2011, 47 (8): 1617-1625.

CHO S H, MCCARDLE K F, TANG C S. Optimal pricing and rebate strategies in a two-level supply chain [J]. Production and Operations Management, 2009, 18 (4): 426-446.

CHOI J P. Network externality, compatibility choice, and planned obsolescence [J]. The Journal of Industrial Economics, 1994: 167-182.

CHU W. Demand signalling and screening in channels of distribution [J]. Marketing Science, 1992, 11 (4): 327-347.

CHUNG S L, WEE H M. Pricing discount for a supply chain coordination policy with price dependent demand [J]. Journal of the Chinese Institute of Industrial Engineers, 2006, 23 (3): 222-232.

COOPER R G. The dimensions of industrial new product success and failure [J]. The Journal of Marketing, 1979: 93-103.

CRAWFORD C M. Marketing research and the new product failure rate [J]. The Journal of Marketing, 1977: 51-61.

DEMIRAG O C, BAYSAR O, KESKINOCAK P, et al. The effects of customer rebates and retailer incentives on a manufacturer's profits and sales [J]. Naval Research Logistics (NRL), 2010, 57 (1): 88-108.

DANA J, SPIER K. Revenue sharing, demand uncertainty, and vertical control of competing firms [J]. Journal of Industrial Economics, 2001, 49 (3): 223-245.

DENICOLO V. Compatibility and bundling with generalist and specialist firms [J]. The Journal of Industrial Economics, 2000, 48 (2): 177-188.

DERDENGER T, KUMAR V. The dynamic effects of bundling as a product strategy [J]. Marketing Science, 2013, 32 (6): 827-859.

DESAI P. Advertising fee in business-format franchising [J]. Management Science, 1997, 43 (10): 1401-1419.

DHEBAR. Durable-goods monopolists, rational consumers, and improving products [J]. Management Science, 1994, 13 (1): 100-121.

ECKALBAR J C. Closed - Form Solutions to Bundling Problems [J]. Journal of Economics & Management Strategy, 2010, 19 (2): 513-544.

ECONOMIDES N. Mixed bundling in duopoly [J]. Discussion Paper EC-93-29, Stern School of Business, New York University, 1993.

ECONOMIDES N. Network externalities, complementarities, and invitations to enter [J]. European Journal of Political Economy, 1996, 12 (2): 211-233.

EPPEN G D, HANSON W A, MARTIN R K. Bundling-new products, new markets, low risk [J]. MIT Sloan Management Review, 1991, 32 (4): 7.

FANG H, NORMAN P. To bundle or not to bundle [J]. The RAND Journal of Economics, 2006, 37 (4): 946-963.

FAN Z P, CHEN Z W. When should the e-tailer offer complimentary return -freight insurance [J]. International Journal of Production Economics, 2020 (230): 107890.

FAUCETTE W M. A geometric interpretation of the solution of the general quartic polynomial [J]. The American Mathematical Monthly, 1996, 103 (1): 51-57.

FISHER M L. What is the right supply chain for your product [J]. Operations management: critical perspectives on business and management, 2003 (4): 73.

FUERDERER R, HERRMANN A, WUEBKER G, et al. Optimal bundling: marketing strategies for improving economic performance [M]. Springer, 1999.

GABREL V, MURAT C, THIELE A. Recent advances in robust optimization: An overview [J]. European Journal of Operational Research, 2014, 235 (3): 471-483.

GALLEGO G. A minmax distribution free procedure for the (Q, R) inventory model [J]. Operations Research Letters, 1992, 11 (1): 55-60.

GALLEGO G, MOON I. The distribution free newsboy problem: review and extensions [J]. Journal of the Operational Research Society, 1993, 825-834.

GANS J S, KING S P. Paying for loyalty: Product bundling in oligopoly [J]. The Journal of Industrial Economics, 2006, 54 (1): 43-62.

GENG Q, WU C, LI K. Pricing and promotion frequency in the presence of reference price effects in supply chains [J]. California Journal of Operations Management, 2010, 8 (1): 74-82.

GENG X, STINCHCOMBE M B, WHINSTON A B. Bundling information goods of decreasing value [J]. Management Science, 2005, 51 (4): 662-667.

GERCHAK Y, WANG Y. Revenue-sharing vs. Wholesale-price contracts in assembly systems with random demand [J]. Production and Operations Management, 2004, 13 (1): 23-33.

GHOSH B. Competitive bundling and counter-bundling with generalist and specialist firms: research notel [D]. West Lafayette: School of Management, Purdue University, 2006.

GIANNOCCARO I, PONTRANDOLFO P. Supply chain coordination by revenue sharing contracts [J]. International Journal of Production Economics, 2004, 89 (2): 131-139.

GILBERT S M, CVSA V. Strategic commitment to price to stimulate downstream innovation in a supply chain [J]. European Journal of Operations Research, 2003, 15 (3): 617-639.

GINO F, PISANO G. Toward a theory of behavioral operations [J]. Manufacturing & Service Operations Management, 2008, 10 (4): 676-691.

GUILTINAN J P. The price bundling of services: A normative framework [J]. The Journal of Marketing, 1987: 74-85.

GURNANI H, ERKOC M, LUO Y. Impact of product pricing and timing of investment decisions on supply chain co-opetition [J]. European Journal of Operational Research, 2007, 180 (1): 228-248.

HAGIU A. Pricing and commitment by two-sided platforms [J]. The RAND Journal of Economics, 2006, 37 (3): 720-737.

HANDEL B R, MISRA K. Robust new product pricing [J]. Marketing Science, 2015, 34 (6): 864-881.

HANSON W, MARTIN R K. Optimal bundle pricing [J]. Management Science, 1990, 36 (2): 155-174.

HANSSENS D M, PARSONS L J. Econometric and time-series market response models [J]. Handbooks in Operations Research and Management Science, 1993 (5): 409-464.

HARUVY E, PRASAD A. Optimal product strategies in the presence of network externalities [J]. Information Economics and Policy, 1998, 10 (4): 489-499.

HERRMANN A, HUBER F, HIGIE COULTER R. Product and service bundling decisions and their effects on purchase intention [J]. Pricing Strategy and Practice, 1997, 5 (3): 99-107.

HE Y, ZHAO X, ZHAO L, et al. Coordinating a supply chain with effort and price dependent stochastic demand [J]. Applied Mathematical Modelling, 2009, 33 (6): 2777-2790.

HE Y, ZHAO X. Coordination in multi-echelon supply chain under supply and demand uncertainty [J]. International Journal of Production Economics, 2012, 139 (1): 106-115.

HINTERHUBER A, LIOZU S. Is it time to rethink your pricing strategy? [J]. MIT Sloan Management Review, 2012, 53 (4): 69.

HITT L M, CHEN P. Bundling with customer self-selection: A simple approach to bundling low-marginal-cost goods [J]. Management Science, 2005, 51 (10): 1481-1493.

HOFFMAN K D, TURLEY L W, KELLEY S W. Pricing retail services [J]. Journal of Business Research, 2002, 55 (12): 1015-1023.

HONG K Y, PAVLOU P A. Product Fit Uncertainty in Online Markets: Nature, Effects, and Antecedents [J]. Social Science Electronic Publishing, 2014, 25 (2): 328-344.

HUANG G, LIU L. Supply chain decision-making and coordination under price-dependent demand [J]. Journal of Systems Science and Systems Engineering, 2006, 15 (3): 330-339.

HUANG J, LENG M, PARLAR M. Demand functions in decision modeling:

A comprehensive survey and research directions [J]. Decision Sciences, 2013, 44 (3): 557-609.

HULTINK E J, GRIFFIN A, HART S, et al. Industrial new product launch strategies and product development performance [J]. Journal of Product Innovation Management, 1997, 14 (4): 243-257.

HU N, TIAN G, LIU L, et al. Do links matter? An investigation of the impact of consumer feedback, recommendation networks, and price bundling on sales [J]. IEEE Transactions on Engineering Management, 2012, 59 (2): 189-200.

IBRAGIMOV R, WALDEN J. Optimal bundling strategies under heavy-tailed valuations [J]. Management Science, 2010, 56 (11): 1963-1976.

JAY PIL CHOI. Tying in Two-sided Market with Multi2homing [Z]. CESIFO Working Paper No. 2073. 2006.

JEULAND A. Comments on "Gaussian demand and commodity bundling" [J]. The Journal of Business, 1984, 57 (1): S231-S234.

JEULAND A P, SHUGAN S M. Managing channel profits. Marketing Science, 1983, 2 (3): 239-272.

JEULAND A P, SHUGAN S M. Note—channel of distribution profits when channel members form conjectures [J]. Marketing Science, 1988, 7 (2): 202-210.

JIAN M, WANG N, AZAMAT R. Buyback Contracts Considering Return Logistics Costs [M] //ICTE 2015: 683-690.

JING C, GREWAL R. Competing in a supply chain via full-refund and no-refund customer returns policies [J]. International journal of production economics, 2013, 146 (1): 246-258.

JOHNSON M D, HERRMANN A, BAUER H H. The effects of price bundling on consumer evaluations of product offerings [J]. International Journal of Research in Marketing, 1999, 16 (2): 129-142.

KAHNEMAN D, TVERSKY A. Prospect theory: An analysis of decision under risk [J]. Econometrica: Journal of the Econometric Society, 1979: 263-291.

KAISER U, WRIGHT J. Price structure in two-sided markets: Evidence from the magazine industry [J]. International Journal of Industrial Organization, 2006, 24 (1): 1-28.

KAMESHWARAN S, VISWANADHAM N, DESAI V. Bundling and pricing of product with after-sale services [J]. International Journal of Operational Research, 2009, 6 (1): 92-109.

KARLIN S, CARR C R. Prices and optimal inventory policy [J]. Studies in applied probability and management science, 1962 (4): 159-172.

KHOUJA M, ZHOU J. The effect of delayed incentives on supply chain profits and consumer surplus [J]. Production and Operations Management, 2010, 19 (2): 172-197.

KIM B. Coordinating an innovation in supply chain management [J]. European journal of operational research, 2000, 123 (3): 568-584.

KIM H S. Research note—Revisiting "Retailer-vs. vendor-managed inventory and brand competition" [J]. Management Science, 2008, 54 (3): 623-626.

KIM J, BOJANIC D C, WARNICK R B. Price bundling and travel product pricing practices used by online channels of distribution [J]. Journal of Travel Research, 2009, 47 (4): 403-412.

KORTGE G D, OKONKWO P A. Simultaneous new product development: reducing the new product failure rate [J]. Industrial Marketing Management, 1989, 18 (4): 301-306.

KOPALLE P K, KRISHNA A, ASSUNCAO J L. The role of market expansion on equilibrium bundling strategies [J]. Managerial and Decision Economics, 1999: 365-377.

KWON S Y, JANG S C S. Price bundling presentation and consumer's bundle choice: The role of quality certainty [J]. International Journal of Hospitality Management, 2011, 30 (2): 337-344.

KUMAR A. Supply contracts and manufacturing decisions [P]. Graduate school of Industrial Administration, Carnegie Mellon University, Pittsburgh, 1992: 15213.

LAFFONT J J, TIROLE J. A theory of incentives in procurement and regulation [M]. MIT Press, 1993.

LAN Y, GAO H, BALL M O, et al. Revenue management with limited demand information [J]. Management Science, 2008, 54 (9): 1594-1609.

LARIVIERE M A. Supply chain contracting and coordination with stochastic demand [M] // Quantitative models for supply chain management. Springer US, 1999: 233-268.

LARIVIERE M A, PORTEUS E L. Selling to the newsvendor: An analysis of price-only contracts [J]. Manufacturing & Service Operations Management, 2001, 3 (4): 293-305.

LARIVIERE M A. A note on probability distributions with increasing generalized failure rates [J]. Operations Research, 2006, 54 (3): 602-604.

LAU A H L, LAU H S. The newsboy problem with price dependent demand distribution [J]. IIE Transactions, 1988, 20 (2): 168-175.

LAU A H L, LAU H S, WANG J C. How a dominant retailer might design a purchase contract for a newsvendor-type product with price-sensitive demand [J]. European Journal of Operational Research, 2008, 190 (2): 443-458.

LAWTON, CHRISTOPHER. The war on returns [J]. New York: Wall Street Journal, 2008, 8 (1).

LEE C H, RHEE B D. Channel coordination using product returns for a supply chain with stochastic salvage capacity [J]. European Journal of Operational Research, 2007, 177 (1): 214-238.

LEE D J, JEONG I J. A distributed coordination for a single warehouse multiple retailer problem under private information [J]. International Journal of Production Economics, 2010, 125 (1): 190-199.

LEEFLANG P S H, WITTINK D R. Building models for marketing decisions: Past, present and future [J]. International Journal of Research in Marketing, 2000, 17 (2): 105-126.

LEHMANN S, BUXMANN P. Pricing strategies of software vendors [J]. Business & Information Systems Engineering, 2009, 1 (6): 452.

LEVIN J D. The economics of internet markets [R]. National Bureau of Economic Research, 2011.

LEWBEL A. Bundling of substitutes or complements [J]. International Journal of Industrial Organization, 1985, 3 (1): 101-107.

LILI W, WEI L, JING H, et al. Research on the impact of price bundling promotion on impulse buying [J]. Management Review, 2008 (11): 006.

LIM W S. Producer-supplier contracts with incomplete information [J]. Management Science, 2001, 47 (5): 709-715.

LIN J, ZHANG J, CHENG T. Optimal pricing and return policy and the value of freight insurance for a retailer facing heterogeneous consumers with uncertain product values [J]. International Journal of Production Economics, 2020 (229): 107767.

LIN Y J. Minimax distribution free procedure with backorder price discount [J]. International Journal of Production Economics, 2008, 111 (1): 118-128.

LIU H, OZER O. Channel incentives in sharing new product demand information and robust contracts [J]. European Journal of Operational Research, 2010 (207): 1341-1349.

LIU L, PARLAR M, ZHU S X. Pricing and lead time decisions in decentralized supply chains [J]. Management Science, 2007, 53 (5): 713-725.

LI X, LI Y, CAI X. Double marginalization and coordination in the supply chain with uncertain supply [J]. European Journal of Operational Research, 2013, 226 (2): 228-236.

LÖFFLER C, PFEIFFER T, SCHNEIDER G. Controlling for supplier switching in the presence of real options and asymmetric information [J]. European Journal of Operational Research, 2012, 223 (3): 690-700.

LONG J B. Comments on " Gaussian demand and commodity bundling" [J]. The Journal of Business, 1984, 57 (1): S235-S246.

LU Y, CHEN Y, SONG M, et al. Optimal pricing and inventory control policy with quantity-based price differentiation [J]. Operations Research, 2014, 62 (3): 512-523.

MAHAJAN S, VAN RYZIN G J. Retail inventories and consumer choice [M] //Quantitative models for supply chain management. Springer US, 1999: 491-551.

MAKAROV G D. Estimates for the distribution function of a sum of two random variables when the marginal distributions are fixed [J]. Theory of Probability & its Applications, 1982, 26 (4): 803-806.

MANKILA M. Retaining students in retail banking through price bundling:

Evidence from the Swedish market [J]. European Journal of Operational Research, 2004, 155 (2): 299-316.

MA P, WANG H, SHANG J. Contract design for two-stage supply chain coordination: Integrating manufacturer-quality and retailer-marketing efforts [J]. International Journal of Production Economics, 2013, 146 (2): 745-755.

MARCEAU J, MARTINEZ C. Selling solutions: Product-service packages as links between new and old economies [C] //DRUID Summer Conference on Industrial Dynamics of the New and Old Economy-who is embracing whom. 2002.

MARVEL H P, PECK J. Demand uncertainty and returns policies [J]. International Economic Review, 1995: 691-714.

MATUTES C, REGIBEAU P. Compatibility and bundling of complementary goods in a duopoly [J]. The Journal of Industrial Economics, 1992: 37-54.

MCAFEE R, MCMILLAN J, WHINSTON M D. Multiproduct monopoly, commodity bundling, and correlation of values [J]. The Quarterly Journal of Economics, 1989, 104 (2): 371-383.

MCCARDLE K F, RAJARAM K, TANG C S. Bundling retail products: Models and analysis [J]. European Journal of Operational Research, 2007, 177 (2): 1197-1217.

MCFADDEN D. Econometric models for probabilistic choice among products [J]. Journal of Business, 1980: S13-S29.

MCGUIRE T W, STAELIN R. An industry equilibrium analysis of downstream vertical integration [J]. Marketing Science, 1983, 2 (2): 161-191.

MCWILLIAMS B. Money-Back Guarantees: Helping the Low-Quality Retailer [J]. Management Science, 2012, 58 (8): 1521-1524.

MILD A, REUTTERER T. An improved collaborative filtering approach for predicting cross-category purchases based on binary market basket data [J]. Journal of Retailing and Consumer Services, 2003, 10 (3): 123-133.

MILGROM P, ROBERTS J. Rationalizability, learning, and equilibrium in games with strategic complementarities [J]. Econometrica: Journal of the Econometric Society, 1990: 1255-1277.

MILLS E. Uncertainty and price theory [J]. The Quarterly Journal of Economics, 1959 (73): 116-130.

MILNER J M, PINKER E J. Contingent labor contracting under demand and supply uncertainty [J]. Management Science, 2001, 47 (8): 1046-1062.

MISHRA B K, RAGHUNATHAN S. Retailer - vs. vendor - managed inventory and brand competition [J]. Management Science, 2004, 50 (4): 445-457.

MONROE K B. Pricing: Making profitable decisions [M]. New York: McGraw-Hill. 1979.

MOON I, CHOI S. The distribution free newsboy problem with balking [J]. Journal of the Operational Research Society, 1995, 46 (4): 537-542.

MOON I, CHOI S. Distribution free procedures for make-to-order (MTO), make-in-advance (MIA), and composite policies [J]. International Journal of Production Economics, 1997, 48 (1): 21-28.

MOON I, GALLEGO G. Distribution free procedures for some inventory models [J]. Journal of the Operational research Society, 1994, 45 (6): 651-658.

MOSTARD J R. The newsboy problem with resalable returns: A single period model and case study [J]. European Journal of Operational Research, 2006, 169 (1): 81-96.

MUKHOPADHYAY S K, SETOPUTRO R. Optimal return policy and modular design for buildto-order products [J]. Journal of Operations Management, 2005, 23 (5), 496-506.

NAGARAJU D, RAMAKRISHNARAO A, NARAYANAN S. Two-echelon supply chain with selling price dependent demand under wholesale price index and consumer price index [J]. International Journal of Logistics Systems and Management, 2012, 13 (4): 417-439.

NAGESWARAN L, CHO S H, SCHELLER-WOLF A. Consumer Return Policies in Omnichannel Operations [J]. Management Science, 2020, 66 (12): 5558-5575.

NALEBUFF B. Bundling as an entry barrier [J]. The Quarterly Journal of Economics, 2004, 119 (1): 159-187.

NASIRY J, POPESCU I. Advance selling when consumers regret [J]. Management Science, 2012, 58 (6): 1160-1177.

NETESSINE S. Supply chain structures on the internet: marketing – operations coordination [D]. New York: School of Business, University of Rochester, 2000.

NOVAK S, EPPINGER S D. Sourcing by design: Product complexity and the supply chain [J]. Management Science, 2001, 47 (1): 189-204.

OFEK E, KATONA Z, SARVARY M. "Bricks and Clicks": The Impact of Product Returns on the Strategies of Multichannel Retailers [J]. Marketing Science, 2011, 30 (1): 42-60.

OHMURA S, MATSUO H. The effect of risk aversion on distribution channel contracts: implications for return Policies [J]. International Journal of Production Economics, 2016, 176 (1): 29-40.

PADMANABHAN V, PNG I. Returns policies: making money by making good [J]. Sloan Management Review, 1995, 37 (1): 65-72.

PADMANABHAN V, RAJIV S, SRINIVASAN K. New products, upgrades, and new releases: A rationale for sequential product introduction [J]. Journal of Marketing Research, 1997: 456-472.

PARK J H, MACLACHLAN D L, LOVE E. New product pricing strategy under customer asymmetric anchoring [J]. International Journal of Research in Marketing, 2011, 28 (4): 309-318.

PARK J H, MACLACHLAN D L. Estimating willingness to pay by risk adjustment mechanism [J]. Applied Economics, 2013, 45 (1): 37-46.

PARLAR M. Game theoretic analysis of the substitutable product inventory problem with random demands [J]. Naval Research Logistics (NRL), 1988, 35 (3): 397-409.

PASTERNACK B A. Optimal pricing and return policies for perishable commodities [J]. Marketing Science, 1985, 4 (1): 131-132.

PASTERNACK B A, DREZNER Z. Optimal inventory policies for substitutable commodities with stochastic demand [J]. Naval Research Logistics, 1991, 38 (20): 221-240.

PASTERNACK B A. Using revenue sharing to achieve channel coordination for a newsboy type inventory model [M] //Supply chain management: Models, applications, and research directions. Springer US, 2002: 117-136.

PERAKIS G, ROELS G. Regret in the newsvendor model with partial information [J]. Operations Research, 2008, 56 (1): 188-203.

PETRUZZI N C, DADA M. Pricing and the newsvendor problem: A review with extensions [J]. Operations Research, 1999, 47 (2): 183-194.

PHILLIPS R L. Pricing and revenue optimization [M]. Stanford University Press, 2005.

POLATOGLU L H. Optimal order quantity and pricing decisions in single-period inventory systems [J]. International Journal of Production Economics, 1991, 23 (13): 175-185.

PRASAD A, VENKATESH R, MAHAJAN V. Optimal bundling of technological products with network externality [J]. Management Science, 2010, 56 (12): 2224-2236.

PROSCHAN F. Peakedness of distributions of convex combinations [J]. The Annals of Mathematical Statistics, 1965, 36 (6): 1703-1706.

PUTSIS W R. Why put off until tomorrow what you can do today: incentives and the timing of new product introduction? [J]. The Journal of Product Innovation Management, 1993, 10 (3): 195-204.

QI X, BARD J F, YU G. Supply chain coordination with demand disruptions [J]. Omega, 2004, 32 (4): 301-312.

QIN Y, TANG H, GUO C. Channel coordination and volume discounts with price-sensitive demand [J]. International Journal of Production Economics, 2007, 105 (1): 43-53.

RABIN M. Psychology and economics [J]. Journal of economic literature, 1998, 36 (1): 11-46.

RAY S, LI S, SONG Y. Tailored supply chain decision making under price-sensitive stochastic demand and delivery uncertainty [J]. Management Science, 2005, 51 (12): 1873-1891.

REN M, LIU J, FENG S, YANG A. Pricing and return strategy of online retailers based on return insurance [J]. Journal of Retailing and Consumer Services, 2021 (59): 102350.

REYNIERS D J, TAPIERO C S. The delivery and control of quality in supplier-producer contracts [J]. Management Science, 1995, 41 (10): 1581-

1589.

ROCHET J C, TIROLE J. Tying in two-sided markets and the honor all cards rule. IDEI Working Papers, 2007, 26 (6): 1333-1347.

ROSENTHAL E C, ZYDIAK J L, CHAUDHRY S S. Vendor selection with bundling [J]. Decision Sciences, 1995, 26 (1): 35-48.

SAHA S. Supply chain coordination through rebate induced contracts [J]. Transportation Research: Part E, Logistics and Transportation Review, 2013 (50): 120-137.

SAHOO, NACHIKETA, CHRYSANTHOS DELLAROCAS, et al. The impact of online product reviews on product returns. MSI working paper series, 2016.

SALINGER M A. A graphical analysis of bundling [J]. Journal of Business, 1995: 85-98.

SALOP S C. Monopolistic competition with outside goods [J]. The Bell Journal of Economics, 1979: 141-156.

SAVAGE L J. The theory of statistical decision [J]. Journal of the American Statistical association, 1951, 46 (253): 55-67.

SCARF H, ARROW K J, KARLIN S. A min-max solution of an inventory problem [J]. Studies in The Mathematical Theory of Inventory and Production, 1958, 10 (2): 201.

SCARF H. Bayes solutions of the statistical inventory problem [J]. The Annals of Mathematical Statistics, 1959: 490-508.

SCHMALENSEE R. Commodity bundling by single-product monopolies [J]. The Journal of Law and Economics, 1982, 25 (1): 67-71.

SCHMALENSEE R. Gaussian demand and commodity bundling [J]. The Journal of Business, 1984, 57 (1): S211-S230.

SCOTT R, HIGHFILL J. Mixed bundling with profit and sales objectives [J]. International Advances in Economic Research, 2001, 7 (2): 243-252.

SEIDMANN D J. Bundling as a facilitating device: a reinterpretation of leverage theory [J]. Economica, 1991: 491-499.

SHAHABUDDIN S. Supply chain management and its effect on company's performance [J]. International Journal of Logistics Systems and Management,

2010, 8 (1): 101–117.

SHANKAR V, BAYUS B L. Network effects and competition: An empirical analysis of the home video game industry [J]. Strategic Management Journal, 2003, 24 (4): 375–384.

SHAO B, CHANG L, ZHANG L. The effect of online return shipping insurance and regulatory focus on consumer behavior [J]. Proc. 23rd International Business Research Conference, 2013: 18–20.

SHI H, LIU Y, PETRUZZI N C. Consumer heterogeneity, product quality, and distribution channels [J]. Management Science, 2013, 59 (5): 1162–1176.

SIGUÉ S P. Consumer and retailer promotions: who is better off? [J]. Journal of Retailing, 2008, 84 (4): 449–460.

SIMONIN B L, RUTH J A. Bundling as a strategy for new product introduction: Effects on consumers' reservation prices for the bundle, the new product, and its tie–in [J]. Journal of Business Research, 1995, 33 (3): 219–230.

SIMON H A. A behavioral model of rational choice [J]. The quarterly journal of economics, 1955, 69 (1): 99–118.

SINGH N, VIVES X. Price and quantity competition in a differentiated duopoly [J]. The RAND Journal of Economics, 1984: 546–554.

SKIERA B, OLDEROG T. The benefits of bundling strategies [J]. Schmalenbach Business Review, 2000 (52): 137–159.

SOMAN D, GOURVILLE J T. Transaction decoupling: How price bundling affects the decision to consume [J]. Journal of Marketing Research, 2001, 38 (1): 30–44.

SONG H, YANG H, BENSOUSSAN A, et al. Optimal decision making in multi–product dual sourcing procurement with demand forecast updating [J]. Computers & Operations Research, 2014 (41): 299–308.

SONG Y, RAY S, LI S. Structural properties of buyback contracts for price–setting newsvendors [J]. Manufacturing & Service Operations Management, 2008, 10 (1): 1–18.

SOON W, ZHAO G, ZHANG J. Complementarity demand functions and pricing models for multi–product markets [J]. European Journal of Applied Mathematics, 2009, 20 (5): 399-430.

SPENGLER J J. Vertical integration and antitrust policy [J]. Journal of Political Economy, 1950, 58 (4): 347-352.

STEPHEN C G, SEAN P W. Optimizing the supply chain configuration for new products [J]. Management Science, 2005, 51 (8): 1165-1180.

STIGLER G J. United States v. Loew's Inc.: A note on block-booking [J]. The Supreme Court Review, 1963: 152-157.

STREMERSCH S, TELLIS G J. Strategic bundling of products and prices: A new synthesis for marketing [J]. Journal of Marketing, 2002, 66 (1): 55-72.

SUDHIR K. Structural analysis of manufacturer pricing in the presence of a strategic retailer [J]. Marketing Science, 2001, 20 (3): 244-264.

SURTI C, HASSINI E. Bundling in a supply chain: insights and implications [J]. European Journal of Industrial Engineering, 2012, 6 (5): 542-571.

SUWELACK T, HOGREVE J, HOYER W D. Understanding Money-Back Guarantees: Cognitive, Affective, and Behavioral Outcomes [J]. Journal of Retailing, 2011, 87 (4): 462-478.

TANG C S. Robust strategies for mitigating supply chain disrptions [J]. International Journal of Logistics: Research and Applications, 2006, 9 (1): 33-45.

TAYLOR T. Supply chain coordination under channel rebates with sales effort effects [J]. Management Science. 2002, 48 (8): 992-1007.

TELSER L G. A theory of monopoly of complementary goods [J]. Journal of Business, 1979: 211-230.

THANASSOULIS J. Competitive mixed bundling and consumer surplus [J]. Journal of Economics & Management Strategy, 2007, 16 (2): 437-467.

TSAY A A. The quantity flexibility contract and supplier-customer incentives [J]. Management Science, 1999, 45 (10): 1339-1358.

URBAN G L. A mathematical modeling approach to product line decisions [J]. Journal of Marketing Research, 1969: 40-47.

VAN DIJK E, ZEELENBERG M. The discounting of ambiguous information in economic decision making [J]. Journal of Behavioral Decision Making, 2003,

16 (5): 341-352.

VAN RIEL A C, LEMMINK J, OUTERMOST H. Consumer evaluations of service brand extensions [J]. Journal of Service Research, 2001, 3 (3): 220-223.

VENKATESH R, MAHAJAN V. A probabilistic approach to pricing a bundle of products or services [J]. Journal of Marketing Research, 1993: 494-508.

VENKATESH R, MAHAJAN V. Products with branded components: An approach for premium pricing and partner selection [J]. Marketing Science, 1997, 16 (2): 146-165.

VENKATESH R, KAMAKURA W. Optimal bundling and pricing under a monopoly: Contrasting complements and substitutes from independently valued Products [J]. The Journal of Business, 2003, 76 (2): 211-232.

WANKE P R. The uniform distribution as a first practical approach to new product inventory management [J]. International Journal of Production Economics, 2008, 114 (2): 811-819.

WANG Y, JIANG L, SHEN Z. Channel performance under consignment contract with revenue sharing [J]. Managemen Science, 2004, 50 (1): 34-47.

WANG Z, GLYNN P W, YE Y Y. Likelihood robust optimization for data-driven newsvendor problems. Working paper, Stanford University, Stanford, CA, 2009.

WHITIN T M. Inventory control and price theory [J]. Management science, 1955, 2 (1): 61-68.

WILSON L O, WEISS A M, JOHN G. Unbundling of industrial systems [J]. Journal of Marketing Research, 1990: 123-138.

WILSON R B. Nonlinear pricing [M]. Oxford University Press on Demand, 1993.

WILSON L O, NORTON J A. Optimal entry timing for a product line extension [J]. Marketing Science, 1989, 8 (1): 1-17.

WONG C Y, HVOLBY H H. Coordinated responsiveness for volatile toy supply chains [J]. Production Planning and Control, 2007, 18 (5): 407-419.

WU S, HITT L M, CHEN P, et al. Customized bundle pricing for information goods: A nonlinear mixed-integer programming approach [J]. Management Science, 2008, 54 (3): 608-622.

XING D, LIU T. Sales effort free riding and coordination with price match and channel rebate [J]. European Journal of Operational Research, 2012, 219 (2): 264-271.

XU M, QI X, YU G, et al. The demand disruption management problem for a supply chain system with nonlinear demand functions [J]. Journal of Systems Science and Systems Engineering, 2003, 12 (1): 82-97.

XU X. Optimal price and product quality decisions in a distribution channel [J]. Management Science, 2009, 55 (8): 1347-1352.

YADAV M S. How buyers evaluate product bundles: A model of anchoring and adjustment [J]. Journal of Consumer Research, 1994, 21 (2): 342-353.

YAN S, ARCHIBALD T W, HAN X, et al. Whether to adopt "buy online and return to store" strategy in a competitive market? [J] European Journal of Operational Research, Elsevier, 2022, 301 (3): 974-986.

YAO D Q, YUE X, WANG X, et al. The impact of information sharing on a returns policy with the addition of a direct channel [J]. International Journal of Production Economics, 2005, 97 (2): 196-209.

YAO L. Supply chain modeling: pricing, contracts and coordination [J]. Division of SEEM, Chinese University of Hong Kong. 2002.

YAO Y, JIE Z. Pricing for shipping services of online retailers: Analytical and empirical approaches [J]. Decision Support Systems, 2012, 53 (2): 368-380.

YUE J F, CHEN B T, WANG M C. Expected value of distribution information for the newsvendor problem [J]. Operations Research, 2006, 54 (6): 1128-1136.

ZHANG C, YU M, CHEN J. Signaling Quality with Return Insurance: Theory and Empirical Evidence [J]. Management Science, 2021, 68 (8): 5847-5867.

ZHANG J, GOU Q, ZHANG J, et al. Supply chain pricing decisions with price reduction during the selling season [J]. International Journal of Production Research, 2014, 52 (1): 165-187.

ZHANG Z, NAN G, LI M, et al. Duopoly pricing strategy for information products with premium service: free product or bundling? [J]. Journal of Management Information Systems, 2016, 33 (1): 260-295.

ZHAO W, ZHENG Y S. Optimal dynamic pricing for perishable assets with nonhomogeneous demand [J]. Management Science, 2000, 46 (3): 375-388.

ZHAO X, ATKINS D, LIU Y. Effects of distribution channel structure in markets with vertically differentiated products [J]. Quantitative Marketing and Economics, 2009, 7 (4): 377-397.

ZHU S S, FUKUSHIMA M. Worst-case conditional value-at-risk with application to robust portfolio management [J]. Operations Research, 2009, 57 (5): 1155-1168.

ZISSIS D, IOANNOU G, BURNETAS A. Supply chain coordination under discrete information asymmetries and quantity discounts [J]. Omega, 2015, 53 (1): 21-29.

后记

本书以我的博士学位论文为基础，经过近一年的修改完善，如今终于成书面向公众出版。在出版之际，心中满是感激。

我的研究方向是供应链管理，最初关注企业与企业之间的合作。供应链的典型特征有三个：外包、专业化、合作。以制造商主导的供应链为例，上游的原料供应、下游的分销零售从供应链中外包独立以后，如何服务于供应链上的核心企业（制造商）以实现"兄弟分家不分心"，是双方合作的核心议题。随着服务的发展，物流、信息流、资金流等服务领域对供应链的支撑更加必要，这些企业与供应链主导的制造商同样要实现"兄弟分家不分心"，实现双赢。

然而，企业之间的合作往往以市场地位和势力范围为基础，且成本高昂、合同繁琐、对议价能力要求高。本书试图探讨微观层次的合作——产品合作，于是捆绑问题应运而生。捆绑问题的研究基于作者对现实商业运作的理解，经过多年的企业营销实践，我渐渐发现捆绑无时不有、无处不在。众所周知，在消费端，捆绑机制往往受到消费者用脚投票加以抵制，因此强制性的捆绑难以实施。但比较隐蔽的搭售、数量折扣、收益共享等仍然广泛存在。消费者追求高质量且低价格产品的心态也滋生了捆绑行为，甚至出现恶意捆绑的潜规则，比如广为诟病的"零团费+购物"旅游捆绑。

随着研究的深入，我体会到供应链上游的捆绑更加普遍。由于企业与企业之间是基于利益的买卖关系，又由于供应链主导地位的存在，其合作模式经常具有强制性，霸王条款更多且大范围存在。新产品与成熟产品的捆绑、滞销品与畅销品的捆绑、利润高的与利润低的产品的捆绑，如此种种。供应链上游的捆绑行为一旦实施，必然会衍生到下游环节，出现一定程度的强买强卖。因此，如何协调供应链参与方的行为，制定更加协调的契约以缓解供应链冲突就显得更加重要。

同时，把产品之间的捆绑向产品与服务的捆绑延伸，以便更加合理、更加柔性化、更加贴切地满足用户需求也成为本书的研究话题。比如汽车4S店经常把汽车销售与保险销售、售后保养结合起来捆绑，通过办理优惠套餐提升消费服务档次，消费者也比较容易接受。服务的范畴非常丰富，本书以物流服务里面的"退货运费险"为基础，探讨了"产品+物流服务"捆绑的价值，为后续研究开辟了新的视角。

现实生活还有很多企业合作、产品合作、服务合作的经典案例，比如采用AR（增强现实）技术，在消费者购物之前输入相关数据生成一个"数字消费者"，让数字的自己去感受服装的大小、鞋子的舒适度等，以此实现智慧的购买决策。

最后，感谢广东省哲学社会科学规划项目（GD20CGL24）、广东省重点建设学科科研能力提升项目（2022ZDJS097）的支持；感谢读博期间导师和各位同门的支持与帮助；感谢我的硕士生卢义桢、宋凌风、范香汝为本书做的校对工作；感谢西南财经大学出版社为本书出版做出的努力。

感谢我的妻子和孩子，在人到中年职场和生活各种压力接踵而至的时期，感谢你们给予我的无私关怀和鼎力支持！

由于本人能力有限，书中难免会有不足之处，请各位读者批评指正。当然，文责自负。

刘卫华

2023 年 7 月于广州